鼓浪扬波

——厦门二中口述往事

中共厦门市委宣传部
厦门市社会科学界联合会 编

厦门大学出版社
XIAMEN UNIVERSITY PRESS
国家一级出版社
全国百佳图书出版单位

图书在版编目(CIP)数据

鼓浪扬波:厦门二中口述往事/中共厦门市委宣传部,厦门市社会科学界联合会编.—厦门:厦门大学出版社,2022.6

ISBN 978-7-5615-8593-1

Ⅰ.①鼓… Ⅱ.①中… ②厦… Ⅲ.①厦门第二中学—校史 Ⅳ.①G639.285.73

中国版本图书馆 CIP 数据核字(2022)第 075000 号

出 版 人	郑文礼
责任编辑	章木良

出版发行 厦门大学出版社

社　　址	厦门市软件园二期望海路 39 号
邮政编码	361008
总　　机	0592-2181111　0592-2181406(传真)
营销中心	0592-2184458　0592-2181365
网　　址	http://www.xmupress.com
邮　　箱	xmup@xmupress.com
印　　刷	厦门集大印刷有限公司

开本	720 mm×1 020 mm　1/16
印张	24
插页	2
字数	380 千字
版次	2022 年 6 月第 1 版
印次	2022 年 6 月第 1 次印刷
定价	78.00 元

本书如有印装质量问题请直接寄承印厂调换

厦门大学出版社
微信二维码

厦门大学出版社
微博二维码

厦门社科丛书

总 编 辑：中共厦门市委宣传部
　　　　　厦门市社会科学界联合会
执行编辑：厦门市社会科学院

编 委 会

主　　任：吴子东
副 主 任：潘少銮
委　　员：戴志望　　温金辉　　傅如荣　　纪　豪　　彭心安
　　　　　陈怀群　　吴文祥　　陈艺萍　　李建发　　曾　路
　　　　　洪文建　　赵振祥　　陈　珍　　徐祥清　　王玉宗
　　　　　李建钦　　陈振明　　朱　菁　　李　桢

编 辑 部

主　　编：潘少銮
副 主 编：陈怀群　　吴文祥　　陈艺萍　　王彦龙　　李　桢
编　　辑：李文泰

目　　录

鼓浪缘 教育情

——叶灿云口述实录

口述人：叶灿云

采访人：冯鹭

采访时间：2021年5月30日上午，6月20日下午，7月18日上午，7月30日上午、
　　　　　下午

采访地点：叶灿云家

【口述人简介】

　　叶灿云，女，1934年1月出生于厦门，1938年4岁多因厦门岛沦陷随父母逃难到鼓浪屿，1943年就读鼓浪屿毓德小学，后升入毓德女中；1950年报考厦门师范学校普师班，成为中华人民共和国成立后第一届师范生；1951年曾作为师范生唯一代表参加怀仁、毓德两所教会私立小学的接管（接管后合并为"厦师附小"）；1953年厦师毕业后被分配到厦师附小（后改为"鼓浪屿人民小学"），先后担任班主任、教导主任、副校长、校长，1982年大胆提出"三园"式办学理念、构想和实践；1984年创办全省第一个小学"音乐教育实验班"，得到较高评价和赞誉；1989年退休后延聘，参与厦门市音乐学校的筹办；1992年正式退休。获评小学高级教师，先后担任厦门市政协第五、六、七届委员，荣获"福建省五一劳动奖章""福建省首届优秀校长'庄重文'奖"以及"福建省三八红旗手""厦门市优秀教师""厦门市先进教育工作者"等省市级称号。

叶灿云（摄于 20 世纪 80 年代）
（叶灿云　供图）

一、战争带来的不幸与创伤

我今年 87 岁了，在鼓浪屿成长、读书、工作、生活了有 60 多年，这座小岛承载着我太多的记忆，有悲伤，也有欢乐。

我家祖籍漳州龙溪县，祖父母刚开始靠宰猪、贩卖猪肉，以后兼营熬猪油、制售猪肉酱、肉松肉脯等维持生计。我父亲叶子卿 1901 年出生，他是家中老大，兄弟姐妹共八人。由于祖父信奉基督教，历任当地教会执事、长老，所以所有子女均在漳州教会学校读书。父亲聪明，书读得好，是个优等生，每有考试总是名列前茅，小学毕业后被选中，免试进入鼓浪屿美国归正教会创办的寻源中学读书。寻源中学设在鼓浪屿漳州路东山顶，即现在的音乐学校校址。我看书里有写，著名文学大师林语堂 1905 年从漳州平和县坂仔镇转学到鼓浪屿养元小学插班，小学毕业后也选择了寻源中学。"寻源"意思是指"寻真理之奥，探智慧之源"，这所学校当时在闽南很有名气。

漳州距离鼓浪屿大约有 100 里，当时交通不便，需乘坐小帆船到石码，转搭小轮船到厦门，再换乘舢板船到鼓浪屿。1913 年，12 岁的父亲孤身一人来到鼓浪屿，他在寻源中学读初中后又升高中，整个中学时代都在鼓浪屿度过，寒暑假才得以抽空回漳州。父亲在寻源中学高中毕业后，想去报考上海圣约翰大学，这是中国第一所现代高等教会学府，有"东方哈佛"之美誉，出了许多知名校友，比如外交家顾维钧，新闻出版家邹韬奋，著名作家林语堂、张爱玲，汉语拼音创始人周有光，世界建筑大师贝聿铭，还有宋子文、荣毅仁等。圣约翰大学的入学考试长达6天，主要用英语，兼用中文，内容繁多、涉及面广，要过五关斩六将。祖父母借钱给父亲凑路费、住宿费，让父亲去参加考试。父亲还真考上了，但学费昂贵，一学期就要200多银圆。祖父举债支持儿子，可一年400多银圆的学费，家庭实在不堪重负，所以大二时父亲就转到厦门大学商学科就读。厦大学费便宜很多，再说这里离漳州老家比较近，父亲每月回漳州，带些肉松肉脯到厦门售卖，靠勤工俭学、省吃俭用完成了学业。父亲大学毕业后，先是在烟草部门工作，尔后又到石油公司、美孚洋行当职员，做推销工作。

我母亲林佩贞是地道厦门人，也是个知识女性。她早期曾在厦门民立小学当教员，后来到洋行当职员，认识了我父亲。俩人结婚后，家就安在思明电影院附近一带，大哥、二哥、我，还有小弟，都在厦门出生。

父亲叶子卿与母亲林佩贞
（叶灿云　供图）

叶灿云小时候与父亲、大哥合影（叶灿云　供图）

1938年，随着日寇入侵，厦门岛沦陷。那时候我4岁多，当时鼓浪屿是公共租界，大姨又刚好住在岛上，这样父母就带着两个哥哥和我，到鼓浪屿"走患"（闽南话"逃难"的意思）。我们先是投奔大姨家，接着租住鼓浪屿泉州路晋惠医院三楼。当时父母均在洋行工作，收入稳定，经济还比较宽裕。

因为"走患"走得急，当时小弟才1岁出头，就留在厦门岛由保姆带养，我们一家人在鼓浪屿安定后，父母登报才把小弟找回来。可大哥因高烧引发急性脑膜炎，不治身亡。我母亲个头小，身体本来就虚弱，加上逃难的紧张、劳累，还有惊吓，不幸得了肺痨，在鼓浪屿救世医院住院治疗。祖母带着我去医院给母亲送饭，碰到持枪站岗的日本兵，要鞠躬才放我们过去。当时肺结核属不治之症，母亲住院不到半年就过世了，这是1939年1月的事，当时我才5岁。

两三年后，父亲续弦，继母曾文秀（我们叫她"阿婶"）是福州人，出身大户人家。父亲是学商科的，有一定的经济头脑，他再婚后在继母的支持下，先是做些小本生意，后来就在鼓浪屿龙头路开了家"正泰行"，主要代理来自上海的品牌味素，生意越做越有起色，一家人衣食无忧。父亲当时正考虑如何拓宽生意，还准备在岛上购置房产，他喜欢鼓浪屿，希望在此安居乐业。

父亲叶子卿与继母曾文秀（叶灿云　供图）

　　但战争改变了一切。当时盟军战机时常袭击闽南海面，厦鼓上空浓烟腾空。记得那天是 1944 年 9 月 11 日，父亲一早乘船去厦门联系业务、洽谈生意，傍晚准备坐渡船回鼓浪屿。此时防空警报骤响，轮渡宣布停航，说是盟军战机可能又要来轰炸日本军舰。轮渡挤满了人，海面看上去静悄悄的，父亲归家心切，于是跟随七八人一起，租乘一艘摇橹的舢板船。眼看舢板船就要划向鼓浪屿黄家渡的当口，天空划过一道弧线，盟军战机突然出现并投弹，将停泊在黄家渡附近的"并征号"炸沉（误以为"并征号"是日本舰艇，其实它是海关专门负责给周边守灯塔人送水送物的船艇）。这一炸，把舢板船一并炸翻、炸沉。父亲是被当场炸死，还是炸伤炸残，落海溺亡，都不得而知了。总之，父亲尸体是三天后才漂浮上来，他被炸得面目皆非，加上被海水浸泡得太久，根本认不出来，还是家住安海路的戴氏牙医帮忙认的尸，因他曾帮我父亲镶牙，知道父亲有两颗用黄金牙套镶补的后牙。

　　我四舅也住鼓浪屿，在一艘叫"安庆号"的远洋轮船当经理。他很喜欢我，每次远洋归来，总给我们几个小孩带好吃好玩的洋货。可太平洋战争爆发后的第二年，应该是 1942 年初吧，四舅所在的"安庆号"出洋后就再也没有回来，后来才听说是轮船经过越南海域，碰上日本舰艇，日本兵强行要轮船靠岸，并把船上所有人赶到一个山坡上，全部枪杀。

　　战争与灾难给我幼小的心灵蒙上了阴影。父亲说没就没了，他所做的代理商业务，所有往来账款都没交代，也无从讨还。家里的顶梁柱塌了，经济来源断了，生活陷入了困境。父亲死后被葬在鼓浪屿西南端骆驼山一隅。那年我 10 岁吧，继母外出批发、兜售些衣物，贴补家用、维持生计。清明节我独自一人爬上骆驼山给父亲扫墓，山路又陡又峭，扫完墓准备下山，天空突然间布满乌云，闪电一道接着一道，像白蛇乱舞，连同雷声雨声，一起朝我打来，真把我给吓坏了。从那以后，直到现在老了，我都很害怕电闪雷鸣，可能是小时候被惊吓到，惊恐入心了。

二、就读毓德女中，培养淑女气质

5岁丧母，10岁丧父，祖母带着二哥和小弟回漳州生活，我是家里唯一的女孩，继母就带着我一直留在岛上生活。当时的鼓浪屿，就像一个大家庭，民风、校风、学风都非常好，鼓浪屿人待人也很友善，并不分你家庭是富裕还是贫穷。

7岁时我先读养元小学，后来转学读毓德小学，小学毕业后又直接升学就读毓德女中。当时班主任是黄翠峦老师。印象挺深的一件事是，初一读完升初二，要交学费了，继母又正好外出进货，倒腾一些进口服装，做点小本生意。我一人在家，没钱交学费，急得不得了。黄翠峦老师就安慰我说："没关系的，我去跟学校讲一下，让你迟一点交学费……"我的同学郑仲丽的妈妈知道这事后，就先拿出钱，帮我垫付学费，这样我才踏踏实实地去上学。

郑仲丽的祖父叫郑柏年，是英华中学首任华人校长，他们家就住在笔架山，英华中学上面的一幢别墅。仲丽同学常邀我去她家玩，一起做作业，她妈妈就给我们煮好吃的，待我如同自家的孩子。还有殷秀华（殷承典、殷承宗的姐姐），她也是我同学，跟我很要好，放学后我们常一起到美华沙滩玩，捡海螺，然后一起回她家，在鸡山路的一幢漂亮的别墅。殷秀华的大姐叫殷秀茂，比我们年长几岁，手艺特别好，尤其擅于刺绣，能绣出各种美丽的图案，她教我们做手工，缝布娃娃，做圣诞老人。

毓德女中、英华书院（中学）都属厦门二中的前身。英华书院的校训是"诚、智"，崇尚"绅士"教育；毓德女中的校训是"诚、洁"，强调"淑女"气质。毓德的老师，知识都很渊博，课上得生动有趣。除了必要的文化课，学校还经常开展各种文体活动，开设缝纫和家政课程，教唱歌、学跳舞、演话剧。当时看到高中的阮鸣凤、王丽珍上台演话剧《一双银鞋》，非常好看，放学后我们几个初中生就蹲在校门口等她们。班主任黄老师走过来，拍拍我的小脑袋，和蔼可亲地说："你们这些小孩在追星啊。"

1948年七八月间，我二叔正好来厦门出差，特地到鼓浪屿探望我和继母，当时他在漳州龙溪专署当科长，继母让我向二叔要些学费钱，二叔说："你干脆跟我回漳州读书吧。"这样初二下学期，我就转到龙溪县立中学读书，一下子成为年段的尖子生，还参演鲁迅翻译的苏联名剧《表》，这是一部反映苏联革命胜利后，对儿童院孩子管教成功的剧目，我扮演剧中女主角小莲。

1950 年叶灿云（前排右六）在话剧《表》中扮演女主角小莲（叶灿云　供图）

　　1950 年 1 月，我们学校话剧社在漳州再度公演《表》，引起很大反响。那时候我还特别喜欢读艾青、臧克家等诗人的作品，自己偶尔也写写诗，还会唱歌、跳舞，是个文艺女青年，差一点被南下文工团招收去。我很想参军，当一名文艺女兵，但祖母坚决不同意，所以最终没去成。

　　在漳州读书时我寄居二叔家，二叔家生了六个男孩，唯独没有女孩。1949 年 7 月我回到鼓浪屿家中，因为当时局势很乱，漳州学校已停课，国民党开始撤退。8 月的一天，二叔带着老大、老二，也就是我的堂哥、堂弟来到厦门，说是要乘坐客轮去香港躲避一阵子（后来才知道他们到香港后又去了台湾）。我去和平码头送行，二叔特地交代，让我回漳州帮二婶，照顾一下弟弟们，当时老六刚生下来几个月，二婶还在哺乳期。我去二叔家不到一个月，9 月漳州解放，10 月 17 日厦门解放。1950 年 2 月我初中毕业后才回到朝思暮想的鼓浪屿，回到继母身边。

我同学殷秀华的大姐殷秀茂为人和蔼可亲，当年她在毓德小学教书，中华人民共和国成立后从毓德转到厦师附小当老师，还是我们师范毕业生传帮带的"辅导员"，她后来移居香港。1990年殷承典去香港探亲，回来带给我一盒蓝铁盒的牛油曲奇饼，说是他大姐送给我的，这么多年过去了，秀茂姐还惦记着我，让我很感动。还有我的班主任黄翠峦，我对她总有亦师亦母的感激之情，2017年底我去深圳大女儿家小住个把月，大女儿陪我出境去香港探望黄翠峦老师。这位百岁老人，耳聪目明，记忆力很好，拉着我这个84岁的老学生的手，问这问那。我俩一起重温小岛过往，追忆似水流年，还一起拍照合影。那次见面后的一年多吧，我听说105岁高龄的黄翠峦老师去世了，心里很难过，二中校友群都在追思、缅怀，祝她一路好走！

2017年12月，84岁的叶灿云老校长由大女儿陪同特地去香港探望当年毓德女中的班主任，103岁的恩师黄翠峦（右）（冯莺 拍摄）

三、在厦师时参加怀仁、毓德小学的接管

1950年8月，中华人民共和国刚成立不久，由厦门市人民政府接手，将原来由爱国华侨陈嘉庚向国民政府建议，教育部批准成立的"国立第一侨民师范学校"（刚开始在长汀，后移至厦门），变为"厦门师范学校"，并招收中华人民共和国成立后首届师范生。得知这一消息，我便积极报名。因为这是厦师第一次招生，所以很慎重，特地在《厦门日报》公布录取名单。在密密麻麻的名单中，我看到自己的名字排在第二十九个时，兴奋得不得了。我们第一届普师班招了66

人，分 2 个班，我在乙班，不仅学费全免，而且管三餐，每月还发给 3 元助学金，可买牙刷、牙膏、课外书等，对于家庭困难的孩子，这是最好的选择。

厦师刚开办时，第一学期"寄"在玉屏书院（即今厦门五中校内）；第二学期搬到禾山原省立高级工业学校独立办学；第三学期，即 1951 年 8 月，普师、幼师一起招，生源增多，学校又从禾山搬到鼓浪屿。当时交通运输条件差，所以三次大搬迁，全由师生同心协力来搞定。大家背驮、肩挑、手扛，抬着课桌椅，拎着体育器械、教学用品等学校家当，步行几公里、十几公里，从玉屏书院搬到禾山，又从禾山肩挑手扛到厦门轮渡码头乘渡船，漂洋过海搬到鼓浪屿。有意思的是，厦师搬回鼓浪屿，刚开始在永春路 87 号原怀仁小学校舍（即现在的人民小学），一学期后，又从怀仁小学校址搬到田尾路毓德女中校址，也就是说，转来转去我又转回鼓浪屿，搬来搬去我又搬回一亩三分地，搬回我熟悉的校园和课堂。

我亲生父母双亡，原来一直以为自己命苦，可到了厦师后才发现比我贫穷比我命苦的孩子多了去了。我们班陈同学，当年赤着脚，穿着补了好几个洞的衣衫走进厦师；还有福州的刘同学，家境太困难，连床像样的被子都没有，所以他总盼着周末或节假日，这样厦门本地的同学会回家，他就可以借同学的被子盖，可以睡得安稳、舒服些。

叶灿云就读毓德女中时的照片（叶灿云　供图）

叶灿云（前排右一）与厦师女同学穿列宁装合影（叶灿云　供图）

厦师真是一个革命的大熔炉，老师像父母，同学如兄弟姐妹般情深。20 世纪五六十年代物资很匮乏，生活很艰苦，但大家心气很高，是激情燃烧的岁月。记得当时发校服，是那种列宁装，大家很兴奋、激动，我、江月仁、林素环等几位要好的女同学，身穿双排扣列宁装，头戴大八角列宁帽，一起出去拍照。列宁装是当时最时尚的服饰。当时我们一心想着如何推翻旧世界、创造新世界，都把教育当成是党的事业、国家的事业、人民的事业，无比虔诚、无上光荣；白天在厦师上课，晚上我们就到夜校，到鼓浪屿街道扫盲班当教员、义务辅导员。

在厦师，有两个人给我留下深刻的印象，对我以及我的家庭都产生很大的影响。一个是谢高明校长，他是个老革命。厦师搬回鼓浪屿，学校要扩建校舍，我去找谢校长，说了家庭情况，还说我有个弟弟现还在漳州，看学校搞基建是否可以让他来当个小工什么的。谢校长一口答应，说："你弟那么小，才十四五岁，基建工地要干体力活，太辛苦了，还是让他到传达室来吧。"这样我弟叶光荣就从漳州回到鼓浪屿，在厦师传达室负责看门，收发报纸、信件，上课下课敲敲钟。干完这些活后，他就看书自学。1953 年夏季全省报考师范学校，我弟提出想考厦师，可他没有初中毕业证书，没资格参加考试，还是谢校长力挺，最后由学校开具证明，证明我弟相当于初中文化水平，可以参加考试。我弟也争气，考得相当不错，就这样被厦师破格录取。读了三年后，也就是 1956 年夏季，我弟从厦师毕业，又考入华东师范大学教育系，所以说谢校长是我们家的贵人呐。

还有一个是教导处副主任苏琳辉，温文尔雅，教我们教育学，带我们参加各种社会实践活动。当时市政府正准备接管怀仁、毓德，将其合并为"厦师附小"，需要选一位学生代表参与接管。苏老师推荐我，他说叶灿云同学最合适，鼓浪屿的孩子，读书又好，能力也很强。这样我就很荣幸，作为厦师唯一的学生代表，参加怀仁、毓德这两所教会小学的接管工作。

我跟我先生冯龙土也是在厦师读书时认识的。他大我两个多月，但比我小两届，他在学校担任学生会副主席，很活跃，是个文艺骨干。谈恋爱时龙土送了我一本《普希金诗选》，而我送他一件我亲手织的毛衣，我俩在体育场约会，互赠礼物。

叶灿云与丈夫冯龙土年轻时摄于鼓浪屿（叶灿云　供图）

1953年夏季，我们第一届师范生马上就要毕业，准备分配工作了。当时大家观看一部苏联电影《乡村女教师》，很受启发，班级绝大部分同学都写申请书，要求到山区、到农村去当教师。分配前一晚，教导主任上官老师召集我们12位班干部、团干部开会，做思想工作，他说："你们都要求到农村当教师，这是好的，但城市建设也急需一批教师，所以你们班干部、团干部一定要带头，要服从组织分配，绝对不能有情绪！"第二天公布分配名单，厦师附小6人，厦门实小6人……我被分配到厦师附小，当上一名光荣的人民教师。冯龙土比我晚一年半毕业，毕业前夕他还与江吼老师合作一首毕业歌《走向生活》（龙土作词，剑飞作曲，江吼编曲，歌词：祖国的早晨／多么可爱／阳光放射幸福光芒／微风轻声问候早安／处处是一片亲切的声响／我们是一群健壮的年轻人／像孩子辞别慈爱的母亲／带着母亲的祝福／跨出校门／生活引领我们／走向光明……）。

冯龙土1955年1月从厦师毕业后被分配到集美中学任教，教语文、音乐，后来兼任校长办公室秘书、团委书记。白天教学、工作忙，他就靠晚上熬夜、拼搏，居然通过在职函授，获得福建师范大学毕业证。他20世纪70年代中期从集美中学调到厦门六中担任教导主任，80年代到市教育学院（教师进修学院）担任副院长，1986 年调任厦门二中党总支书记，直到 1993 年在二中书记任上退休。还有我二哥叶福超，当年在鼓浪屿英华中学读初中，中华人民共和国成立初参军，转业后到厦门原开元区街道任文书；我弟叶光荣，大学毕业后先后在广西南宁、福建云霄任教，后来申请调回家乡，在二中任英语教师直到退休；我的三个子女，小学都读人民小学，中学都读二中，可见我们一家人与鼓浪屿、与二中的情缘多么深厚。

四、从厦师附小到人民小学

　　1953 年 8 月，我从厦师毕业后就被分配到厦师附小工作。那年我 19 岁，风华正茂、激情满怀，当班主任，从一年级带起、教起，教语文、数学、音乐、历史、地理、思品，除体育课外，所有科目都教，全身心投入，一周 30 多节课，还有班会、家访、课外活动、少先队活动，从早忙到晚，紧张又快乐。那时候我住学校宿舍，班里有个同学小曾，家庭条件差，兄弟姐妹多，全家七八口人挤在一间又小又暗的平房。小曾长得又黑又瘦，没人管，贪玩，不洗澡、不做作业，成天在街上瞎逛，同学给他起绰号"小三毛"，他跟人急，跟人打架。小学一年级，我常把小曾叫到学校宿舍，帮他洗头洗澡，然后辅导他做作业，之后小曾变得爱干净，爱做作业了。大概是小学四年级下学期还是五年级上学期吧，福建省歌舞团来物色小演员，编导看中了小曾，说是准备排演《收租院》还是《三毛流浪记》。出发前小曾来告别，泪流满面，他说："叶老师，我要感谢您，我永远忘不了您……"

　　这是我参加工作后第一次当班主任，第一次带一个班级，从小学一年级一直带到他们小学毕业，所以师生之间感情很深。记得 1957 年 11 月，我生大女儿坐月子时，小曾、健辉、沁沁等十几位学生到家里来探望我，当时他们刚升四年级，以为我生病了，拿着刚煮熟的用红纸涂色的红鸡蛋，说是要来慰问叶老师。看着他们一双双红彤彤的小手，捧出一颗颗圆滚滚的红鸡蛋，我真的很感动。小曾去福州几年后就回来了，先是被安排在鼓浪屿房管所，后来他开了家珠宝店，小曾变老曾，但几十年过去了，逢年过节他总要来看望我，是很重情重义的一个人。2018年中秋节前夕，这个班级同学组织会餐和博饼活动，庆祝他们小学毕业60周年，老曾特地来邀请我参加，大家欢聚一堂，老曾还献给我一束漂亮的鲜花。

　　20世纪50年代，厦师附小还是很有名气的，当时学校是厦师，还有厦大中文系、教育专业学生的实习、见习基地，同时被确定为福建省重点小学之一，承担着厦门市小学教育试验、示范的任务。记得当时中国文字改革委员会领导小组组长许世龙以及省教委、厦师、鼓浪屿区委等领导、专家学者一行莅临我校，现场观摩，听我讲课，给我积极肯定，一致好评。1956年，我被评为福建省先进教育工作者，随后被提任为学校副教导主任；1958年，我作为厦门市最年轻有为教师代表，与当时厦门女中（二中前身）校长陈碧玉一起，乘火车到北京参加首届全国教育工作代表大会，我们还被邀到火车上的广播站表演二重唱，她唱高音部，我唱低音部，获得乘客们的热烈鼓掌。而1959年我所带、所任教班级小学毕业考，语文科成绩名列全市第二名，就在我豪情满怀，很想大干一场的时候，一场接一场的政治运动尾随而来。

　　前面我所提到的苏琳辉，他是我的恩师，后来担任厦师研究室主任，分管指导附小工作，他对我的人品及工作多次肯定，力荐我当校团支部书记，还准备当我的入党介绍人。苏老师是个老党员（中共地下组织成员），早期曾是中共厦门工委粤侨支部的主要负责人，因为这段历史，1958年他突然被划定为"右派"，下放到龙岩某农场劳改。这样我的入党申请就泡汤了，理由是："苏琳辉极右分子重用的人，就不是什么好人……"有一次在三一堂门口碰到苏老师，他当时还没落实政策，好像是回来探亲看病。我对他说："苏老师，您怎么样，还好吧？"他看了我一眼，声音很小："没事，我挺好的。"1960年，厦师迁往同安，厦师附小改称"鼓浪屿第一中心小学"；1967年，学校又易名为"鼓浪屿人民小学"。

　　1966年"文革"开始了，熟悉的校园已没了往昔的书声琅琅，而是"停课闹革命"，学校走廊贴满了各式各样的大字报。当时林世岩是校长，我是副校长，我俩都被划定为"走资本主义道路的当权派"。林世岩是遗腹子，母亲生他带他，在鼓浪屿"福姑娘楼"（鼓浪屿毓德女中校长福懿慕家）当用人，赚钱供他读书、上学。世岩从小跟洋人待在一起，能说一口流利的英语，所以就被扣一顶"帝国主义走狗"的帽子；给我扣的是所谓"特务分子"的帽子，反复纠缠、责问我："你二叔临去台湾前交代什么任务给你了？"莫须有的罪名，让人有口难辩，无处申冤。

当时除了林世岩和我两位校领导，被批斗的还有王雪六老师，她原是毓德小学的教师，毓德被接管后转入厦师附小，为人低调、和蔼可亲，语文教得特别好。她嫁到田家，就住在体育场附近的小洋楼。田家有海外关系，据说大姑姐未婚，喜欢吃海外亲戚寄来的午餐肉、牛肉、果酱、炼乳等进口罐头，大姑姐还有一个癖好，吃完的罐头盒舍不得扔，像积攒邮票似的全都存了下来，花红柳绿、五彩缤纷。这下可好，把这些充满资产阶级生活作风的罐头盒都算到王雪六头上。因为那个年代物资供应短缺，购啥吃啥，全都凭票，凭什么大家没得吃没得喝，你家天天吃罐头？王老师是个老实人，反复解释说那些进口罐头她一个没吃，没这习惯，也吃不起，是大姑姐海外待习惯了，回国后习惯吃罐头，攒空罐头盒。但没人听她解释，把少许还没开启的罐头，还有许多已经吃完的空罐头盒，全都堆积在一起，摆着，组织同学上门参观，当反面教材，开现场批斗会。

当时我万念俱灰，我先生上完课，三天两头从集美中学搭车或走路赶回来，他安慰我最多的一句话就是：一切都会过去，再难再苦再委屈，也一定不能有轻生的念头。我就靠着这样的信念挺了过来，直到 20 世纪 70 年代初期，我才恢复学校副校长的职务，重新走回课堂，走向讲坛……

五、当上校长，改革创新

1978 年，党的十一届三中全会胜利召开，预示着改革开放的春潮，以及教育改革的春暖花开。1981 年，我被任命为鼓浪屿人民小学校长，第二年终于获准加入党组织。1983年小平同志提出"教育要面向现代化，面向世界，面向未来"，这就激发了我对教育改革的创新意识和探索精神。都说老师是园丁，是人类灵魂的工程师，而孩子们是祖国的花朵，是国家未来的栋梁，可作为一位老教师，一位新校长，我发现孩子们进入小学之后，却逐渐失去活力，一个个变得沉闷、呆板，整天读呀写呀，这能不厌学，能不害怕考试吗？小学教育好比是往花朵根部灌注浆汁，有着大自然阳光雨露的滋润，再加上知识素养、理想信念的浆汁浇灌，花儿自然会对着太阳绽放，孩子们自然会收获多彩的童年。

我思考着教育的宗旨和管理目标，大胆提出把学校办成"培养聪明才智的学园，发展兴趣爱好的乐园，陶冶美的情趣的花园"，并把"三园"式的办学理念和模式纳入学校教改的整体目标和具体管理中来，组织教职员工积极开展讨论，形成共识，强调教育是根的事业，是百年大计的事业，切忌急功近利，而重在启发性、全面性和深远性。

学校是教书育人的地方，改进教学方法、提高教学质量，是教改的牛鼻子和重头戏。语文科叶子双老师，她教学生用心阅读课文的章节和句段，在讲到"狐假虎威""坐井观天"这两个成语时，引导孩子们学习狐狸与老虎的对话，想象青蛙跳出井口后看到广阔天地的景象，启发学生们展开想象的翅膀，想象狐狸、老虎，还有青蛙的心理活动和语言表达方式，趣味教学，易于理解；数学科杨老师，他教"长方形面积意义"时，让学生观察眼前的桌面、册面等物体的面积和周长，拆拼图形、动手作画、实际测量，以更好地理解数学概念，并在实际操作中加以比较，学会运用；音乐科谢嘉陵老师，她教有关"节奏训练"内容，引导学生联系生活中听到的各种声响，理解音符的妙用，体会不同的节拍，并跟随音乐的节奏编创简单的舞蹈动作。总之，要避免死读书、厌学习，要倡导寓教于乐、形象生动、活泼有趣，促使学生学得扎实，学得灵活，学得轻松愉快、生气勃发。

学园是主体，乐园与花园是两翼。结合爱国主义教育活动，我负责教授各年级的思品课，通过课文《五星红旗，我爱你》、自编教材《国旗、党旗、军旗的来历和象征》、补充教材《爱国之心和民族之魂》，介绍本地区爱国名人郑成功、陈嘉庚、林巧稚等，对儿童进行"祖国可爱、人民伟大"的教育，激发同学们爱祖国、爱家乡的情感。

我们还注重学习生活要从课堂里、黑板前、书桌上向更广阔的空间延伸，每周坚持两个下午课前20分钟"红领巾广播时间"，由少先队负责介绍科技知识和英雄故事、教学普通话、教唱歌曲等；每周坚持三个下午课前组织到阅览室读书读报，同时组织多个兴趣爱好小组，积极开展文艺、体育、科技、生物、音乐、美术、朗诵、足球队、合唱团等，丰富活动内容，发展兴趣爱好。

日光岩下的人民小学，属于百年老校。这里校舍有些陈旧，校园高低错落，我们发动师生共同努力，创建优美环境，修建花坛花圃，栽种各种树木花草，学校绿树环绕，花卉竞香，犹如一座四季如春的小花园。师生们一走进校园，就能感受到花草树木的清香，感受到美的陶冶，促使学生在德、智、体、美等诸多方面得到全面和谐的发展。

1984年，福建省教育厅普教处召开全省16所重点小学校长的交流会，探讨教育改革的做法和经验，并组织校长们到鼓浪屿人民小学考察、现场观摩。我先介绍了我校创办"三园"式文明小学的基本构想和具体举措，随后陪同大家一起参观、一起听课、一起交流。"学园、花园、乐园"的办学理念引起校长们的极大兴趣和热情赞赏。小结会上，省教育厅普教处处长郑崇义充分肯定，称"三园"应该是全省教育系统的"改革创举"。这期间，上海小学教育界掀起"愉快学习"的热议，郑处长还专门撰文评价，说其实"愉快教育""愉快学习"的最早提出者，应该是福建省厦门市鼓浪屿人民小学叶灿云校长。

1986年4月，全省教育专刊《福建教育》杂志副总编薛丛盟专程来我校组稿，希望我撰文，好好总结办学经验。随后，《福建教育》6月刊推出"叶灿云办学经验专辑"，8个页码的版面，有文有图，既刊登了我写的《把学校办成学园、乐园、花园》的经验文章，同时还配有《办好学校　办出特色》的评论员文章，封二、封底还配有"寓教于乐——鼓浪屿人民小学创'三园'

式文明学校剪影"的图片，以及我在校园与少先队员交流的照片。

我写的这篇文章还先后被《人民教育》等多种刊物转载。"三园"式办学构想经验刊登之后，引起全国各地教育行政、校长们的兴趣和热议，纷纷来信或组团来访、参观、交流、学习。几十个参访团、数千人数，很热闹，我们都有些应接不暇了……

1986年《福建教育》杂志刊登"叶灿云办学经验专辑"（冯鹭 翻拍）

六、创办"音乐实验班"

鼓浪屿被称为"钢琴之岛""音乐之乡"，这里历史文化底蕴丰厚，艺术教育丰饶，据说从这个小岛诞生，并走向全国、走向世界的音乐家有近百人，比如周淑安、林俊卿、殷承宗、许斐星、许斐尼、许兴艾等。还有著名指挥家陈佐湟，他是我 1953 年 8 月参加工作当班主任所带那届班级的学生。佐湟是三年级转学过来的，读书好、音乐好，是班长和少先队中队长，他 1959 年夏从厦师附小毕业后第二年，考上了中央音乐学院附中。还有许斐平，音乐神童、著名钢琴家，6 岁那年在鼓浪屿三一堂举行公演，当初他在鼓一中心小学读二年级还是三年级时，考入上海音乐学院附小，转学手续还是我帮他办的。许斐平是世界一流的钢琴演奏家，为人谦和，对鼓浪屿、对母校很有感情，那年来厦举办钢琴演奏会，还特地抽空回母校探望我。可惜他在 49 岁那年回国巡回演出，出了车祸，英年早逝，我听到这个不幸的消息后非常难过，当时还开了一场烛光追思会，缅怀悼念他。还有男低音歌唱家吴天球，他是我先生冯龙土厦师的同班同学，每次从北京回来，都要邀约我们几个同学校友一起聚会、吃饭。

1998 年 9 月著名钢琴家许斐平（左一）应邀回故乡鼓浪屿演出，特地回母校人民小学探望叶灿云老师（叶灿云 供图）

虽然我本人没有接受过专业的音乐训练，但家庭多少还是与音乐有点渊源，听我大姑说，我父亲小时候在漳州教会学校，在鼓浪屿寻源中学，不仅英文讲得好，而且钢琴也弹得不错。因为父母去世得早，家庭变故，所以我们小时候根本没有机会学琴，全靠兴趣爱好。我哥在中华人民共和国成立初期参军，在部队学会弹手风琴；我弟不仅会弹手风琴，还会作词作曲；而我从小就喜欢音乐，喜欢唱歌和演话剧。

鼓浪屿的音乐教育由来已久。以前有人做过一项调查，说是鼓浪屿有500多户人家拥有钢琴，按人口比例，这钢琴拥有率应该是全国第一呀！但后来减少了，尤其"文革"期间，破"四旧"，很多钢琴被砸掉或卖掉，很可惜。以前，学钢琴是要有条件的，不是家境好的华侨，就是岛上的一些大户人家才能学。所以我就在想，既然音乐是情感的艺术，那么何不借"三园"式的办学目标，植入音乐教育，让普通家庭的孩子也能够学琴，并从中发现和培养一些音乐人才幼苗？

音乐教育，既要考虑"面"的普及工作，又要抓好"点"的培养任务。当我提出办音乐班时，得到市教委主任郑炳宗的重视和支持，郑主任说我的想法跟教委的不谋而合，所以当时市教委就决定办三个文艺特色班：一是人民小学的音乐班，二是大同小学的美术班，三是群惠小学的舞蹈班。

1984年秋季，人民小学开始从一年级新生中招录30人，算是第一个音乐班的第一批种子学生，以后形成机制，纳入计划，每年一年级都招收一个音乐班，人数30人或26人不等。这样到了1989年，就有一至六个年段各一个班，招收学钢琴或学小提琴的学生共计163人。

音乐班一开始就定位明确：这是一个"既不同于专业音乐学校，又不同于业余音乐培训班"的普通小学的音乐实验班。其宗旨任务是：在确保国家教委所规定的小学教育课时的前提下，使学生获得音乐知识、音乐专业技能、音乐美感的同步发展。

普通小学办音乐班，万事起头难。首先是音乐设备，没有琴怎么办？我跟教委领导磨嘴皮、打报告、写申请书。领导很支持，同意拨专款，这样就添置了5架钢琴、3把大提琴、15把小提琴，还有2台录音机。同时我们还发动家长购买乐器，保证孩子回家练琴之用。购小提琴比较容易，可买钢琴也算是件大事，尤其对于经济不算宽裕的普通家庭来说。1985年，《光明日报》记者来采访，有家长说，宁肯家里不买彩电，也要给孩子买钢琴，因为孩子练琴更重要。当然，对于家里没有钢琴的学生，我们就安排在学校的琴房练琴。

解决了琴的问题，接着是师资问题，这个更难。当时音乐班只有一个专业老师黄伟廉，他是集美师专音乐系毕业，学小提琴专业。教委说，没有专业老师了，就这个刚刚毕业的，你要不要？当然要了，所以当时学校音乐班只有黄伟廉一位小提琴专职教师，还有一位钢琴辅导老师谢巧群，再有就是两位声乐老师，由朱未、谢嘉陵兼任。这哪里够用，因为学钢琴、提琴，得一对一地排课、教授，不能吃大锅饭。没有琴师怎么办？我到处游说，学校采取聘请兼职的办法，聘请厦大钢琴系主任章培礼，厦门群艺馆胡友婷、郑超英，厦门文联何幼卿，集美师专郭成瑜，还有吴高强、刘忠礼、张美卿、阮鸣凤等，总之，把能教钢琴和提琴的都请来。这些兼职琴师，不嫌路远、不辞辛苦，上午上完课，中午就在学校吃自带的面包、馒头等，稍作休息，下午接着上课。记得当时授琴津贴很少，每节课只给20元，最多25元。学校音乐班一共聘请了十几位老师，教钢琴的多，也有教提琴的。这些兼职老师都很专业、敬业，不计报酬、热情相助，精神实在可嘉！

此外，我们还邀请上海音乐学院附小的赵基阳、杨素凝、张崇芳、张鸣强等名牌教师、琴师，利用寒暑假到学校给高年级音乐班的学生上课，辅导钢琴、提琴。有一回参加市政协会议，碰到厦门民盟的陈主委，他告诉我他的一位朋友蔡紫枫是沈阳音乐学院原钢琴教师，刚好来鼓浪屿休养，建议我去找他。这个蔡老师一听到鼓浪屿人民小学办音乐班，而且是从一年级开始，很高兴，很乐意接受聘请。我又请示教委主任蔡望怀，他也很支持，这样我们就聘请蔡紫枫老师来我校任专职琴师一学期。

创办音乐实验班的六年，其实也是艰苦拼搏的六年。一切从零开始，一边探索、一边实践，"摸着石头过河"。为了不让学琴的孩子们增加负担，我们还专门拟订音乐班的教学计划，对课程进行调整，从原计划中减少语文、数学、自习、美术、课外活动等相关课时，同时增加乐理、五线谱识谱、节奏感训练、授琴与练琴等音乐课时。同时采用"大课与小课""集体课与个别课"相结合的教学方式。既安排每周一对一的授琴课，逐个面授指导，还安排了"视唱练耳训练课""音乐欣赏想象课""即兴演奏、创作训练课""集体连排课"等，使学生从入学开始就受到音乐常识和弹奏乐器技能的系统训练，拓展学生的音乐感受力，以及习奏、演奏的艺术表现力。

　　1985 年 3 月，美国艺术教育专家来我校参观，听了我校小提琴教师黄伟廉给一年级音乐班学生上的一节"器乐听奏，即兴创作"的音乐课。黄老师自己先拉奏一段小提琴乐曲，接着启发学生记忆听奏旋律，并用提琴忆奏，培养音乐记忆力，在此基础上，让学生即兴编创乐句、乐段，拉奏音准较强的小提琴乐曲，同时进行演奏训练。美国艺术教育代表团团长、哈佛大学艺术学院副院长周文中十分赞赏这种新颖的教学方法对启发儿童音乐表现力和创造力所起的作用，他说："这种启发六七岁孩子自由作曲，让孩子把创作的乐句、曲子在黑板上、五线谱上用棋子（代表二分、四分、八分音符）排列出来的方法是很有创造性的……"还有哈佛大学心理学博士加德纳（Howard Gardner）高兴地说："音乐真是太神奇了，而你们中国孩子的表现力和创造力实在是太棒了！"

　　加德纳博士是美国著名的教育家、心理学教授，当时他研究的"多元智能理论"正风靡世界。这是一个心理教育的理念与学说，说人有七种智力，所以不要把孩子看"死"了，不要因为数学学不好就认定这个孩子智力差，因为一个人有数学逻辑的智力，也有语言、体育运动的智力，更有抽象思维、音乐节奏、与人交往、自我认识等诸多方面的智力。加德纳博士很欣赏我所倡导的"用音乐开发儿童智力，用艺术提升审美情趣，促进学生成长、成才"理念，所以他对音乐班特别感兴趣。1986 年、1987 年他又两次单独来到人民小学调研，召开座谈会，倾听学生、老师和家长的心声。我记得家长座谈会上，荣获省少儿钢琴比赛一等奖的吴立妍同学的母亲说："我女儿小时候体质弱，常生病，智力也一般，上小学前按顺序数 100 以内的数，老是数不过来。上音乐班二年级，弹了不少小奏鸣曲，头脑灵了，语数两科平均 97 分，还有体质也增强了，赛跑还得了年段第一。人民小学办音乐班，家长和孩子都受益啊！"

七、从音乐班扩大成音乐学校

人民小学音乐班开始有了一定的影响。1985 年 4 月，音乐班学生吴立妍、杨诗岳参加福建省首届少儿钢琴比赛，分别获得儿童组一等奖和三等奖。蔡望怀的女儿蔡晴悦是学校五年级普通班的学生，她原先一直有在家里学钢琴，获得了少年组二等奖还是三等奖。还有六年级普通班学生李靖，获得少年组第四名。1986 年，二年级音乐班的杨诗岳、陈伟琳代表厦门市参加全国十四城市新时代杯少儿钢琴比赛，一百多人参赛，她俩也都分别获奖。而音乐班的小提琴齐奏也多次获省少儿器乐比赛一等奖。这样一来，人家就说："哇，你们音乐班才办两年多就有成绩了。"

音乐班带动了普通班，人民小学多少也影响了笔山小学、鹿礁小学，很多不是音乐班的学生也积极利用课余、节假日在校外聘请琴师授课，学生的学琴、练琴渐成风气。"琴岛"实至名归，鼓浪屿幽静的小巷和深深的庭院，重新飘荡起悠扬的琴声。

1986 年，我应邀到广东中山参加全国首届国民音乐教育改革研讨会，记得当时参会对象主要是全国大专音乐院校、民间音乐团体，小学参加的只有我们鼓浪屿人民小学和辽宁铁岭一个小学。我在大会上做了题为《我校创办音乐班的探索》的重点发言，得到肯定。中国音协主席李凌在总结中多次提到人民小学音乐班的经验。随后，中央音乐学院院长吴祖强，国家教委初教司纪志坚，福建省音协主席曾雨音等，都到校视察，座谈指导，留言肯定、鼓励。中央电视台、《光明日报》、《中国新闻周刊》等媒体记者也都到学校采访报道。与此同时，北京、上海、广州、深圳等数十个城市的教育界、音乐界领导和校长都前来学校参观、交流。

印象最深刻的是 1988 年 6 月 19 日，我的学生陈佐湟回到厦门，特地到鼓浪屿探望我，那天是星期天，我刚好出去办事，所以没见到，很遗憾。回家看到佐湟留下的一封两页的信。他在信中告诉我，他1960年去中央音乐学院附中后就很少再回厦门来了，从附中毕业后刚好遇到"文革"，所以下乡种过多年田。1981年毕业于中央音乐学院指挥系，后去美国深造，在密歇根大学获得音乐硕士及音乐艺术博士学位，成为我国第一个音乐博士，近年来受聘各国交响乐团，足迹遍布欧美各国。1987年回国担任中央乐团指挥，带领乐团赴美国纽约、华盛顿、芝加哥、旧金山、洛杉矶等城市进行历史性巡回演出，此次从美国访问演出回来，一来回厦大看望退休的父母，二来顺便探望母校及当年班主任叶老师。陈佐湟深有感触地写道："来鼓浪屿，仍能处处听见孩子们练琴的声音，很是高兴。祝母校及鼓浪屿能培养出更多的优秀音乐人才，青出于蓝而胜于蓝……"第二天陈佐湟又特地回到鼓浪屿人民小学，听音乐班上钢琴课，随后进行座谈、交流、指导。

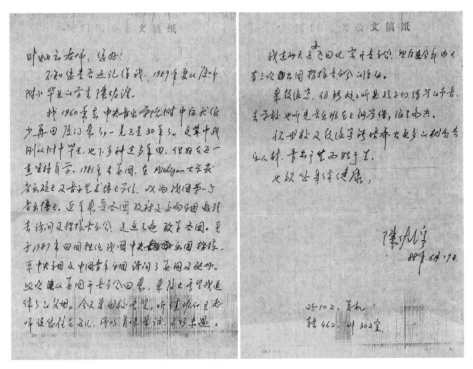

1988年6月，著名音乐指挥家陈佐湟写给叶灿云老师的信（叶灿云　供图）

2002年5月，陈佐湟应邀出席首届鼓浪屿（国际）钢琴艺术节，在鼓浪屿执棒指挥开幕式音乐晚会。我去听了那场音乐会，鼓浪屿籍旅英钢琴家卓一龙（著名钢琴艺术家傅聪的妻子）还演奏了《我爱鼓浪屿》，是非常好听的钢琴协奏曲。第二天，我约了当年教陈佐湟的数学老师钟友国，还有他小学同班同学郑健辉、曾国平、蔡沁沁、李亚枝、胡正礼等，到佐湟下榻的鼓浪屿海上花园酒店看望他，师生相聚好开心，回忆当年也有说不完的话，我们还一起合影留念。

陈佐湟与叶灿云老师及小学同班同学相聚合影（叶灿云　供图）

还有一件事非常有趣。1988年6月底，有位加拿大医学博士慕名而来，那天黄昏他独自一人在龙头路转悠，刚好碰到我的一位学生，学生往我家里打电话，说："叶校长，有个洋人一直比画着，说要找你，找人民小学音乐班。"我说："这是谁，我不认识呵。"学生就把洋人带到我家，洋人还没吃晚饭，我先生冯老师赶紧去做吃的，面包煎蛋，抹上花生酱，再配一杯冲泡的牛奶，洋人很高兴。他说的是法语，我们一句也听不懂，用手比画着，配一本字典，大体知道他明天想来学校看看。我说："OK，没问题。"那天晚上我还叫我的学生带洋人去丽之岛酒店住宿。

　　第二天洋人来了，正好赶上我们音乐班期末学习成果交流汇报习奏会。我请人来翻译，洋人递一张名片给我，我才知道他名叫让·夏尔孔贝，是加拿大蒙特利尔的一位医学博士、教授，他是从加拿大电视台看到中国有一个鼓浪屿，鼓浪屿有一个音乐班，音乐班有一群学生很会弹琴、唱歌和跳舞，所以就利用假期来看看。看完音乐班学生的弹奏、表演，夏尔孔贝博士很兴奋，他在学校留言本上写道："门终于打开了，我见到沉浸在音乐中的孩子们，他们如何达到这种音乐的境界是个奥妙。"还有，美国《纽约时报》记者、专栏作家安东尼·路易斯夫妇通过外事办的引荐，带着翻译到校参观后，也写下热情洋溢的留言："我们爱好音乐，到世界各地听了孩子们的多次演出，但这次中国之行，到鼓浪屿你们学校观看表演，是我们所看到的最有天分、最浓烈的演出。谢谢你们的热情接待……"

　　20 世纪 80 年代中后期，人民小学通过音乐，启迪儿童想象力和创造力，丰富并且活泼校园生活，引起许多外国专家、学者、作家、新闻记者的极大兴趣，打开了外国人对中国孩子生活认识的大门，鼓浪屿成为外国人热衷旅游和探索研究教育的地方。这期间，我们还接待了英国加的夫市市长及夫人一行。当时厦门与英国加的夫市缔结友好城市，加的夫市市长及夫人一行是来厦门访问，洽谈经济领域的合作项目。结果呢，加的夫市市长提出要到鼓浪屿来走走，市外事办便把他们带到人民小学来看音乐班的汇报演出。

　　音乐班的孩子们给外宾演奏了《扬基歌》《老黑奴》《快乐的阳光》《生日进行曲》等小提琴齐奏重奏曲，和《玫瑰》《挪威舞曲》《天使的使命》《巴赫小步舞曲》《克莱门蒂小奏鸣曲》等钢琴独奏、四手联弹，还有《欢乐大厅》《请来看看咱们的村庄》等二声部合唱曲。看完音乐班学生的表演后，加的夫市市长伸出大拇指，由衷赞叹："如果不是亲眼所见，我真不相信你们中间会有这么多学琴的孩子，这么多的'音乐天才'啊！"他回国后接受当地电视台的采访，称赞在厦门和鼓浪屿的所见所闻，总结这次旅行不仅有经济合作，更有文化教育的意义。

　　后来蔡望怀也去英国考察、访问，回来后对我说："叶校长，我们这一炮

25·

打得很响呀，英国加的夫市市长回国后不仅在当地电视台发表演说，还在英国一家杂志上撰文，说这次厦门之行，就是没有其他活动，仅凭在鼓浪屿看到音乐班孩子的这场表演就已不枉此行了。"随后，英国、美国、德国、比利时、澳大利亚等七国电视台新闻代表团，加拿大、菲律宾等国的教育家、音乐家，还包括相关国家驻中国外交官及夫人，总共有近50人，汇聚鼓浪屿观海园，观看我校音乐班的汇报演出——由一群7～10岁小学生组成的一场音乐专场演出。我们出色完成了市政府、外事办、教育局下达的这次接待和演出任务，同样收获了许多掌声和赞美。

音乐班办了有六年，办出了成效和声誉。1989年底，眼看再过半年首届音乐班(六年级)学生就要小学毕业了，怎么办？钢琴还继续弹，提琴还继续拉吗？我建议音乐班得有个衔接、延续。教委主任蔡望怀很重视、很上心，让我们尽快打报告写申请，市政府的批复文件很快就下来了，决定筹办厦门市音乐学校。1989年我本该到了退休年龄，鼓浪屿区政府特批，要我延聘三年，担任人民小学名誉校长、厦门市音乐学校校务委员。当时给我两项任务：一是巩固"三园"式办学经验，做好传帮带；二是承前启后，协助筹办好音乐学校。

当时蔡望怀已从厦门市教委主任晋升为副市长了，但仍分管教育工作，大力支持并积极推动音乐学校的筹办。他去北京出差后直飞上海，并通知我，还有二中的殷承典和市教育局的许金山，让我们从厦门飞过去与他会合。蔡望怀带着我们，专程去上海音乐学院拜会郑石生教授。郑教授是系主任、小提琴教育家、演奏家，我们想聘请他来担任音乐学校的校长，他欣然同意了。

1990年秋季，厦门市音乐学校正式宣告成立。郑石生教授担任校长，殷承典担任常务副校长(他原是二中副校长)。当时把人民小学音乐班160多个学生，以及20多个文化课教师，全都划归到音乐学校。刚开始校舍仍沿用人民小学分校康泰小学校舍(1987年康泰小学并入人民小学，普通班、音乐班分别有两个年段在此上课。成立音校时，普通班就撤回人民小学本部，所有音乐班全都搬过来)，音乐学校的挂牌、升旗仪式都在这个地方进行。那么第一年中学怎么办？就寄在二中。也就是人民小学首届音乐班学生小学六年级毕业升到初一，文化课到二中去上，音乐课再跑回康泰小学校舍来上。所以，刚开始很不容易，直到一切就绪后才搬到现在的音乐学校校舍。

音乐学校包括小学和初中。殷校长主抓音乐专业，以及初中（寄在二中）班级的文化教学等工作。而我主要负责音乐学校小学部文化课的教学工作。我们合作快两年，很愉快。殷老师会弹琴、会作曲，是音乐方面的行家里手，这以后他又聘请了一些从外地来的音乐老师，比如寿梅、吕振海夫妇，一个教钢琴，一个教小提琴，专业都非常好。第一年我几乎每天都去音乐学校上班，殷老师对我说："叶老师，咱们的文化课不能丢啊。"我说当然了，音乐学校文化课丢了人家就不会来读的。人民小学音乐班的文化成绩比同年段普通班的好很多，比鼓浪屿同年段的学生也好，甚至在全市都很好，这是很有说服力的。所以，我就制订学校全学期的工作计划，协助抓好文化课，编排课程表，与老师一起研究、备课，当然还有德育教育，这个也归我分管。

郑石生教授一学期会过来几次，宏观把控，进行艺术指导。他是永春人，比我小两岁，我们谈得来，常在一起探讨、交流。他在全校大会上说："我们音乐学校的开办，是以人民小学叶校长创办的音乐班为基础的，不然哪有一年级到六年级这么齐全，一锅端就给全端过来了。所以说，没有音乐班的成效，也就没有音乐学校的应运而生……"

1992年初，我结束延聘，正式退休了。人民小学、音乐学校的所有事都放下，什么都不管了，过上真正清闲的日子，有时也帮助市教育研究会做些课题研究，偶尔也会去小学、幼儿园做讲座，分享一些教育心得、家教理念。那次郑石生教授、校长回鼓浪屿的音乐学校，听说我退休了，还特地到家里看我，他说："从人民小学音乐班，扩大成一所音乐学校，叶校长，你功不可没啊！"

现在音乐学校更上一层楼了，已变成厦门大学附属音乐专业学校，发展得越来越好，也出了不少人才。杨璟读小学时是音乐班第二届学生，后转到音乐学校，再后来考入上海音乐学院，接着又出国深造，现在已是一位中提琴演奏家；黄伟廉的女儿黄茜卡，小时候也读音乐学校，10岁考入上海音乐学院附小，现在已是国际上有名的小提琴演奏家；音乐班第一届学生温德经（华东师范大学教授）、庄贝妮（集美大学教授）、郑岚（厦门市思明区教师进修学校音乐教研室组长），后来都从事音乐教育工作；林晓燕等，他们原先都在音乐班、音乐学校读书，后来考入上海音乐学院钢琴系，毕业后又回到音乐学校任钢琴老师；还有，我外孙女杨情雪后来也读音乐学校，她虽然没走专业这条路，但方妮老师鼓励她参加英国皇家音乐学院考级，还获得钢琴演奏级（初级）证书，现在工作了仍喜欢练琴、弹琴，参加公司年会还上台弹奏钢琴曲，愉悦开心。

还有一件更开心的事。2020年10月29日下午，我受邀到厦门广播电视集团1000平方米演播大厅，参加在此举行的《中国梦 奋斗志——爱国主义大课堂》第二季走进厦门市人民小学专场活动，我以老校长的身份登台亮相，接受主持人的现场采访，讲述我与人民小学的不解之缘，从学生到老师再到校长，不曾离开过鼓浪屿，离开同一个校园。我在这里工作了40多年，我熟悉这里的一草一木，提出"三园"式办学理念，创办音乐班，选择人民教师作为终生职业，我感到无上光荣，一辈子辛勤教书育人，桃李满天下，我很知足，也很开心……那天我的学生龚书鑫也去了，他是鼓浪屿菽庄吟社的顾问，特邀讲述人之一，我讲完走下台，龚书鑫很激动，拉着我的手说："叶校长，您今天能来，能上台，哪怕什么话都不说，您的出现本身就是鼓浪声声，就是人民小学百载人文最亮丽的一道风景线，况且您讲得实在是太好了！"

那天，除了五位讲述者各有侧重的讲述，还有人民小学孩子们的朗诵、吹拉弹唱、载歌载舞，当了一辈子的老师，再没有比看到孩子们、同学们活泼欢快、茁壮成长，更让我感到由衷的喜悦和欣慰的了。

我儿子冯明炜，他是二中校友会副理事长，前些天他告诉我，他打算以个人名义为母校捐赠20万元，设立"厦门二中冯龙土心理健康教育基金"。心理健康是我的先生，也是三个子女的父亲生前所倡导的教育理念，以及学校、家庭、社会都必须关心的问题，想必龙土得知这一消息后，他在天堂一定会很欣慰、很开心的……

2020年10月，86岁高龄的叶灿云老校长接受厦门电视台主持人的现场采访，讲述她的鼓浪缘、教育情（冯鹭　供图）

我的鼓浪屿往事

——林世岩口述实录

口述人：林世岩

采访人：泓莹

采访时间：2011 年 8 月 4 日、12 月，2012 年 11 月 1 日，2013 年 3 月 27 日，

2015 年 8 月 25 日，2018 年 8 月 25 日

采访地点：黄猷家、林世岩家

【口述人简介】

　　林世岩，老鼓浪屿人。生于 1928 年，历任鼓浪屿鹿礁、笔山、康泰、厦师附小等小学校长；曾任原鼓浪屿区政府办文教科科长、区委宣传科副科长等职。

林世岩先生（2011 年）（泓莹　拍摄）

小时候的林世岩与母亲鸾姑

泓　莹：林先生，您的母亲好漂亮。

林世岩：这个照片是福懿慕（Tena Holkeboer）姑娘要回去的时候拍的，还有一张集体照，是番仔和全体工人。母亲一辈子给番仔做事，管烹调和女红，在三落姑娘楼，在救世医院，一直做到明仁懿（Jeanntte Veldman）姑娘离开。她也为夏礼文（C. H. Holleman）医生、闵加力（H. M. Veenschoten）牧师和青洁理（K. R. Green）、麦淑禧（Edna Beekman）姑娘工作。

明姑娘对我很好，我有许多她的老照片，她年轻时好漂亮好斯文。

泓　莹：我妈妈说她很严啦。

林世岩：是很严，但她一直对我们很好。我母亲苏彩鸾是守寡人，明姑娘、福姑娘都叫她鸾姑。母亲心灵手巧，番仔都对她很好，但她们又说："啊，鸾姑啊，你很好，但我们很不甘心你不信主啊。"

母亲说她有两条香火要续，所以不能信上帝，一是姨母，二是公婆。"这

31·

是先人的嘱咐和交代，我一定要完成任务！"

　　我还在母亲肚子里时，三个月吧，我父亲就去了南洋，从此下落不明，我从未见过父亲，连照片都没见过。母亲是同安刘五店人，她有个要好的小姐妹洪谦英，她的丈夫去南洋谋生，娶了小老婆，在越南又有了个家，基本不回来，她等于是守活寡。这个小姐妹身体不好，得了肺痨，母亲经常去照顾她，两个人很要好，我叫她"俺答仔"或者姨母。母亲和姨母生时互相帮助，死之前，她要求母亲的坟墓要和她在一起。

苏彩鸾与洪谦英

　　母亲活到 91 岁，我这位姨母 42 岁便去世了，因肺痨而死。

　　姨母当时买了个孩子来养，还用丈夫从南洋寄回来的钱在鼓浪屿买了房，把我母亲从乡下叫出来，就这样，我三岁就到了鼓浪屿……

　　有一段故事很有趣。当时母亲从乡下来，一边为夏礼文医生做事一边看顾已经生病的姨母。姨母有一个弟弟是算命的，不时来向姐姐讨钱，她没有那么多钱给，弟弟恼羞成怒，去向工部局报告说她吃鸦片。那时鼓浪屿是禁止吃鸦片的。姨母肺痨，确实会食点鸦片镇咳，那个晚上工部局的人就来了，来抄查清点，要抓人。我那时很小，吓得瑟瑟发抖，母亲说："是我食的，要抓就抓我。"

结果这天晚上母亲被抓走了。天亮了，夏医生家里没人烧饭，跑来找鸾姑，夏医生其实知道母亲的小姐妹是吃鸦片的。他就打电话给工部局，说你们将我的厨子抓去关，这是怎么回事？用了一点钱交罚款，母亲才被赎了出来。这个事情过后，姨母的肺病更严重了，母亲就辞去在夏医生家的工作，一直照顾她到去世。就这样，我母亲帮忙安排了后事，姨母那个孩子就去越南了，这个屋就给母亲托管。

那孩子将房契带走了，我们照顾这老房子多年。我们现在住的小楼，就是用姨母的旧房翻修的……她的孩子和我亲兄弟似的，他后来去越南，越南解放后，他家属又去了美国，后来就做了手续，把房子转让给我。

事情是这样的。我的好朋友陈赞庆早年住在竹树脚，生活困难，要读英华也是很麻烦的，曾经带点米粮吃食到鼓浪屿和我一起住在姑娘楼地下室里。母亲待他很好，他也很感激。他的经历很坎坷，他考到北京读俄文专业，和一位苏联少女恋爱，中苏关系破裂后，苏联少女让他申请去苏联。于是有一段时间，陈赞庆经常去苏联大使馆，结果引起安全局注意，就把他遣送回来了。

被遣送回来后，他就去了区办厂，后来他的音乐家姐姐将他接到美国去了，他之后和一个美国人结了婚。

陈赞庆是一个极富情义的人，看到我这破屋没着没落，就帮我去找姨母的后人，我就将地址给了他。姨母那个孩子也过世了，但他的夫人是我母亲帮忙介绍的，知道我母亲与她的婆婆比亲姐妹还要好。于是陈赞庆带着她，到领事馆做公证，说这房子要给我们。这样我就有产权了，所以鼓浪屿这个住房也算是先辈的一点功德吧。

母亲就我一个孩子，我家三代只有三个人，母亲上面还有一个外祖母。外祖母年轻丧偶，儿子早逝，她悲痛过度，脑子有点糊涂了，那时基本上不能做事，家里一切都要靠母亲。母亲上有老，下有小，里里外外一把手，操劳了一辈子，非常辛苦。

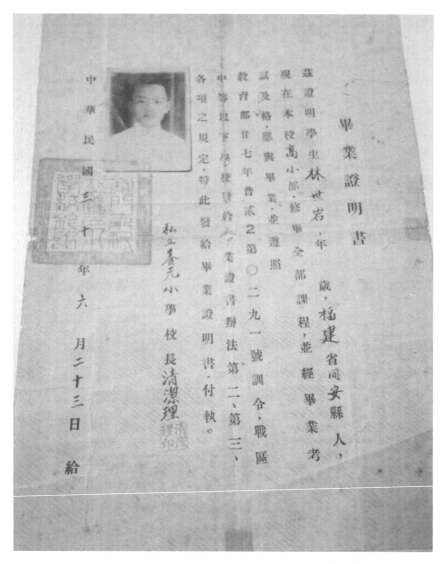

林世岩小学毕业证书

　　我的记忆很清楚，三岁到现在的事都记得清清楚楚。比如，我们读养元小学，那时青洁理姑娘是校长，夏医生娘教英文，当年夏医生娘教我们的第一课，我还记得非常清楚，可以全文背诵……黄清桂先生教我们语文，他教得可真好，比如白居易的"慈乌失其母，哑哑吐哀音……"黄先生用厦门话文读，特别顺口。黄先生是从金门来的，国文功底好，人也很好，从来不体罚学生。

鼓浪屿养元小学 1941 年毕业生

　　我和洪卜仁、吴宣恭、高恩惠等同学都读养元小学，高恩惠 1940 年毕业，我 1941 年毕业。我是苦孩子，放学后要为番仔挑水，抗战胜利后，要从毓德小学挑到姑娘楼。每年夏天，归正教会年会，番仔就会带着儿女来，我要负责看管这些孩子，所以我英文口语不错。空余时间还要扫树叶，给家里烧饭用。我们没钱，菜是自己在姑娘楼种的，也从来不去买煤或柴，树叶就是我们的主要燃料，碰到台风天，就到海边捡"海捞化"，就是水流柴，水流柴就是九龙江流下来的野草、烂木头。对我们来说，台风来就是好机会啊。

　　下饭的菜主要是自己做桃仔豉，就是把院里生长的苦桃捣碎了，用很多盐来腌，很咸。那时厦门的海很干净，我们初一、十五大潮水时下海筑沙堤，点灯火诱鱼，用罾捞虾，那时鱼虾很多，扑扑跳，还可以捡螺蛳、剖海蛎、捞海苔、刮石花草……

　　1937 年，抗战全面爆发。我们当时的抗日游行，都在港仔后延平公园集会，就是菽庄花园前那个广场，有国姓井的那个。1937 年金门沦陷，就有一大拨金门难民到鼓浪屿来，鼓浪屿人口渐渐多了起来。太平洋战争之前，鼓浪屿还可以利用番仔的关系派交通船到外面买米买东西，还有侨汇可以进来。

厦门沦陷时期，鼓浪屿到处都是难民，所有的学校教堂都成了难民所。太平洋战争爆发，鼓浪屿沦陷，船不准行驶，难民们都快饿死了，捡菜叶，割草，都不足以谋生……1941年12月15日，所有的番仔都被日本人抓去，还有近百个从船上抓来的外国战俘，都集中关在救世医院，出来要戴黄手圈。恩佑和银来负责煮饭给他们吃，帮番仔买东西送东西都是我和母亲，他们关心我们，我们也关心他们嘛。

我当时刚刚从养元小学毕业，考上英华中学，日本兵就跨海过来了。那时我才十二三岁，记得那天，亲眼看到日本人逼塔里先生交钥匙，塔里先生是英华中学的校长。

我从小就辛苦，很会挑担。所有番仔都被抓起来关在救世医院，不能出来，我每天都挑着东西（主要是食物）给他们送去。到救世医院要从八卦楼过，但那时日本兵在汇丰下面站岗，我们都不从八卦楼走。我们不愿意行礼，宁愿绕大弯，从体育场、土地公间仔（即土地庙），绕过八卦楼，拐到三丘田，再绕到美国领事馆，最后从护士楼后门进入救世医院。我们每天都要做花生糕和其他一些小食送过去，收点成本费而已。明姑娘还收拾了一些重要的东西，交代我从三落挑下来，寄在黄桢德医生和李来荣姐姐的家，胜利后，他们回来，才又取回去。

青洁理姑娘在这个时候还教我英文，明姑娘是端了一大盘眼镜，给我试了又试，说我近视，一定要戴眼镜。

说到日本人啊，真是咬牙切齿。那时我常去新路头，看到从金门起飞的日本飞机到处轰炸。新路头再过来是西仔路头，博爱医院附近，这个码头是洋人用的，所以叫西仔路头。西仔路头有一条路直通日本领事馆，有一个地方一般人是不能过去的，那是有钱人的地盘。那里的海滨旅社是当时最好的旅馆，卓全成开的，外国人来都住在这里，当年和日本人签字也在这里。

从鹿礁路10号下到梨仔园，就是现在的林巧稚纪念馆，这一大片，当时是日本人封锁了的，一个人都不能进去，盟机有时会来轰炸。现在升旗山气象台，原来有三幢漂亮的番仔楼，一是夏医生的，一是胡医生的，一是大牧师楼，都被日本人拆掉做了工事。大德记现在一窟一窟的，就是日本人挖的防空洞，他们的战舰顺着铁轨推进去，所有的小战舰都藏在这里。

唯独一艘比较大的海关灯塔补给船，叫"并征号"，藏不进去，就泊在三丘田码头，是当时厦门最大的船。盟军怕日本人乘这个船逃跑，要炸了它，盟军的侦察机总是先巡视一番，B29飞得很高，日本人的高射机关枪也打不着。当日本人乒乒乓乓放枪，我们就知道盟军要来轰炸了。

鼓浪屿被炸了很多次。我印象很深的有一次，那天下午4点，我正要搂柴火去做饭，突然听到轰的一声，盟军来炸"并征号"了，谁知日本船没炸着，满海都是死鱼啊。叶灿云的父亲，他在龙头路开了个味素店，恰好从厦门岛坐舢板船过来，倒被炸死了……那可真是惨啊！

明姑娘她们被日本人关了一段时间后被遣送回国。母亲没了出路，我们生活无着。我只好做了一张"良民证"过海去做小贩，母亲是到禾山割草，她可是裹过脚的。

那时豆仔尾临海，有大片大片长着海瓜子的海滩，我天天到豆仔尾去淘洗，然后将料理干净的海瓜子挑到鼓浪屿让母亲叫卖，算勉强糊口吧。有一段时间，还到鹿礁路10号做小工，永福公司的头家张立本住在那里，每天清晨我给他们挑水浇花，然后在他家吃一餐碎米粥，总之生活非常困难。

明姑娘要走之前，交代救世医院的会计刘成荣帮我。刘成荣是龙岩人，是鼓浪屿永可成杂货老板的女婿，永可成当时是鼓浪屿很大的商场。于是刘成荣介绍我去永可成杂货做孩子工，这时我的工作主要是烹饪，所以我现在绑粽子、做薄饼的手艺都还不错。

郑德发和我同班，他在风行照相馆旁边卖衣服的小店做事，我在永可成杂货做火头军，说起来都是孩子工。永可成杂货后来生意不太好，头家有要辞工的意思。眼看着孤儿寡母就要饿死了，没有办法，我们只好向日本人提出申请出岛。

我们是同安刘五店人，我准备和母亲、外祖母一起回刘五店。傍晚，我们在东方汽水码头集中，就是现在的肯德基对面。船到大屿就把人放下来，交接。恰好涨水，可怜我的母亲和外祖母都是小脚，我只好下来，从滩涂上背两个小脚女人上山，船要回程了，才发现在船上的行囊没了，同行的人太多太杂，我们的破箱子破衫裤居然被偷了……好在同行有几个熟人，大家帮忙，最后在山上找了出来。当晚就在这里过夜，第二天睁眼一看，大屿人山人海，因为没有船来载，大家都滞留在这里。

大屿前面是厦门鼓浪屿，被日本人侵占了，后面是嵩屿，是国民党的地盘。说到国民党啊，也的确腐败，等了好久，他们摇着船过来了，穿草鞋打绑腿，一开口就说："你们派个代表来。"蔡文世也去了，他回来说糟了，原来他们是要东西！本来难民就很穷了，他们还要勒索。可能内陆洋货少的缘故，他们要的东西多半是钢笔、热水瓶、洋衫裤，我们就汇集一点东西送过去，但还不够，不让我们过去嵩屿……大屿只有一口井，那么多的人要吃什么？大家肚子饿啊，国民党兵有时就也做些馒头糕点，大家没钱，只好用衫裤换。

这么多人在大屿衣食无着，好在那时大屿还有蛏蚵，我天天去挖，好歹解决一些问题。很多人都饿死了，一旦死了人，国民党兵就拿着个锄头，随随便便挖个坑埋了，真是造孽啊。

离海沧就那么一点点距离，我们却在大屿待了十几天，等到大家东西被换得差不多了，国民党兵才押着我们上了嵩屿，从嵩屿去海沧，都是走路啊。我们在海沧待了一个月，后来被押去石码难民所。难民所后面有一条溪，我们就去挖蚬仔来吃。

要回乡，需要家乡的人来担保，但是我们孤儿寡母三人叫谁来呢？后来终于得到通融，可以走了，却又不知道同安刘五店要怎么走。问了好多人，才知道要先坐"港仔船"到石美，再走路到角美，从角美再到鼎美，再坐船到集美，从集美再到刘五店。我们一路都住破庙，一路问过来。

那时角美很热闹，到处可以看到驮米的驴。国民党有一条运输线，穿过集美、角美、漳州，所以角美是交通枢纽，非常繁华。到了集美，发现这里都被炸烂了。还在船上呢，那些船仔人说集美的青年军很坏，我们是从大陆来的，要小心。果然，一上岸，他们就把我们的包袱翻了一通，拿走他们想要的东西，最后掏出一盒白驼火柴，这是日本生产的，结果不得了了，说这是日本货，我是汉奸。我那时还是孩子呢，跪在他们面前，好说歹说，总算放行了。

我的亲祖母年轻守寡，没有亲生子女，便买了一对孩子，就是我的父母。后来祖母得了鼠疫，四天就死了，死前要求父亲和母亲结婚，守住林家香火。我们一家三口孤儿寡母，回到故乡，好在乡里人纯朴，都还认宗亲。

那时刘五店也被炸得稀烂，但是这里的文昌鱼好多。海水清澈见底，我们在海沙里淘鱼，用大铁锹铲沙筑堤，很大的竹筛摇一摇，文昌鱼条条跳起来，炒文昌鱼配稀饭、文昌鱼炒米粉，太好吃了！我有个结拜兄弟，现在在美国，还有来往。他当时很同情我，给我一个篓子，教我怎么从后面摁住螃蟹，怎么讨小海。我还去帮人摘花生，还炒些文昌鱼到马巷卖，那时来去马巷都靠走路，路上到处开沟挖防空壕，坑坑洼洼走得很耗体力，偏偏这时我染上寒热病了。这寒热病就是打摆子，冷起来，几条棉被盖上也不够，热起来能烧到四十一二摄氏度，头痛至极！

终于，有一天，我正在山上摘花生，突然听得山下打锣，"哐哐哐，太平了"，原来是胜利了。我欢喜得不行，赶快收拾好东西下山来。胜利后我们回到鼓浪屿，我却很苦闷很彷徨，何去何从？难道还去做孩子工么？迫于生计，我还是去找了永可成杂货的头家，头家说："我这里已经满员了，不过你要真没饭吃，也可以到我这里来吃饭！"这算什么事儿嘛！我该怎么办？母亲说我一定要读书，不读书永远没法出头。

1946 年，福姑娘和明姑娘她们回来了，又来找母亲去工作。当时要做番仔工，一是要信实，二是要能干。不过，做这个工作没多少收入，工资一个月几十斤米而已。一开始我算孩子工，工资很少，但明姑娘给福姑娘写信，让我免费到养元小学读书，小学刚毕业，太平洋战争就爆发了，所以我当时只有小学毕业文凭。1945 年，抗战胜利，我的邻居郑文正招呼说："世岩啊，我们去读中学吧。"

林世岩先生在家整理老照片（2018 年 8 月）（泓莹　拍摄）

我也知道，在旧社会，没有文凭就永远在社会底层。可是，我才小学毕业，读中学要六年时间，我这样困难的家境，一头外祖母一头母亲，现在母亲年纪也大了，我们的家，如何才能撑得过这漫长的六年？

邻居叶寒玉先生，是同文中学的美术老师，他很同情我，有天他对我说："世岩，你就去英华中学报名吧，我给你出证明，说你是同文初二年级的学生。"还有一点，我去英华考学读书，福姑娘还写信给许扬三，说我在她那里工作，家境的确困难，希望英华能免去我的学费。当然，当时要免费，分数也要够才行。

就这样，我跳级去英华读书了，跳了两年，小学毕业后失学四年，现在从初三读起，英文好一些，其他科，尤其是数理化根本跟不上。不过，老师和同学都待我很好，因为我给番仔做过工的缘故，英文好，初三时全校不分初高中的英语比赛，我竟得了第二名，哈哈！过年过节去蔡丕杰先生家，他常夸我"是我们学校英语最好的学生"，我傻傻地站着，竟不知说啥好。

那时，我经常用英文和同学交流，教他们英文。塔里先生教学生英语是不解释的，课上过之后，同学们总是要求我再说一遍，我居然变成"英语老师"了。我教他们英文，他们教我数理化，诗楠就常到福姑娘的地下室来教我数理化。可是，数理化太难了，我怎么都弄不懂……英华当时大部分学生家庭条件都好，像我这样家庭困难的学生很少，不过，老师都很疼我，看到我有困难，有时会拿钱给我，比如陈洪之老师、邱继善老师，但我都不敢拿。

泓　莹：邵庆彰先生也曾暗中资助高恩惠先生。

林世岩：邵庆彰是我的班主任，他人很好，她姐姐邵友文更好，邵友文是沈省愚的夫人。

我那时身体很不好，奋斗四年，好不容易读到高中毕业，以为要出头了，结果又得了肺痨。那是从台湾毕业旅游回来后，全校体检，许四复先生把我叫过去，说"你得肺痨了"。这几乎是晴天霹雳！当时得肺痨是非常麻烦的事。后来是明姑娘出手帮忙，她出钱替我打空气。先麻醉，那么长的一支针从后背穿进去，就是用空气针压迫病灶。这空气一打，连走路都气喘吁吁。起先说打一周，后来竟说要打一年……别人轰轰烈烈在升学，我却在住院，那时不少同学还跑到医院来看我。

不久，番仔也回去了，这可怎么办啊？母亲只好在街头摆了糖担，旁边还放一架手摇针车做针线，我们的经济更困难了，可以说是贫病交加。那时，大约有半年吧，福华兄每个月都从南洋寄点钱给我，这份同学情很难报答啊，所以我后来很努力地为他工作。

我想，我坚决不能死。母亲一辈子辛苦，总不能让她白发人送黑发人。当时陈其凯叫我义务去福音堂民校做校长，也就是去扫盲。我便一边打空气一边工作，虽然没有钱赚。后来，也算是福气吧，朱鸿谟先生那时在养元小学当校长，他就住在我家前面，我们是很好的邻居。恰好这时养元小学的老师白建修要去大学读书，离职了，养元小学正缺人，朱鸿谟对我说："世岩，要不你来代课吧？"

到养元小学后，明姑娘给了我一个单独的房间，怕我传染别人。我代课后心情很好，一个月也有一百多斤米，生活就渐渐安定下来，所以我工作很积极。1952年所有的教会学校变成公立，我一个月就有二三百斤米了。1956年12月就入党了，肺痨也渐渐好起来了。

我在鼓浪屿做了几十年校长，人民小学、鹿礁小学、笔山小学、康泰小学……差不多鼓浪屿每个小学的校长都做过，我有许多有成就的学生啊，我收集了许多他们的材料，想写一本书。陈碧玉的孩子是我的学生，尤元璋和他的孩子也都是我的学生，许斐星、许斐平等也是。我是许斐星的班主任，许斐平、许斐

1949—1950 年在鼓浪屿福音堂民校做校长

星和女儿回国演出，也特别请我去听，许斐平太可惜了。那年，市里开追悼会，我也去参加了，还叫我发言……

泓　莹：您"文革"中有没有挨斗？

林世岩：当然有的，家都抄了三次，跪在龙头路，要我交代和救世医院的关系。

我和救世医院，的确有太多说不清楚的关联，明姑娘、福姑娘、清姑娘就不用说了，还有教番仔白话的春亨先生娘，她的番仔学生可多了。春亨先生娘名林立，鼓浪屿人按习俗叫她李春亨先生娘。她就住在我家后面，我母亲的白话也是她教的，她还介绍我母亲去夏礼文医生家工作。她的女儿住在鼓浪屿菜市场附近，母亲每天都带饭去给她女儿吃，还和她做伴一直到她逝世。春亨先生娘很早就过世了。

番仔传教，碰到的第一个问题就是语言。中国字很难啊，幸好鼓浪屿有打马字（John van Nest Talmage）发明的厦门音白话字，这款白话字简单，学习便捷。应该说，番仔在鼓浪屿的妇学办得很好，和简单易学的厦门音白话字

春亨先生娘（中）和她的番仔学生

有关系。当时有许多婚姻不自由，或因为其他原因的裹小脚妇女跑到鼓浪屿来，接受白话教育，很快就由文盲变成能说会写的人，所以番仔发明的白话当年解放了很多不识字的妇女。

在厦门竹树脚教堂和鼓浪屿传教的打马字牧师，1850年就开始研究厦门音白话字，《厦门话白话字典》1873年完成初版，全册535页，1894年这本书再版，这时打马字已经去世两年了。

厦门音白话字在鼓浪屿发源是没错的，打马字的功劳最大。他完整地发明并整理了厦门音白话字，他的两个女儿也都付出了巨大的努力。

厦门图书馆有一本打马字编的教材，不过听说不完整。所以我要编这本《厦门话白话字简明教程》，用通俗易懂的文字介绍厦门音白话字的来龙去脉。编这本书花费了不少心血，也得到许多朋友的帮忙。当年，周涵就一直鼓励我做这本书，这些零零碎碎收集的材料，一开始就是周涵帮忙打字的。后来，鼓浪屿管委会派几个人帮忙整理，按照我的意思编排，终于成书了。

理论我不懂，但因为我有英文基础，能准确地读出当年洋人发音的白话字，我这里的引文都很通俗，原文原汁原味，一个字都不改，这样才有历史价值吧。我要把这本书送给我的老师和同学，送给喜欢研究闽南文化的人。

我与厦门二中的不解情缘

——蔡望怀口述实录

口述人：蔡望怀

采访人：吴奕纯

采访时间：2021 年 4 月 28 日、6 月 2 日、7 月 16 日

采访地点：蔡望怀家

【口述人简介】

　　蔡望怀，1938 年出生，1949—1955 年就读鼓浪屿英华中学、厦门二中。1955 年考入北京石油学院地球物理专业，次年转入厦门大学物理系，1960 年从厦大毕业分配到龙岩一中任教。1979 年 1 月起任厦门市教师进修学院教师、物理教研组组长、副院长。1984 年 3 月任厦门市政府副秘书长，1986 年 7 月任厦门市教委主任，1987 年 12 月任厦门市政府副市长，曾兼任厦门火炬高技术产业开发区管委会首届主任、厦禾路旧城改造指挥部常务副总指挥、厦门市信息港建设领导小组副组长。1992 年 12 月起任第八、九届厦门市政协主席、党组书记，全国政协第九届委员会委员。2010—2018 年被聘为国务院参事室特约研究员。

国务院参事室特约研究员证书

我出生在鼓浪屿，在这个鸟语花香的岛屿度过我的童年、少年和青春岁月，留下了许多难以忘怀的美好记忆。至今我还留着鼓浪屿户口，是鼓浪屿岛上四千原居民之一。

父亲蔡丕杰，1923年就读厦门英华中学，毕业后留校任教。之后以优异成绩考进福建协和大学，毕业后又回到母校英华中学任教。1938年厦门沦陷，父亲偕母亲和刚出生的我，逃难到香港并在香港圣保罗学院教授英文。珍珠港事件发生后，香港也被日本侵占，我们全家返回鼓浪屿。

1994年，蔡望怀在父亲曾任教的香港圣保罗学院留影

我父亲先后在英华中学、英华校友小学担任教务主任、校长等职。1956年起，受聘为厦门大学外文系副教授、教授、研究生导师。

我曾在鼓浪屿就读英华校友小学、英华中学，直到后来的厦门二中。我母亲毕业于毓德女中，我的弟弟妹妹、我夫人的一家都就读英华、毓德女中、厦门二中，就连我的两个女儿也是厦门二中毕业的。我的家族可以说是举家三代"同校"，与厦门二中有一种难以割舍的情缘。

英华中学是我国最早创办的现代中学之一

1898 年，一所名叫"英华书院"（Anglo-Chinese College，ACC）的中学在鼓浪屿诞生了，后改名为英华中学。学校分高中、初中两部，还附设小学高年级，只收男生，女生可在毓德女中就学。这是厦门市最早创办的现代中学，也是全国最早创办的现代中学之一。

英华原指英国人和华人联合办学，之后也有人将它演绎为精英华彩，意指美好、精粹的人或物。不管人们的办学初衷如何，这所学校的问世毕竟是社会文明的一种发展。此前，厦门鼓浪屿的很多孩子是没机会接触到现代文化与科技教育的。只有少数富裕家庭的孩子可以去念师塾。英华中学创办之后，孩子们才能读到一些与现代的经济社会发展关系比较密切的数学、物理、化学、生物、英语、音乐等课程，才能接触到现代科学知识，接受现代文化教育。

1936 年英华中学校址

随着时代的发展，这所学校逐步演进成为以中华民族优秀文化为根基，同时对世界先进文化成果又能兼收并蓄的一所中国的现代学校。

中华人民共和国成立后，学校获得了新生，开启了新时代征程。1952 年，英华中学由厦门市政府接办，改为公办学校，更名为福建省厦门第二中学，之后还兼并了厦门女中，即毓德女中。

一百多年来，学校培养出多少社会的栋梁之材！数以万计的毕业生遍布于祖国各地，遍布于五洲四海。在菲律宾的学界和商界，一提起厦门英华中学，几乎无人不知，无人不晓。可以说，厦门二中是厦门市最具海外影响力的学校之一。这所历经百年磨炼的学校以它较高的教学水平、引人瞩目的特色和气质将珍贵的教育元素融入了鼓浪屿的躯体，培植在鼓浪屿的心田上。

我认为，这种教育元素，就是习总书记在鼓浪屿申遗成功后，要求我们要精心守护和更好传承的文化遗产和历史文脉的一个不可或缺的部分。

红屋绿树下的六年青春岁月

我中学六年的岁月是在英华中学、厦门二中度过的，对它有一种特殊的、深厚的、淳朴的，犹如儿女对母亲似的那种与生俱来的感情。

印象比较深刻的，就是教师水平高、教学效果好，课外作业少而精，学生可以自由掌握的时间较多，享有一种可以博采厚积的宽松环境，可以"结交"两个好朋友：一个是图书馆，另一个是运动场。

"百友楼"是学校的图书馆，师生们都可以在这里博览群书，受益匪浅。真是"筹此片石，广我百城"。学生可以参加多种体育运动，其中游泳和足球最为普及且运动水平最高。我读高中的时候，厦门市足球队的主力队员有一半左右是厦门二中的在校生，厦门市乃至福建省游泳比赛的百米自由泳、蛙泳的冠亚军几乎都被二中囊括。

学校对学生提出的要求是"三好"：身体好、学习好、工作好。每个学期都会评选"三好生"。"三好生"也成为选举学校学生会和班干部的重要标准。我是从高一下学期开始被选为班长的，此后就一直担任班长，直到高中毕业。

当时高考似乎没有给我们带来太大的压力。高考前两个月左右的总复习，完全由学生自由掌握。一般都在家里复习，遇到疑难问题才根据学校的安排，到学校请任课教师辅导。每天复习功课的时间大概只有半天，另外半天时间则是游泳、打球，也看点书、听听音乐。记得当年林则徐任两广总督时，曾写了

1934 年英华中学足球锦标队

1952 年厦门二中足球队荣获厦门足球公开赛冠军

1985 年，厦门二中获华东地区体育传统项目中学生男子足球邀请赛冠军（二排右六为校友会理事长蔡丕杰）

一副对联："读书静坐各得半日，清风明月不用一钱。"我跟班上几位同学模仿之，把这副对联改为"复习游泳各得半日，蓝天碧海不用一钱"，用来表达当年准备高考时宽松、乐观的心境。

我读高中的时候，经常遇到敌机空袭，我们都要躲到防空壕。高考那年，为了躲避国民党反动派的空袭，厦门市的考场移到龙岩县城。当时，厦门是个孤岛，海堤还未修建，所以全市几百名考生要跨海越岭、舟车劳顿，前往龙岩县城赶考，实在辛苦。这是厦门市唯一一次把高考考场设在龙岩。

在中学六年的青春岁月中，我阅读了大量课外书籍，如《三国演义》《水浒传》《西游记》《红楼梦》四大名著和鲁迅先生的许多著作等，还阅读了一些世界经典名著和当时红极一时的苏联作品《钢铁是怎样炼成的》《卓娅和舒拉的故事》等。我能背诵的毛主席诗词和唐诗、宋词，以及普希金、雪莱、拜伦、海涅等世界著名诗人的诗歌，可能不下两三百首。

从教后我在讲课时，常常会情不自禁地引用一些诗句，抒发情怀，激发学生的灵感和向往，让学生更好地理解我所讲述的内涵和要义。

1979年，厦门市教师进修学院经教育部批准创办了高师物理专修班。4年期间，我给他们讲授了横跨物理和数学两个领域的7门大学基础课。2009年，学员们联合编写了一本图文并茂的专集《三十春秋师生情》纪念专修班开办30周年。专集里有一段对我的评述："……教育世家出身的蔡望怀老师，爱好文学、音乐，他的讲课常常带有一种艺术的韵味。听他的讲课，是一种享受，同学们都说，学到的不仅是知识，还有信念和人生的追求。"

在英华中学、厦门二中学习期间，我还潜心聆听了许多经典音乐，主要是通过唱片欣赏的。贝多芬、柴可夫斯基的所有交响乐、钢琴协奏曲和奏鸣曲，还有其他一些作曲家的经典名曲我都经常欣赏。这些乐曲已经浇灌在我的心田上，流淌在我的血液中了。我总感觉到，文学艺术的熏陶对一个人的成长来说是不可或缺的。文学艺术跟科学技术看似两个互不相干的领域，然而在点燃激情和孕育灵感这样的深层次上，它们是可以相通的。

没有应试教育的束缚，我感到自己在厦门二中这所大海环抱的学校里度过了一生中一段美好时光。几十年后，同学们聚会，回顾当年同窗的岁月，大家似乎都有相同的认知：在正确教育观念的指引下，在品教兼优老师的教导下，我们没有虚度年华。我们通过六年的学习，不仅奠定了知识的基础，还奠定了做一个合格公民的品德基础，奠定了问学求知能力的基础，奠定了喷涌创新精神的基础。

红楼一角忆恩师

高中毕业六十六年，掀开记忆门帘，揩去俗世烟尘，一些珍贵的图像似乎又清晰起来。少小之时纯真朴实的师生情谊，是历史洗涤不去、时光磨灭不了的。这里想对几位已经离世的师长做一些记述，点滴追忆，寄我深情。

建于 20 世纪初的英华中学办公楼

一、孙安达老师

我读高二、高三两学年，孙安达老师是我们乙班的班主任和语文老师。他的引领和指导，对我成长的影响自不待言。特别是我，这两年恰好都被选任班长之职，和他的接触可能比别的同学多一点。我总感到，我对文学艺术的挚爱和迷恋，与他的教学是有关系的。仅是他对文学佳作和艺术珍品的倾心推崇和追求，有时就让你感到热力四射，不能不受"传染"了。或者，这正是我们当今教育存在的问题：塞给学生一大堆"填料"，至于如何启发学生的灵感和激情，则多有疏忽。爱因斯坦说过想象力比知识更重要，灵感比知识更重要。

1958 年春天，厦大物理系对我进行了错误的批判，波及孙安达老师。系里曾派人逼他揭发我的所谓"问题"，二中也有个别教师在"拔白旗、插红旗"运动中责问他为何器重我这样的学生。对这些人的胁迫，孙安达老师并没有屈服迎合，而是仗义执言，说了一些公道话，这在当时是颇为难得的。这一点，我一直感念在心。

此后，我们基本上没有联系和往来了。直至 1972 年，组织上把孙老师从香港调回厦门工作。那时，林彪反革命集团刚刚覆没，曾经布满"文革"阴霾的天空似乎投射出了一点希望的光芒。我刚出生的女儿，父亲给取名"晴日"。孙安达老师来探望时，脱口就说出"须晴日，看红装素裹，分外妖娆"，真是心有灵犀一点通!

可是,孙安达老师等不到那风和日丽的日子了。1974年春,他罹患甲状腺癌,后转移到肺部,急赴上海诊疗,施行手术后不治,5月初便与世长辞。对他的英年早逝,我是很感伤的!稍可告慰的是,当时我在沪陪侍父亲治病,得以经常前往探视。在孙安达老师病情恶化,需要全天陪同护理之时,我负责每天值上半夜的班,以便让他的夫人、厦门二中化学老师叶绥麟可以喘一口气,睡上几个小时。

当时,孙老师的儿子孙先轸上山下乡,未能及时赶到。孙老师弥留之际,我也在病床前,叶老师悲痛欲绝,几次要从窗口跃下。幸好孙老师的另一位学生张颂鹏,二中1954届的,和我竭尽全身之力拉住,久久难以平息。如此噩梦惨景,但愿此生不复再有!然而,三十年之后,似乎是往事重演,我又在厦门中山医院送别了叶绥麟老师。病重期间,叶老师多次对我说:"安达已经等我三十年了!"

二、洪启兴和陈珊轮老师

上课讲学,最为投入和执着的,当数洪启兴老师。每临课堂,面对莘莘学子,他似有千言万语要说,唯恐不周,唯恐有失。所以,他经常拖课,下课铃声响了,还要再讲上几分钟,让那些要去方便的同学只得来去匆匆。有时拖到下一节课的任课老师(记得常常是孙安达老师)已经站在教室门口了,他还滔滔不绝,言犹未尽,执意要把某个物理问题的玄机讲深讲透,让你大彻大悟。一边是占据讲台、"恋栈"不去的洪老师,另一边是肃立门外、面带愠色的孙老师,加上同学们的窃窃笑声,此情此景六十年来,时或在脑海中浮现。红楼一角长相思啊!

洪老师治学严谨,为人正直善良、坦诚慇厚,对学生一片真情。和他相处,你不必有任何的戒心和拘束。20世纪60—80年代,我和他都有过往来,相聚时天文地理、音乐科学,无所不谈,常蒙其教诲,受益良多。1990年之后,我工作实在太忙了,与他的联系逐渐稀落。自忖来日方长,后叙有期,未料岁月如流水,一去不回头。1999年忽闻他去世之噩耗,震撼甚大,赶至大生里殡仪馆拜别,除了满心凄凉失落之外,夫复何言?

陈珊轮老师则属另一类型的讲者。他的课，除了内容充实、逻辑严密外，还得益于声学上的优势。他音质洪亮雄浑，语调抑扬顿挫，我相信他唱男中音一定会很好听的。1954年反空袭斗争中，我们迁到学校的地下室上课。所谓的"教室"，系由两条交汇的走廊组成，外通旷地。讲台、黑板设于两条走廊交汇处。坐在一边的同学，见不到坐在另一边的同学。在这里上课，许多教师都感到有点吃力，然而陈老师却应付自如，讲到动情处，"歌喉"一展，余音绕梁，不绝于耳。

三、林汝庄和叶贻宽老师

在一些人的眼中，林汝庄老师并不是一位善于言辞、热情奔放的讲者。他的讲课和板书一样，一字一顿，显得有点刻板。然而，有些课他讲得实在出色。印象犹存的是"鸦片战争"这堂课。对于中国近代史上的这一重大事件，他搜集了许多史料、数字，用事实揭露了当时鸦片危害肆虐，权贵昏庸腐败，朝廷丧权辱国，百姓灾难深重的景象。特别是他竟然能把林则徐给道光皇帝的奏折一口气背了下来，"……中原几无可以御敌之兵，且无可以充饷之银……"诵读之时，神色凝重，痛心疾首之情溢于言表，大有涕泪欲下之状，令人闻之心潮涌动，热血沸腾。

地理学科在中学教育中，一向不甚被看重，然而叶贻宽老师却能将它讲得活灵活现、引人入胜。他于地理学科的讲授和研究上，是有所追求的。每次上课，一大堆地理名词和数据脱口而出，如数家珍。他还写得一手好字，板书在所有教师中是第一流的，龙飞凤舞而一目了然，自成一体。班上蔡孟松同学偷偷学习他的字体，临摹多时，终得"真传"，竟有如出一辙之效。

我和叶老师还有在厦门市教师进修学院共事五载之谊。他做学问的精神，他对同事、学生"才气"之器重和爱惜，令人感佩！

四、陈绍德老师

英华、二中，拥有一支骄人的师资队伍，数学教师即可为例。欧阳琦、陈常玉、陈绍德等三位老师，当时在厦门教育界素有"数学三杰"之称，纵横教坛、饮誉鹭岛。后来他们三人都先后调离厦门二中，到高校任教。

陈绍德老师的课上得很活泼、很生动，常常讲到一些数学家的逸闻，特别是华罗庚。他用华罗庚身残家贫却不失求知之志而终成大器的人生历程来勉励大家，使许多学生都有"千金难买少年穷"的感悟。

说到数学教师，当然还会想到教立体几何课程的吕俊卿老师和教三角课程的张鹏忠老师，他们都是兢兢业业、尽职尽责，教有所成的老师。

六十多年过去了，许多教师的名字可能渐渐地被人淡忘了，然而，他们撒播的知识种子已经开花结果了，他们的为人为师之道，他们的敬业乐业精神，也将发扬光大、永世长存！

父亲蔡丕杰和英华中学的情缘

我父亲蔡丕杰毕生从教，是厦门大学 1986 年表彰的、教龄在 50 年以上的 10 位老教授之一。他一生从未离开过讲坛，50 多年的教学生涯中，有 14 年是在英华中学度过的。

厦门二中第一届校友会理事长蔡丕杰教授

一、教学成果和学术成就

父亲既教过英文也教过中文，在中、英文的"修炼"上下过苦功，可以说是中英"双馨",这令他在教学中优势尽显。他对中外文学名作佳篇的诠释和演绎常有独到精辟之处,在他的灵感可以任凭喷涌,想象可以自由驰骋的环境下,他的说文论道有时可以达到出神入化的境地,令人叫绝!我看过不少学生写给他的信件,提到当年聆听他的讲课后得到的启示和受到的感染,有些诗词绝句似乎都已经烙印在他们心中。

《南强之光——厦门大学人物传略》在介绍父亲一文中提道:"蔡先生是德高望重的学者,在外语界享有盛名,是英语语法和词典编撰方面的专家,对英国文学深有造诣,在比较文学研究方面有独到之处。他和刘贤彬教授合作编译的《英语句型和惯用法》1959年出版后多次在海内外再版,在学术界颇具影响。蔡先生与他人合编的《英语基础语法新编》是'文革'后国内首批出版的这方面的专著……由外文系编撰的《英语成语词典》和《综合英语成语词典》曾在国内外多次获奖,在国内外享有很高的学术声誉。蔡先生为编写这两部词典花了不少心血,做出了很大的贡献。"

然而,我认为父亲的专长和至好,并非在语法和词典方面,而是在英国文学方面。他对莎士比亚、狄更斯、拜伦、雪莱、高尔斯华绥、王尔德、萧伯纳等的作品都有过研究,除曾经发表过的"Oscar Wilde: The Man, the Artist"(《奥斯卡·王尔德:其人生和艺术》),"Repetition as an Art of Expression"(《英语叠用研究》)等外,还有相当一部分遗稿,都是关于英国文学特别是诗歌方面的论述。为了把人们引入英文诗歌的意境中去,在《英中诗歌类似比较》和《诗歌:欣赏与教学》中,他大量采撷了唐诗、宋词、元曲中的精词妙句,借以比较、引喻,帮助读者领略诗歌的共性和本质,感受诗歌的寓意深长和美不胜收。

二、教育观念启示后人

父亲对一个教师应该承担的道义责任和履行的天职使命有着更深的思考和更多的嘱望。他认为爱和工作是生命的两大要义。他说过"No love, no life; No work, no life"(没有爱就没有生命;没有工作就没有生命)。而在他毕生为之奉献的教育事业中,他把爱和工作交融在一起了。

父母亲合影

中国尊尚师道，曾有"一日为师，终身为父"之说。这句话的意义本来很清楚：一日尊之为师，当终生敬之如对父母一样。但父亲却认为，这句话还应有另一层含义：一日为人之师，当终生爱之如对儿女一样。对这句话所做的这种诠释，使我们感受到教师这两个字在父亲心中有怎么样的一种分量。

父亲七十岁生日时，信手写过一首诗："转眼烟云七十秋，炎凉冷热付东流。苍天假我几时日，愿为后生做马牛。"在他自感来日不多之时，再一次宣达了他对教育工作和"后生"的终生不渝的眷恋之情。

父亲不仅仅把教书看成是一种知识的传授，更是一种心田的滋润和开发。他十分重视语言文字的思想内涵和艺术感染力。他常说，教学要讲究两个"-ration"，一是要激起学生的"inspiration"（灵感），再一是要博得学生的"admiration"（钦慕）。正是出自这样的追求，父亲结合教育学、心理学，倾心备课，总想把每堂课都讲解得既深得要领又生动精彩。

我大学毕业后，当了二十多年教师，父亲为我树立了榜样和示范。

1979—1983年，我在厦门市教师进修学院任教，一身兼两职：一是负责全市高中物理教研工作，包括编写高中物理总复习提纲、为模拟考试命题等；

二是承担了"高师物理专修班"（大专班）的授课任务。专修班横跨物理、数学两个专业的七门大学专业基础课程，全由我一人先后讲授。当时，我几乎每晚都要工作到深夜，书桌和房间的沿边地板上堆满了各种教材和参考资料，我在一盏桌灯下埋头备课、写教案。此番情景似乎触动了父亲，他为我写了一副对联："书如青山宜乱叠，灯似红花更相思。"这是对我的一种赞赏和鼓励，我永生难忘！父亲那种认真负责、躬耕不息和追求完美的精神永远是我学习的榜样！

在自家阳台上合影（从左到右为母亲叶秀懿、父亲蔡丕杰、蔡望怀、妻子殷秀明）

三、桃李满天下，情谊播四海

《南强之光——厦门大学人物传略》中说父亲"弟子遍四海，桃李满天下"，这是名副其实的。仅在英华中学，父亲就给数以千计的学生教过课。这些学生大部分是海外归侨子女，特别是菲律宾归侨的子女。当时，在马尼拉侨界，提到"ACC"，人尽皆知。正是因为 ACC 的名声和父亲的教誉，马尼拉的侨校曾数度敦聘父亲前往主持校务。

父亲在英华中学教过的学生中，有不少后来奋斗成才的知名人士。如，中科院院士卓仁禧，厦门大学前党委书记吴宣恭教授，厦大教授刘贤彬、陈国强，以及菲律宾商界的邵建寅、白瑞基、陈并茂等。他们都受教于父亲，对父亲敬重有加。邵建寅每次返回厦门必来家中探望父亲，情深意长。正是对母校和恩师的这种情谊，推动了他们此后对母校所做出的奉献。

四、为英华、二中兴办要事，助力发展

在英华中学，父亲除了潜心教学外，还同时担任过六年的教务主任，负责全校的教学计划、课程和师资的安排。他还负责招生工作。在招生中，他总是关心那些家境贫困或遇到特殊困难的学生，常常"违规"批准他们入学或继续就学。老鼓浪屿人、人民小学原校长林世岩，知名校友邵建寅都曾记述过这样的事例。后来，父亲担任英华小学校长，对那些贫困家庭的孩子更是关心照顾、有求必应，不让一个孩子失学。厦门市安全局原干部吴超群就是其中一位学生，一直到今天他还在怀念我父亲，他多次对我说："如果没有你父亲对我的关爱，我是上不了学的。"作为一个教育工作者，父亲一直坚持这样的理念：教育要普及，孩子要读书。

父亲在英华中学任教期间，还和学校负责人一起创办了当时中学学界独一无二的"教师养成所"，专门为高中毕业后有意从教的学生提供培训和进修的机会。父亲主持这个养成所的工作，亲自讲授"教育学""心理学""伦理学"等课程。这个养成所培养出了不少教师，为厦门教育事业输送了不少人才，记得厦门大学外文系前系主任刘贤彬教授就是其中的一个"毕业生"。

"文革"结束后，厦门二中百废待兴。尽管父亲在厦大的教学任务繁重，健康状况也不佳，但是他还是腾出宝贵的时间，助力母校的复苏发展。1981年4月，厦门二中、英华、毓德校友会成立，父亲被一致推举为校友会首届理事会理事长。他所做的第一件要事就是和菲律宾英华书院校友建立密切联系，鼓励大家给母校捐款。邵建寅、胡国藩、陈并茂等校友立即响应，在不到一个月的时间内，就给二中捐献了1万多元，购买力相当于现在的一百多万元。这笔钱全部用在二中的实验室建设上。

接下来，校友们又陆续捐款，数目可观，仅谢绵庆校友一人就捐献2万元。后来，菲律宾校友会又为母校捐建了两栋楼房。一栋是"华晋楼"，主要由"华

1981 年厦门二中、英华、毓德成立校友会，第一届理事会在蔡丕杰家中开会

蔡望怀和校友白瑞基、陈并茂（从左到右）在华晋楼前合影

英华校友捐建的读书亭

晋社"筹款捐建。华晋社是英华中学1947届校友会，"华晋楼"后来更名为英华校友楼。另一栋是"心声室"，作为学校阅览室和音乐室。同时，还捐款修复了他们心仪的"百友楼"。经过"文革"摧残后的母校的"康复"，菲律宾的这些英华校友功不可没，我永远感念他们！

父亲在年老体衰之时，还特别给厦门二中英语教师授课。他在二中先后给"福建中学英语教师培训班"和厦门二中英语教研组开设了"如何当一个教师"、"英语教学之艺术"和有关英美诗歌的讲座。这些讲座，对二中教师和当时刚刚创办的"英语班"的教学水平的提高发挥了不可忽视的作用。

我为新时代母校的振兴倾情办实事

十年"文革"，厦门二中遭到严重破坏，楼房坍塌、残垣断壁处处可见，实验室里的仪器设备、图书馆的书籍资料，或被盗窃，或被焚烧；师资更是紧缺。有一次，上海某电影制片厂在拍摄一部故事片时，专门选用二中的校园作为"文革"中遭受破坏的学校背景，闻之令人心酸。

恩格斯说过："每一次历史的灾难总是以历史的进步作为补偿的。"党的十一届三中全会实现了伟大的历史转折，中华大地掀起了振兴教育事业的浪潮。1979年，我调回厦门任教，特别是进入市政府工作之后，有机会为母校之再次振兴尽点心、出点力，做一点贡献，实乃此生之荣幸。

20 世纪 60 年代厦门二中校园

一、多方筹措资金

我通过市政府拨款和向海内外校友以及社会团体筹集捐款，改造、兴建校舍，增添设备。"再穷不能穷教育；再苦不能苦孩子！"市政府提出，教育经费必须做到"三个增长"：教育经费占财政支出的比例逐年增长，生均经费以及教育经费中扣除人头经费之外的公用经费逐年增长。

1988 年 8 月，市政府决定成立"厦门市教育基金会"，并正式发文号召所有公务员开展"一人一月一元"的捐资活动。当时，公务员的平均工资约为每月 100 元。此后，全市掀起集资办学之热潮，推动了社会各界对学校，包括二中的捐款。

在筹备庆祝厦门二中建校九十周年期间，我曾出面向厦门十几个社会团体和学校，向校友，主要是菲律宾校友，募集了约 30 万元的捐款。厦门二中就是在这个大环境中发展起来的。1988 年，学校建筑面积已超过了 1 万平方米，学生数已增加到 1000 多人，师资队伍也比较雄厚，被确认为全省为数不多的重点中学之一。

厦门二中百年校庆期间，我把募捐面扩大到香港地区和三资企业，例如香港厦门联谊总会、华美卷烟有限公司等，募集资金总额超过了 30 万元。

母校 120 周年校庆筹办期间，为在五缘湾校区兴建一栋"新百友楼"，我出面向老校友募捐。我前往拜候老鼓浪屿人、菲律宾著名华商吴奕辉先生（其

蔡望怀在厦门二中建校九十周年庆典上发言

夫人杨菀薇系毓德女中毕业），他慷慨捐献了 100 万元。我还联系父亲的得意门生邵建寅先生，他对母校情意绵绵，也捐献了 100 万元。

二、助力二中孵化出外国语学校和音乐学校

"文革"结束后，我们都有一种挣脱了手脚束缚的感觉，都有一种改革开放、创新创业，为刚刚开启的中国特色社会主义事业倾心尽力、做出贡献的激情。厦门二中，不仅要复兴，重新建成一所名校，还要适应新时代的发展和需求，充分发挥自己的专长，创建更加辉煌的业绩。

当时，邓小平同志对教育提出了激励人心的"三个面向"的要求，结合"四化建设"初期国家英语人才紧缺而二中又正是具有特色的英语教育源远流长的现实，陈碧玉老校长和有关领导、教师，主张二中创办"英语班"。所谓"英语班"，即一种试验班，每个年段中选取一个班级，在上英语课时，教师全部用英语讲解，同时选用了一些海外的教材作为辅助教材。

我担任市政府副秘书长和市教委主任期间，大力支持创办"英语班"，对需要解决的一系列难题，有求必应，并经商议，决定聘请一些外国教师专职来

校任教。记得先后有来自菲律宾、新西兰和美国的十几位外籍教师受聘。这些外国教师通过授课以及与学校原有英语教师一起备课，还有课余时间和师生联系、沟通，不仅切实有效地提高了学生的读写听说能力，也给了在职教师一个难得的进修机会，扎扎实实地提高了英语学识和教学水平。

"英语班"的试办经过几年的磨炼后逐渐成熟。1986 年，市政府和市教委决定，正式创办"厦门英语中学"，后更名为"厦门外国语学校"。实际上就是将厦门二中的所有"英语班"抽调出来，集中在一起，增加班级数量，扩大招生规模，沿袭原有"英语班"的教学理念和教学方法，建成一所有特色的独立中学。学校设在当时厦门二中高中部，就是原来的毓德女中。

外国语学校创办之后，由于教学质量优异，高考升学率高，备受教育界和社会各界的瞩目和肯定。报名求学人数剧增，办学规模迅速扩大，1990 年左右，学校已是人满为患，再无容纳更多学生之地。出路只有一条：学校必须迁出鼓浪屿。然而，当时厦门岛内交通比较发达、环境比较好的"熟地"，几乎都让其他行业优先占有了。外国语学校的搬迁，几经折腾，三易其址而犹未成。就在这个学校发展的关键时刻，我作为既分管教、科、文、体、卫，又兼管城市建设的副市长，毅然决定将厦门岛筼筜湖北岸刚开发出来的一块"宝地"划拨给外国语学校。

当时，有人提出异议，认为如用这块"宝地"来发展房地产，可以给市财政带来一笔可观的收入。我的回应是，"最是书香能致远"，能够把外国语学校办好，一二十年后，它将直接或间接地给厦门带来更为重要、更为可观的经济效益和社会效益，这才是我们经济社会发展的长远之计！

厦门外国语学校的成功搬迁，不仅为学校更快更好发展创造了不可或缺的条件，同时也为刚刚创办不久的厦门音乐学校解了燃眉之急。

当时的音乐学校，上无片瓦、下无寸土，寄人篱下，租用了鼓浪屿原康泰小学的几间教室和房间，很难展翅飞翔。外国语学校搬走之后，在鼓浪屿留下的原毓德女中的校舍就全部划归音乐学校。音乐学校终于有了属于自己的家园了，这对此后音乐学校的发展也是一个极大的推动。

原毓德女中教学楼

厦门音乐学校也是从厦门二中孵化出来的。音乐教育本来就是二中的一个特色教育，培育了许多优秀音乐人才。

在鼓浪屿创办音乐学校，是我和上海音乐学院原院长贺绿汀先生经过几次深谈商议后做出的决定。经贺绿汀先生推荐，上海音乐学院郑石生教授担任厦门音乐学院首任校长，绝大部分师资由郑石生教授和我从全国各地选取聘任。二中也割舍了重要的教学资源，包括师资和管理人员，并且承担了正式开办之前的许多重要准备工作。厦门二中不拘于"小我"而追求"大我"的精神是值得我们永远崇尚的。

2014年3月厦门二中校友音乐会合影（二排左九为蔡望怀）

如今，声名显赫的外国语学校和音乐学校要感念二中。没有二中，就不会有今天的外国语学校和音乐学校。也可以说，这是鼓浪屿哺育出来的一所"三位一体"的大学校。

三、厦门二中的大搬迁

20 世纪末以来，二中的办学遇到了日益突出的困难和问题。首先，鼓浪屿朝着"风景名胜区"定位发展，常住居民大量外迁，人口结构也发生重大变动，导致生源严重不足，至 2005 年，高中只能招收 6 个班，初中生源更加匮乏。其次，英语班和音乐班相继分出去之后，一些骨干教师随之调离，伤筋动骨、元气受损。最后，受制于鼓浪屿地域有限和规划的约束，二中空间之拓展、校舍之扩建已成泡影，无法达到定级高中之标准。而此时此刻，正值厦门其他名校、老校整合扩大、提升水平、广纳生源之际，鼓浪屿外不惧车舟劳顿而来二中的求学者也逐年减少，乃至屈指可数。想起当年二中雄踞一方之风光，真是情何以堪！

2005 年，市政府有关领导提出了将二中高中部迁出鼓浪屿的建议，这是适应形势的需要，我无话可说。然而，起初拟订的将二中高中部迁往原鹭江职业大学思明南路旧校址的方案，我难以苟同。

鹭大是在改革开放初期创办的。那个时候，百废待兴，厦门市相当贫穷，市财政十分困难。兴建的鹭大校园地盘狭小，连个运动场都没有，教学楼只有两三栋，建筑面积也不大，而宿舍也早已住满了退休的教职员工。二中高中部如果迁入该校，我感到可能是"绝路一条"。

经过反复思考斟酌之后，当时已经退休的我前往市政府拜会时任市长，向他简要陈述了二中的发展历史，特别强调要给二中高中部创造一个更好的发展条件，让它重新崛起成为厦门的又一名校。

市政府经过几次认真讨论研究，终于做出了一个英明的决策：把五缘湾一块面积 19 万平方米的土地，划拨给二中高中部。二中看到了发展的光明和希望，开始从疲态中振作起来，逐步提升向上进取的气势和精神。我多么希望二中能够把对过去的追忆和眷念转化为对未来的憧憬和展望，在厦门东海之滨开拓二中的新业，创建二中的盛世！而今，我们又要跨越鹭海，在新的"疆土"，撒播新的种子、耕耘新的园地了，要用一个新的躯体来存储我们的记忆，用一个新的形象来寄托我们的思念了。

2008年6月5日，厦门二中进行了有史以来最大的一次变迁，迎来了它的110周年校庆。这次搬迁到五缘湾，牵动了许多校友的心。五缘湾是厦门新一轮发展之重镇，人们也期盼它成为厦门教育新的发祥之地。

新的二中正在五缘湾成长发展，这是令人欣慰的。然而，说实在话，每次回忆母校时，心中总是感到若有所失，脑海里总是浮现出那个老二中、老英华的"容貌"：它的蓝天碧海，它的红屋绿树，它的山坡岩石……连同它赐予的科学文化之熏陶，师生情谊之滋润，理想抱负之激励。我仿佛又闻到了它泥土的芳香，听到了它母亲般的呼唤！

2008年11月23日，在厦门二中新校区与校友合影（右五为蔡望怀）

我感到，鼓浪屿申遗成功后，习总书记语重心长的殷殷嘱咐是对鼓浪屿教育和文化事业发展的有力推动。鼓浪屿教育和文化的历史文脉必将更好地传承下去，鼓浪屿的厦门二中必将奋发图强、重新振兴，争取办成一所厦门乃至国家的一流名校！这是我的"厦门二中复兴梦"！

难忘英华毓德

——陈汉章、洪樵甫、陈素卿口述实录

口述人：陈汉章、洪樵甫、陈素卿

采访人：吴奕纯

采访时间：2021 年 4 月 21 日、23 日，6 月 18 日、30 日，7 月 22 日

采访地点：厦门龙人·伍心家园养老社区、厦门大学附属中山医院住院部、陈素卿家

【口述人简介】

  陈汉章，1922 年出生于鼓浪屿，英华校友小学、英华初中毕业后，鼓浪屿沦陷，转同文书院就读高中。1948 年，福建农学院毕业，到英华中学担任生物教员。1949 年，被厦门教育局派往福州参加省政治教员班培训，后留福州工作。先后在福州一中、福州八中任教，曾在福州八中担任校长 20 多年。之后，曾担任福州市教育局副局长，参加组建闽江职业大学，并任副校长，直至退休。

  洪樵甫，1932 年 9 月 19 日出生于厦门港，1937 年抗日战争全面爆发前，全家搬到鼓浪屿，进入鼓浪屿养元小学读书。日本侵占鼓浪屿后，养元小学改为鼓浪屿第四小学。1944 年小学毕业，上英华中学读初中。1947 年，考上双十中学高中。1949 年 11 月入职中国人民银行漳州分行当职员，1950 年派往中国人民银行诏安分行当业务股长。1957 年离开诏安。之后，曾先后在厦门中华街道厦井居委会社办企业、厦门工商银行工作。

  陈素卿，1930 年 1 月 16 日出生于鼓浪屿。1936 年先后就读于鼓浪屿毓德女子小学、维正小学。1943 年，在鼓浪屿女中（即原毓德女中）读初中。1947 年，考上双十中学高中。中华人民共和国成立后，被厦门团市委送到上

海华东团校学习一年多。之后，曾先后在团省委学生部、厦门团市委、厦大团委，厦大校长办公室，福建省广播电台、广播器材厂，厦门文化局等单位工作。"文革"期间下放龙岩长汀 3 年，回厦后分配到水泥厂工作。1979 年《厦门日报》复刊，调到《厦门日报》当记者，直到 1989 年离休。

陈汉章口述：在英华当生物教师

　　1948 年，我从福建农学院毕业。同班同学有不少人选择去旅游，我别无选择，因为家里贫穷，需要我赚钱，所以就回到厦门寻找工作。当时，邱继善、曾世弼都在英华中学当教师，还当中层领导，他们俩便向校长许扬三推荐我。我很顺利地被录用了，在英华中学当一名生物老师。

　　我和曾世弼、邱继善是怎么认识的，说来还有一段故事。

　　我高中是在同文书院读的，与曾世弼是同班同学。1938 年，厦门沦陷前夕，同文中学搬到了鼓浪屿。学校暂时寄在慈勤女子中学的校址，就是现在的郑成功塑像对面。1941 年，鼓浪屿沦陷，父亲把我和大姐先后送到内地，我在平和小溪当了一段时间小学教师。

　　卢沟桥事变后，日本发动全面侵华战争，战火很快燃烧到东南沿海。为躲避战火，福建省政府内迁闽中永安，福州的几所大学也随之迁往永安。当时，读农学院不用交学费，吃饭又不要钱，我家里经济困难，于是我就报考了龙溪农校。我的表哥朱庆国在福建农学院就读，读了一年，他叫我从龙溪农校转到福建农学院，还介绍我在农学院半工半读，帮学校刻钢板。所以，我就从漳州来到永安，就读福建农学院。此时，曾世弼已考上福建协和大学，协和大学也迁往永安。1945 年抗战胜利后，农学院和协和大学等院校陆续迁回福州，我们跟着学校从永安回到福州，在福州我们又相聚了。

　　读书时，曾世弼是协和大学的学生会主席，联系较广，他又介绍我认识了邱继善。邱继善也是从厦门去的，所以我们三人交情较深，经常有往来。

　　抗战期间，内迁永安的大中院校学生曾组织了"反内战、反饥饿、反迫害"

游行。我和曾世弼都是校学生会主席，便组织同学上街游行，并取得胜利。

因为有这一段的交情，所以我毕业后找工作很顺利。

陈汉章结婚照

英华中学是一所完中，有初中、高中各三个年级，我负责教全校的动植物课，也叫生物课。初中教的是植物课程，高中教的是动物课程，每个班级每周一节课。当时，一个班级四十多名学生，最多不超过五十人。学校没有实验室，没办法开实验课，我只能按照教材上课，在黑板上上植物课、动物课，有时候制作一些简单的道具和挂图，让学生能初步掌握一些动植物基础知识。

英华中学校长许扬三，他的弟弟任教务主任，曾世弼任训导主任，邱继善任总务主任，学校安排我当生管科主任，配合邱继善工作，帮忙管理学生。

英华中学的学生大部分是鼓浪屿本岛的，也有少部分是厦门岛和漳州、龙海等周边地区的学生。这些"外地"生源基本都住校，我这个生管科主任就是管这些住校学生，当时住校生不多，很好管理。还有，每次全校集合，我就要召集学生排好队，点验人数、维持秩序。学生都很自觉、很听话，每次集合都很顺利，很快就整好队伍，等待开会。

英华中学的体育运动和音乐在当时很有名，特别是足球。我足球踢得不好，不够格进入足球队，但唱歌还行。每逢周日，学生会到三一堂唱诗班唱歌。我家住在海坛路，离三一堂很近，经常到教堂唱歌。我唱男高音，声音还不错，当时唱的许多歌至今还会记得。学生的音乐素养，也是跟那个时候唱诗班的唱歌训练有关系的。

当时到英华当教师的大都是单身汉，住在学校宿舍。空闲时，我和曾世弼、邱继善等人在宿舍打桥牌。打牌时，曾世弼会讲一些与国家有关的政治时事，同时透露一些共产党领导人民与国民党斗争，厦门即将解放的消息。后来，曾世弼为了躲避国民党抓捕，临时跑到外地，我才知道曾世弼与他夫人都是中共地下组织成员，冒着生命危险为厦门解放做了许多革命工作。

1949 年临近厦门解放的那个学期，英华中学的政治课没有老师上课，学校便安排我教政治课。我虽然不是共产党员，从没有教过政治课，但是我与曾世弼的交往较深，受他的影响较大，对时局了解较清楚，所以我把从曾世弼那儿听来的一些共产党领导人民抗战、解放全中国的信息融会到政治课，学生很喜欢听，都说我课上得很好。

2019 年，年近百岁的陈汉章在福州家中唱歌，妹妹陈素卿弹琴

1949年10月，厦门解放了。福建省教育厅要调一批教师到福州培训为政治教师，其中一个条件是未婚。当时我是英华中学临时兼课的政治教师，加上我未婚，所以厦门教育局把我列为培训对象送往福州培训。全省各地送往省里参加培训的教师有三四十名，集中学习了一两个月。

培训结束后，省里留了两人在福州，其他的教师都回到原地。我被留下了，先后分配到福州一中、福州八中、闽江职业大学等院校工作。

1956年，我加入中国共产党。在福州八中当了20多年的校长，见证了福州八中从普通中学跃进为省重点中学的全过程。之后，我被调到福州教育局任副局长，参与创办闽江职业大学，并担任副校长等职，直到1982年退休。

我在英华中学任教的时间不长，但留下很深的印象，影响了我一生。离开英华中学后，我都没离开学校，没离开教育，一生与教育结缘！

洪樵甫口述：在英华中学读初中

我是1932年9月19日出生于厦门港，父亲给我取名樵夫。到我稍微懂事时，常听到别人开玩笑地说我是砍柴的，我才知道樵夫就是砍柴人的意思。我不喜欢这个名字，就不断地向父亲"抗议"，坚决不要这个名字。父亲熬不过我整天跟他闹，就把"夫"改为"甫"，并说是杜甫的甫，不是砍柴的，是古时候很出名的诗人。

1937年抗日战争全面爆发前，日寇对厦门进行轰炸。我父亲感到住在厦门不安全，11月，便带着我们全家老少，爷爷奶奶、父母亲、兄弟姐妹十几口人，从厦门岛搬到鼓浪屿。那一年，我才5岁。

我们全家搬到鼓浪屿，住在福建路L58号。这是一座菲律宾华侨的老房子，房东搬到新房子住了。鼓浪屿的家安顿好了之后，父亲就送我们进学校读书。我和哥哥们一起进了养元小学，校长叫邵仁敏，教导主任叫杨振声。养元小学后来改为鼓浪屿第四小学，1952年，厦门市人民政府接办养元小学，更名为鹿礁小学。

洪樵甫近照

一、学校生活有滋有味

我是1944年上英华中学读书的。我家有十个兄弟姐妹,七个男的,三个女的,我在家里兄弟中排行老四。我们家有四个兄弟都在英华中学读书,老大洪笃仁、老二洪卜仁、老三洪永宏和我。当时,英华中学的初中部设在"乌埭角",原英华小学的校址。从校门进去,就只有一座两层的教学楼,初一年级在一楼,初二年级在二楼。初三年级和高中部不在这里,而是在八卦楼的旁边。

我们初一年段有四个班,甲、乙、丙、丁,我在丁班。一个班有三四十人。

记得英华中学校长是许扬三先生,教导主任是蔡丕杰老师。我们的课程有语文、数学、英语、物理、化学、历史、地理、生物、美术、音乐、体育等十几门。当时,英语的课时相对比较多,一周有四五节课。日伪时期,把英文课改为日语课,就没有英语课了,全部学日语。

我的语文老师是黄清桂,数学老师是邱继善,地理老师是刘锡山,英文老师是刘贤彬。后来,刘贤彬老师被聘用到厦大当外文系主任,便改为陈彩云老师。教导主任蔡老师后来也被聘用到厦大当教授。这两位教师课上得很好，我们都很怀念他们！

陈彩云老师是校长许扬三的夫人。当时英语是没有课本的，陈老师在黑板上抄写了一段语句或者短文，我们就把它抄到笔记本上，老师边读边讲，我们跟着老师一遍一遍地读，在不断的诵读中领会句子或文章的内容。下课了，我们也学会了。我的口语不错，能和老师交流，但是笔试就较差，考试常常出点错，但都能及格。

语文老师教我们的古诗词有《诗经》《琵琶行》《孔雀东南飞》等，《诗经》里的好多诗我都能背，不仅能用普通话读，还会用闽南话念出来，至今我还记得。在英华读书，我觉得很轻松。学校没有硬性规定你一定要做什么，不做什么，没有升学压力，让你自由自在地发展。

一般老师课堂上教的，我都能当堂记住。作业也都是在课堂上完成，放学后就不再花时间读了。

我和几个兄长都在英华读书。我记得二哥洪卜仁在读书时办了一份名为《曙光》的"文艺刊物"，不是油印的，是我二哥和几位同学用手抄写的、薄薄的"刊物"，里面有诗歌、小说、杂文、短剧等，有时也有一些读书感想体会的文章。虽然"刊物"是用手抄写的，但是同学们都很喜欢看，每次"刊物"出来，大家都抢着阅读。我那时候年纪较小，有的文章读得懂，有的似懂非懂的，只知道同学们很喜欢。有时候，出刊迟了，同学们还会让我问问我哥"什么时候出来"。

在学校里，还有一件趣事。物理老师吴永续的夫人连着生三胎都是双胞胎，在当时很轰动，即使是现在也很少见。吴老师的六个孩子全都是男孩，三对双胞胎在不同年级上课，给大家增添了许多乐趣。有时候，同学和老师会把班上的双胞胎认错，闹出许多笑话。

二、课余生活丰富多彩

在英华中学读书是我少年时代最快乐的时光。放学回家后，我从来没有复习。课后时间都属于我自己，完全可以自由掌握支配，游泳、唱歌、踢足球、打乒乓球、跳绳，十分惬意。凡是读英华中学的，没有一个不会踢足球的。

　　我读书的时候，家里经济不富裕，上学时我没有鞋子穿，都是打赤脚。一年四季赤脚走路，练就一双铁脚板，脚底厚得很。夏天，鼓浪屿的"乌点仔油"路，就是沥青路，被晒得软软的、滚烫滚烫的。我们一脚踩下去，条件反射地弹跳起来，烫得"哇呀哇呀"大叫。我咬着牙一踩下去，地上留了一个脚印。走"乌点仔油"路，不能慢走，越慢走，烫得就越厉害，所以必须快步走过去，大步流星地才不会烫伤脚底。而下雨天，"乌点仔油"不烫脚，我们可高兴啦，赤着双脚"疗大水"（蹚着水走），我们故意不走大路，而是卷起裤管蹚着排水沟的水走，戏耍玩闹，十分开心。这也是中学时代的一大乐趣。

　　日伪占领时期，物资匮乏，"无柴无草"，我天天都要去拾柴火。每天"天未更，狗未吠"，我就要起床，上山去捡树枝树叶、割草给家里当柴火烧。鼓浪屿山不高，我去得最多的地方是大德记旁边的"梨仔园"，枯枝败叶都是很好的柴火。捡了柴火后抱回家，匆匆忙忙吃了早饭才去上学。如果是刮风下雨，掉落的树枝树叶很多，收获就更大。每次雨一停，我就赶紧出门去捡。我家附近的"番仔楼"，是洋人的别墅，刮台风时，我就观察他们家的树枝有否被刮落下来，看到一大根树权刮下来，我特别高兴，便翻墙进去把整根树枝拖回家，感觉收获很大，好像打了一场胜仗似的，满载而归。

　　因为都是打赤脚，脚皮厚，上山捡柴火，踩到砂石都不怕；还有就是到海边讨小海，踩到沙滩上的海蛎壳，也没被割破。少年时代打赤脚的经历，是现在孩子无法感受到的。

　　唱歌、游泳，是鼓浪屿孩子的一大特色。我父亲很主张让孩子学游泳，他说，教孩子游泳，也不要教孩子爬树。所以，他很放心让我们去游泳，我是跟着几位兄长学会游泳的。

　　在英华读书，因为没有课业负担，我们很自由。星期天，我还到教堂唱诗班唱歌，学会五线谱，参加四部合唱。我的声音不错，调子也比较准，不会走调，老师很喜欢我。记得除了课堂上学的，我还会唱十多首中外名曲，以及当时流行的革命歌曲。

陈素卿口述：在毓德女中读初中

我和陈汉章是兄妹。陈汉章在家里排行老二，我排行老三，我们家有六个兄弟姐妹，三男三女。

陈素卿和二哥陈汉章

一、就读毓德小学

我是1936年进毓德小学读书的。这是一所美国人办的学校，校长是王爱华，女的，中国人。还有一位美国驻毓德的总代表，我们叫她麦姑娘。

我们学校在鼓浪屿的田尾，只有一栋教学楼。学校虽然场地不大，但有一个稍大点的操场，还有一个搭上雨篷的小操场，我们叫它风雨操场。即使下雨了，学校举办的活动还可以照样进行，不受影响。

鼓浪屿田尾、大德记、港仔后都在海边，三个海滩是连在一起的，我们放学回家常常到海边游泳、玩耍。退潮时，还可以从田尾沙滩一直走到大德记的沙滩。

当时，我们都穿校服，是天蓝色短旗袍。上学一定要穿校服，没有穿校服是进不了校门的。

毓德小学开设的文化课和其他小学一样，只是多了一门宗教课，每个星期要上一节宗教课。我们每天早上都要在小礼堂上朝会，读《圣经》、唱圣诗，唱完之后祷告，有时候学校领导会讲话。朝会毕，我们才分散进入教室上课，朝会一般不超过半个小时。除了文化课和宗教课之外，还有手工课，每周一节课。我记得我们小小年纪就会在手帕上绣花。老师先教我们把手帕的四个角抽出丝来，然后绣个小花，再用各种颜色的绣线在手帕的中间绣出花草虫鱼等图案。

当时毓德小学经常开展课外活动，我印象最深刻的是"母姐会"。每个学期都要开一次，十分隆重热烈。"母姐会"就是把母亲和姐姐请到学校，和学生们一起活动，有点像现在幼儿园的亲子活动。因为读毓德小学的都是女生，所以把母亲请来参加，家里有姐姐的，也一起邀请来。

每次举行"母姐会"活动，大家可高兴啦，好像过节一样开心！我记得，我们同学曾表演《苏武牧羊》，女扮男装，演得很认真，台下的妈妈们和姐姐们笑得合不拢嘴。我们还唱弘一法师作词的《送别》，用闽南白话唱《圣经诗歌三百首》等歌曲。

毓德小学的老师也全部是女的。每次上音乐课，都是两位老师，一位专门弹琴，一位专门教唱。我记得弹琴的老师是芦淑恬，她的琴弹得很好，她父亲是三一堂的牧师；另一位教唱的老师姓薛，名字我忘了。薛老师教我们乐理，教我们唱很多中外歌曲，还有她自编的儿歌。其中一首用闽南话唱的儿歌，至今我还记忆犹新："你看'青'（星）照月光，'暝'（夜）是'瞎'（那么）安静，看花园里面，很多小鸟很欢喜（高兴），听，唧唧啾啾、唧唧啾啾，好像是一座音乐城……"我们在愉快的音乐中成长，在意境美好的歌声中度过童年、少年。所以，在音乐中熏陶出来的鼓浪屿孩子，音乐潜质得到充分的发挥，有不少成为音乐家、钢琴家，这是其他地方所没有的。

我的普通话老师是一位北京人，姓林，说一口地道的北京话。有一次学校要举办演讲比赛，每个班级都要有人参加，我们班级推选我参加比赛。我朗诵的一篇文章题目叫《明天还有明天》，林老师指导我朗诵。她的语音语调是绝对标准的，我很认真地跟着她一句一句地朗读。在她的严格训练和熏陶下，我也学得一口京腔京调，有模有样的。那天我从容地登台朗诵，获得台下掌声阵阵，得了全校第一名。

我记得，当时毓德小学上课、下课是用敲钟的，全部由高年级的同学负责，大家轮流值班，每天一位同学，轮到敲钟的同学就要提早到校。在当时，敲钟也是一种荣耀。

1941年12月8日，太平洋战争爆发了。当时我还在上五年级，鼓浪屿就沦陷了。我在毓德小学的美好读书生涯就在这一年终结了，开始了我少年时代的坎坷生活。

1935年怀德幼稚园师毕业生留影纪念（前排左一为陈素卿）

当时学校全部停课，鼓浪屿所有领事馆关闭，除日本人之外，全部外国人都撤出鼓浪屿。毓德小学是美国人办的，被取消了，麦姑娘也回美国了。

日军侵占鼓浪屿后，把鼓浪屿中心小学改为第一小学，怀仁小学改为第二小学，福民小学改为第三小学。当时，所有学校都要开日语课。毓德小学被取消，学生被安排到各个小学上课，我被安排到福民小学，当时福民小学是男女同校。

我父亲是同盟会会员，十分爱国，痛恨日本入侵中国。他不让我学日语，小学六年级就把我转到维正小学读书。因为维正小学是天主教办的，可以不要上日语课。

二、厦鼓海上遇险

厦门沦陷时期，厦门码头被日军占领。我们要乘船到厦门，除了在轮渡码头检票外，还必须很正规地向日军行礼，否则出不了岛。我父亲不让我们兄弟姐妹给日军行礼，所以我们都没出岛过。

厦门沦陷后，很多难民都逃到鼓浪屿，有的投亲靠友，有的提早买房子或租房暂住。此时，我父亲一位很要好的朋友一家五口人也逃难到鼓浪屿，投靠我父亲来了，住到我家。我们家房子本来就不宽敞，一家子九个人，一下子又挤进五个人，十几个人吃喝拉撒，真是太艰难啊，但这也是没办法的呀。

这位叔叔一家子在我家住了一年多，有一天，他想回厦门的家看看。他女儿也跟着去，叔叔便邀请我跟他女儿一起到厦门走走。有这么熟悉的叔叔带着，我父亲也放心地让我跟他们回去。

当时，老百姓往返厦门、鼓浪屿的交通工具除了电船（轮船）外，还有小舢板，每条船差不多坐六个人。我像放飞的小鸟，高高兴兴地跟着叔叔上了小舢板。可没想到，船驶出码头不远，突然空中飞来两架飞机，往海上投掷了几枚炸弹，小舢板瞬间被海浪卷起几丈高。坐在船上的大人们惊恐万状，但无处逃身。有的人抓起船上的竹篾筐子往头上紧紧盖住；有的蜷曲着身体，蹲了下来；有的把头埋进手上的行李包。我害怕极了，慌乱中，抓到船上一块抹布，也赶紧罩到脸上……

日本侵占鼓浪屿时，空袭几乎天天都有，但没想到发生在厦鼓海面上，被我遇上了。

我们还算不幸中之万幸！海面上有的船只被掀起的海浪打翻了，若不会游泳的，那只能是死路一条。我们的小舢板赶紧折回鼓浪屿，船上的人都吓得脸色刷白，双腿发软。后来，我们才知道太平洋战争爆发后，盟机出动反击，这次空袭就是专门来轰炸停靠在鼓浪屿三丘田一艘叫"并征号"的日本舰艇。

回到家里，父亲看我吓得不轻，说道几句便不说了。从此，我再也不敢提起"要到厦门玩了"。此次海上遇险，惊心动魄，给我留下刻骨铭心的记忆，让我终生难忘，至今回想起来还心有余悸！

三、就读毓德女中

1943 年，我进入鼓浪屿女中（即原毓德女中）。我读书时候的教学大楼，20 世纪 90 年代改为厦门音乐学校。

毓德女中校长是陈竟明，教导主任是陈秀英。原来的校训是"诚、洁"，诚以待人，洁以自善，培养清纯矜持的"淑女气质"。日伪时期，就不再提校训了。

毓德女中的学生都穿校服。初中的穿白色短汉装，斜排布纽扣，搭配黑色裙子；高中的穿淡蓝色旗袍，长发披肩。当时不是用背在身上的书包，而是将书本托在手上，就像电影里反映 20 世纪 40 年代的学生那样，手心向上，胳膊肘内曲，弯着手臂，将书本托在手上平举于胸前，一副淑女的高雅端庄形象。我们初中的小女生，看到高中女生走在街上，便故意学着她们的模样，特别夸张地把头发一甩，昂着头行走，惹得旁人哈哈大笑。

在鼓浪屿，男生基本上都到英华中学读书，女生都到毓德女中。所以，鼓浪屿英华中学毕业的男生，寻找的对象大部分是毓德女中毕业的。当时人们都说，英华与毓德是"姻亲"。

我在毓德女中读了一年半，当时有语文、数学、英语、地理、历史、植物、美术、音乐等课程。但是，日本人侵占鼓浪屿之后，强化日语教育，所以学校加开了日语课，而且课时不少，并被列为重点课程。

我们的日语老师一脸凶相，没有笑容。读初中时，我很淘气，又很叛逆，对这位不苟言笑的老师心生反感，上课常常不认真，分心走神。

这位日语老师上课与别的老师不同。她不是站在讲台上正正规规地讲课，而是在教室里走动。她一手拿着课本，一边教，一边巡视课堂，不动声色地注视着每一位同学。有一次，我看到老师走下讲台，便对着她的背影歪嘴巴斜眼睛，对她不屑一顾，有的同学看到我的可笑模样都偷着乐。我以为她不会看到，没想到她趁我没注意，已悄悄地走到我的课桌后边，往我背部一敲，顷刻把我惊醒。原来我的座位靠窗户，她借助窗户玻璃的反光，把我的举动看得一清二楚，立马把我抓了个现行。

这位日语老师很会记仇，她对我看不顺眼，处处找碴。我的日语在班上虽然不是读得最好，但也不是最差，该背诵的课文我都会背下来，但是我的日语成绩还是被她判不及格。当时，日语是重要的科目，单科不及格就得留级。

我虽然感到很委屈，但是胳膊拗不过大腿，我被留级了。父亲没有怪我，因为他不喜欢我们读日语，正中下怀。那时候，我大姐在内地漳平当中学教师，父亲就把我转到姐姐学校，在漳平继续读书。于是，我离开了毓德。

抗战胜利后，毓德女中复名，但我已离开了毓德，后来我考上双十中学，我和毓德的缘分也就此结束了。

在毓德女中求学一年半中，有很多往事还是很值得怀念的。我的美术老师是龚鼎铭，歌唱得很好，是三一堂唱诗班的指挥。他的夏威夷吉他弹得太好听啦，深深把我吸引了。于是，课外时间我便跟他学习夏威夷吉他，学了将近一年，学会弹不少曲子。后来，离开毓德，离开鼓浪屿，就很少弹吉他了。

还有一件事，让我终生难忘。厦门沦陷后，厦门大批难民的到来让小小的鼓浪屿一下子爆满了。大部分难民无处栖身，流浪街头。有关部门便在黄家渡码头广场用竹篷临时搭盖了一个简易难民所，给他们遮风挡雨。学生们也自发组织起来，前往黄家渡码头慰问，鼓浪屿救善机构还送去难民粥……

抗战时期，鼓浪屿的老百姓十分爱国，反日情绪高昂。码头工人、做土的（泥水工、建筑工人）、搬运工人自发组织起来，反对日本帝国主义。他们联合起来，自编抗日歌曲上街游行。每次看到反对日本帝国主义的游行队伍走来，我们挥着小手，跟着队伍喊口号、唱歌示威助势。记得我们学唱了不少用闽南话唱的歌曲：

"来来来，大家'拢总'（统统）起来救厦门，有钱的出钱，有力的出力，大家'拢总'来'打拼'，你看，臭日本仔'惊得'（吓得）半死，已经跑到'尹兜'（他家）'密'（躲避），有一个'莫惊死'的（不怕死的），就去做汉奸，'浪'（我们）就将'尹'（他）'汰死'（杀死）。"

"来来来，大家'关紧'（赶紧）顾厦门，大家拼命顾厦门，一定要把日本仔打死死……"

毓德女中同学聚会（前排左四为陈素卿）

一晃离开毓德女中七十多年，我们同学毕业后，分布到全国各地，至今我们还有联系。而留在厦门的毓德女中的同学来往较为密切，经常小聚，后来疫情严重，我们才没有活动，但仍然保持着电话、微信联系，互问安好，同学们的情谊历久弥坚。当年稚气未脱的懵懂孩童，现已是耄耋老人。大家聊起那段遥远的往事，不禁唏嘘感叹。尽管时光流逝，但同学情谊永在！

奋斗者的人生之路

——郑德发口述实录

口述人：郑德发

采访人：李文泰

采访时间：2021 年 4 月 13 日

采访地点：集美爱欣养老院

【口述人简介】

郑德发，厦门鼓浪屿人，出生于 1930 年。1952 年参加工作，任厦门市人民检察院干部。后曾在中共厦门市委五办、市委政法领导小组、市委组织部工作。1977 年后，曾先后担任厦门纺织厂党委副书记、书记。1983 年后任中共杏林区委书记、中共集美区委书记及陈嘉庚先生创办的集美学校委员会主任兼集美区大专学校党工委书记，为推动特区改革发展做出贡献。退休后仍担任厦门市集美区老年工作委员会副主任，并被评为市优秀党员、全国离退休干部先进个人，继续为老年工作发挥余热。

采访郑德发（右）

一、童年受到爱国教育，从小立下报国理想

1937 年秋，我在鼓浪屿福民小学念书，学校一个青年教师在上课时，愤怒地讲到日本发动全面侵华战争，所到之处强奸烧杀抢夺，无恶不作，人民处于水深火热之中。不久，这位教师就教我们一首歌《少年志》，我至今记忆犹新。歌中唱道："看我们少年英豪，要把世界重改造，为着人类求平等，为着民族争公道，要使全球万国间，大地腾欢笑。"这首歌让我懂得长大之后，要为我们积贫积弱的民族争公道，爱国情怀深深扎在脑海中。

日本侵占厦门岛时，在鼓浪屿黄家渡码头两侧，退潮时我亲眼看到有我国军人与老百姓的尸体。黄家渡附近的荒地盖满竹草房的"难民所"，鼓浪屿由原来 1 万多人猛增至 7 万多人。这个惨状更加增强了我的爱国之情、报国之志。级任导师发动学生把零钱捐给难民，我也响应了。我因父亲早逝住外婆家，就常常向三位未婚的舅舅讨零钱捐给难民。

二、英华中学勤奋学习，学做裁缝贴补家用

我两岁多的时候，父亲就去世了，靠着目不识丁的母亲辛苦劳作抚养。所以我能上学，后来还能到英华学校读初中，是很不容易的。我在读书期间，进一步懂得了要实现报国之志必须要有报国之智，必须勤奋读书，追求知识，锻炼本领。

我在英华读书期间，主要的收获，如英华的校歌唱的那样：

乐群敬业，荟此良才，专诚尽智，着意培裁，英华，勉哉英华！

信不厌不倦，有心哉，英雄胜迹，剩此荒台，狂澜谁挽，慷慨予怀！

驼峰雄耸，鹭海展开，山明水阔，学子胸怀，英华，勉哉英华！

要高瞻远瞩，逾骛骀，登高自卑学问无涯，诚唯敬一，智从学来。

当今之世，敢不勉哉？英华！当今之世，敢不勉哉，英华！

这首富有家国情怀的校歌，给了年少的我很大的激励。我们上学的那个

时代，就是要求年轻人将来克服困难、承担起救国救民的社会责任。尽管因为家庭困难，我在学校读书的时间不够长，但即便我离开学校，在以后的日子里我还是坚持看书学习，不断增长知识。

鼓浪屿当时有不少旧书店，只要交一块钱，就可以在一年的时间内，不受限制地看里面的所有图书。今天借一两本回家去看，明天看完了，还了再借，可以一直看下去，我就这样一直在看书学习。我认为我所有的知识储备，我后来真正走上社会认识问题解决问题的能力，和这个时候的不断学习有极大的关系。

我在英华只上了两年半的学，十几岁就退学去学裁缝，学做西装，一直学到会剪衣服、做衣服，就能出师了。在做裁缝期间，每到淡季，我就去找书看。裁缝的旺季是从每年的9月下旬到春节前，剩下的时间基本就是淡季了。春节前后几天，每天都要赶工到夜里12点以后才能休息。春节前一天，更要很晚了。一般客人的衣服，要在晚上10点钟以前赶完，因为客人第二天要穿的。10点以后就赶亲戚朋友的，都要在当晚做完，天快亮就给人家送去。旺季时，每天晚上只能休息四五个小时。

我睡觉的地方，就是在做衣服用的面板上面。白天是裁衣服、做衣服用的，晚上睡觉时，就把那些面料卷一卷包一包，放在橱柜里边，在面板上铺个苇席，盖个被子就睡了。早上也是很早就起来了，得起来开店门，不能等客人来了叫门。这样的生活过了好几年。

三、解放初期精神振奋，街道工作热情奔放

解放以后，我才过上了新的生活。解放鼓浪屿时，我亲眼看到解放军对老百姓亲切平和。没过多久，过去横行霸道的那些流氓恶棍都一个个被铲除了，整个市面很有秩序。当时我们同学之间交流，也感觉是一个新的时代到来了，大家都应该好好学习迎接时代的召唤。那时中山路已经有了新华书店，很小的一间，我每天早晨坐船从鼓浪屿过来，看书看到晚上再回去。中午就到书店对

面摊子上买个烤地瓜吃吃，书店里面有开水可以喝一杯。每天就这样看书，做笔记。

"没有革命的理论，就没有革命的行动。"我这样不断地看书学习，思想武装好了，确实为以后的工作打下了一个好的基础。后来，我主动到龙头街道当志愿者，参加全国首次春季爱国卫生运动突击队，跳下解放前严重积污的鼓浪屿市场大阴沟清污。虽然年纪轻又没什么经验，但工作上手很快。当时上面安排了好多事，比如检察院收到一封检举信，里面涉及的一些事实，别人查来查去查不清楚，领导对我说："你是鼓浪屿人，你去查吧。"按工作要求讲，这种事一般不会让我一个新手去做的，也是没有办法。我去查得清清楚楚，最后写了一个完整明白的调查报告，领导一看说："你查得很清楚，完成得很好嘛。"随后，我参加肃毒运动，夜间要抓捕毒犯及吸毒者，又被选为原鼓浪屿区检察通讯组组长。

后来到了清理积案阶段。解放初人少事多，法院积压大量民事案件。厦门市的人民法院和检察院各派了一个干部，在原鼓浪屿区成立了一个清理积案小组，把我抽调过去作为工作人员。这些案件不是什么重大案件，都是一些民间借贷纠纷，性质虽然不严重，但需要投入大量时间和精力。比如一个菜市场卖菜的小贩，解放前借了人家的钱，后来形势变化，他说他没钱不想还了。这种事就需要你有耐心，多跑几次，等他晚上回来了，你上门去说服教育，做思想工作。或者是直接到他的摊位上去，说你欠债一定要还的，赖账怎么行呢？不管新社会旧社会，欠债不能不还；不还的话，人家到法院起诉，法院会采取强制措施，你摊位上的东西法院会没收，那你生意也做不成了。如果你一时没那么多钱，可以分期还呀！他马上说："对对对，我分期可以还，你法院不能收我的摊子，不然我一家人吃饭都有问题了。""好，那就分期还，你说一个分期还的计划，我记录下来。"借家被说服了，然后还得去对出借一方进行劝说。大家都同意了，我就写一个调解协议书，双方画押签字，法院正式盖章，监督双方执行，这一件案子就解决了。如果借家不执行，就会有加利息等处罚，这些条款都写得清清楚楚，一般没有不执行的。

　　我当时年轻有热情，不知疲倦地跑了很多地方，这样的事处理了很多。在1952年的夏天，大概是六七月份，这个工作结束时，我就被评为厦门市清理积案积极分子，我们鼓浪屿龙头街道是先进单位。法院的副院长徐俊峰还单独与我拍照留念。我还代表厦门市青年向新当选的梁灵光市长献花。

　　合影拍照我当时也没有当回事，没有认识其中的意义。到这年的9月，我被安排去协助筹办全市检察通讯员训练班。检察院办公室主任找他们的总务来，说市财政批了一笔经费，给检察院办十天的训练班。总务一听，问训练班有多少人参加，我说有一百多人。他马上说："这一点钱怎么够呢？光是管一百多人的吃饭都很困难，还要租房子，还要雇人做饭等，这怎么够？"他就一推了之。办公室主任发愁地问我："郑德发你看怎么办呢？就安排你去处理这件事吧。"我看经费确实很少，这事不好办，但也只能想办法试试看了。

　　我是鼓浪屿人，对情况比较熟悉。鼓浪屿以前有个美华小学，是外国人办的教会学校。抗美援朝后，我们对这些教会学校进行合并整理。1952年9月，这所学校正好被康泰小学兼并了，其校舍就暂时空置（美华小学原来那片地方现在已改成养老院）。我去找学校的管理人员，和他商量说："你们的学校现在空闲着没用，能不能借给我们用12天？"我想着培训要10天，首尾都要有一天打扫卫生弄干净。他说："可以呀，你们是国家办的训练班，打个证明来，学校就给你们用12天。"就这样，场地的事算是解决了，也不用花钱。

　　还得找做饭的人呢。鼓浪屿原来有一对夫妻，开了一个小小的小吃店。我就去给他们讲，给我们当几天炊事员，一天的报酬等于后来的一块钱，当时是一万块。头一天做准备，前后算11天，给他11万块。我自己负责买菜，买完后叫菜市场卖菜的小贩送过来。他们也答应了。

　　这样就省了很多钱。我买菜，都是找以前做调解工作时遇到过的熟人，他们自然会给我优惠的价格。那时候巴浪鱼多，也便宜，我就叫他们送巴浪鱼过来，炊事员炸一下很香很好吃。这十天的伙食办完，还有剩钱。最后我安排伙房给大家办了场餐会，增加了好几道菜，有红烧肉、糖醋黄花鱼，还有烤鸡鸭，大家吃得非常高兴。这个训练班办下来，市检察院检察长王浩同志特别满意。

他参加了当晚的聚餐，对我说："人家都说办不起来，你办得这么顺利圆满，真不容易呀！"还说："市人事局已经批准你到检察院工作了，你明天就来办手续上班。"

四、说服母亲同意，到市检察院工作

就这样，我到检察院工作了。去不去检察院工作，我家里还有不同意见，我母亲就反对。原因是我当时已经被市教育部门选拔到一个"小教培训班"，就是小学教育培训班，专门培训即将上岗的小学老师。这个小教培训班是 9 月 1 日开学的，我因为要筹办检察院的训练班，还去请了假，准备这个训练班一结束，就去参加小教培训班，培训期是一个学期，年底毕业后就可以到学校当正式的小学老师。

现在回过头来，可以说一下我的求学之路。尽管我已经好几年失学，但因为一直没有放弃学习，所以我 1952 年参加厦门全市组织的统一升学考试，又被英华中学正式录取了。本来我报的志愿不是英华，而是福州高级技工学校，因为福州高级技工学校不用交学费，吃饭也不要钱。正好在这个时候，教会学校被国家收回，英华也从私立变成公立了，也不用交费了。我原本是准备再读三年高中的，但是因为家庭的经济原因，还是想找到更好的出路。我就去教育局找陈鸿斌，他解放前是英华的老师，也是中共地下组织成员，解放后任教育局中教科科长。我对他说："我到英华读书，虽然现在不要学费，但吃饭还是成问题。如果我到福州高级技工学校，吃饭不交钱，读完以后政府还包分配，工作也不用发愁。"陈老师也知道我家的情况，说给我调整一下，调整到小教培训班，年底就可以出来工作，一个月能挣三四十块钱养家。

我母亲看当小学老师有三四十块钱的工资，当然想让我去。而到检察院工作，一个月只有十块钱伙食费和六块钱津贴，当时是供给制，也没有后来这样的工资，一个月公家十块钱管你三餐，再给六块钱津贴，让你买一些基本的生活用品。尽管我母亲想让我去当老师，但因为我前一段时间一直在做检察院的工作，个人也想到检察院，就对母亲做说服工作，说检察院的领导都很了解我，熟悉我，他们都对我很好，再加上我已经答应了领导到检察院工作。后来，可能因为家里人也觉得到检察院就成了国家干部，也是很好的工作，我母亲就对我说，"你自己决定吧，我就不管了"，也就同意我去检察院了。

在市检察院工作时的郑德发

五、不冤枉好人，不放掉坏人

我觉得我能到机关里工作，是我一生最幸运的选择。因为检察长、办公室主任等领导，经过多年的接触，对我都很了解，就能安排适当的工作，能提供发展的空间。

刚报到上班两三天，检察长就找我，说有一件事需要我去解决。什么事呢？监狱有一个40多岁的犯人，因"强奸幼女罪"被判刑，但在入狱后经常哭泣喊他被冤枉。监狱里的管理干部也觉得这个人不像是表演的，可能有判刑不当的问题。检察长就安排我去把这件事调查清楚，说不能冤枉一个好人，也不能放掉一个坏人。我就去调查，一看法院的档案材料，起诉书说这个犯人有个13

岁的干女儿，因父母双亡，做了他的干女儿，他多次强奸了这个干女儿，因此被判了 10 年的有期徒刑。

我看过这些材料，就感觉有问题。这个女孩子讲述的受害过程，在公安局说的和在法院说的有一些差异。虽然整个案情基本一致，但在具体情节上，多少还是有不一样的地方。这是一个。另一个是她讲的强奸地点，每次都是在中山公园司令台的背后。中山公园以前有个司令台，现在已经拆了，它的背后有一条河。而且时间是夏天到秋天下午到傍晚这个时候，我一想就觉得不对，这个时节厦门天气都比较热，那个地方每到下午，正是市民出来散步的时候，司令台前整天人来人往的。司令台后面是很狭窄的，紧靠着的就是河，你一喊一叫，那多少人能听见，几步就能过来，你怎么不喊不叫呢？而犯人又怎么会选择这么一个地方作案呢？我去看这个女孩子，当时她已经 14 岁了，又黄又瘦，她说被强奸得病了。我就对女孩子说："我带你去给医生检查，看是什么病，如果有病，政府也会给你治疗。"女孩子同意了。检查结果出来后，医生说这个女孩子有性病，是梅毒。从其他情况看，也不像是有强奸造成的损伤。我就去监狱安排犯人去做检查，看他有没有梅毒，结果监狱的医生说他没有得过这个病。那就很奇怪了，如果这个犯人没有梅毒，那女孩子的病是谁传染的？我就找小女孩去做思想工作，说："你得的病是梅毒，你说你干爹强奸你，那他又没有得这个病，我们都查了，那你这个病是谁传染给你的？另外，你父母都不在了，你是和谁在一起生活的？"她说有一个中年妇女，以前是她的邻居，这个女人很关心她，现在她和这个女人在一起生活。控告她干爹这件事，就是这个女人教她的。

我就去找居委会调查这个女人，原来这个女人解放前是妓女，1952 年人民政府把妓女都收容了，现在这个女人在文灶的生产教养院接受治疗，同时也接受劳动技能培训。我就去找这个女人，对她讲："你和那个小女孩住在一起，睡在一个床上，用一个马桶，你把这个病传染给她了，是不是这回事？她那个干爹医生也检查了，没患这个病，想赖到人家身上是赖不了的。"我明确告诉她："女孩子去告她干爹这件事，她已经讲清楚了，是你鼓动她去控告的，不然一个 13 岁的小孩子，怎么懂得去控告她干爹？"在我的追问下，这个女人才承认她鼓动小女孩去控告她干爹，原本是想从她干爹那里敲诈一些生活费，没想到政府给他判了 10 年的有期徒刑，现在什么也得不到。这个女人承认了她的教唆行为，女孩也说明了她的诬告过程，我就这个案件写了一个调查报告，附了调查材料，最后建议法院撤销原判决，释放他并给予一定补偿。法院随后也采纳了我们的意见，市检察长也很满意。

通过在检察院一段时间的工作，我得到了很大的锻炼。当时正是厦门海堤建设时期，市政府要专门在海堤工程指挥部内成立一个监察小组，检察院安排我到监察小组工作。市财政局的一个科长任组长，市纪委一个监察员任副组长，他们两个都是南下干部，我是最年轻的，也没有什么资历。但从文化水平这方面来说，我都比他们高。我们监察小组主要负责对海堤工程建设中存在的偷工减料、贪污浪费等问题进行预防、监督和查办。当时海峡两岸关系紧张，台湾还派遣特务破坏海堤工程建设，我们也参与了对台湾特务案件的审核。海堤工程的总指挥是厦门市张市长，工程巨大，方方面面要求极高，接触的问题也是形形色色，我们都要参与解决。当时高集海堤政治部主任要我"能者多劳"，努力工作。我也在参与这个工程的工作中得到了锻炼和提高。因为在工作中不断有新成绩，政治水平和工作能力逐步提高，所以我 1952 年 10 月参加工作，1954 年底获得市政法战线二等功，1955 年被评为市社会主义建设先进分子，1956 年 4 月就被最高人民检察院任命为厦门市的检察员。当时实行的是垂直领导制，检察员都要最高人民检察院任命。厦门全市只任命了三个检察员，一个是以前的中共地下组织成员，一个是原开元税务局的副局长，一个就是我。

这段工作磨炼让我体会到，人要一直学习在前，吃苦在前，干活在前。休息时间人家休息了，我也要去图书馆借书来看。你工作中做出成绩了，领导都知道，但怎么做出来的，人家可能不知道，只有自己知道要做许多准备，具备承担工作的条件。不然领导给你安排工作，你也做不好。我这个人的办事原则，是学诸葛亮的，诸葛一生唯谨慎嘛，我做事不论大事小事，都是谨慎从事，小心又小心，因为工作性质需要，不能冤枉好人，也不能让坏人漏网。

1955年五四青年节，当选厦门市社会主义建设先进分子合影（二排左一为郑德发）

六、市委机关勤恳工作，认真贯彻党的政策

1955年夏天，我被借调到厦门市委机关工作。我是在1955年5月入党，6月就被借调到市委去。

当时，是借调去参加肃反工作，因为那几年我们党内部发生了"潘扬事件""胡风事件"等，中央布置在全国进行肃清暗藏反革命分子的运动。我的工作是对基层上报的调查材料进行甄别定案，实事求是地为被审查对象做出历史结论。

中华人民共和国成立不久，肃反是有必要的，但也可能有扩大化的危险。

比如有一个小学老师，基层单位说要定为"历史反革命"。我看了材料，觉得还是要慎重。为什么呢？这个老师是在海澄念初中，在初中快毕业的时候，他15岁，因为当时海澄没有高级中学，他的老师讲要为他找工作做。他同意了，老师就拿一张表叫他填写。他记得这个表是"中国国民党中央委员会调查统计局"发的，就是我们常说的中统。老师说填好了这个表，毕业后就有正式工作了，有工资可领。但他毕业后，自己找到了一个乡村小学老师的职位，也就没有参加老师介绍的那个工作。解放后，他就到厦门来，也是找到了小学老师的工作。他填那个表是在抗战时期的事，而他解放后一贯表现很好。我们有人认为，他参加过中统，就应该被打成"反革命"。我建议说，第一个是那个时候他只有15岁，还是未成年人；第二个是老师以介绍工作的名义让他填表，肃反时他也自动坦白交代了；第三个是没有查到他填表后，有接受中统工作或接受特务训练等行为。经过调查没有人证明他参加其他不法活动，也不存在受害者。他自己说，他从来没有参加中统的任何活动。我说这样的人不能定为特务，应定为一般政治历史问题做结论，如定为"历史反革命"一个家就毁了。学校都说他教书教得好，还是可以继续当他的小学老师。我还建议说组织部门要向他介绍好党的政策，要他继续努力做好教学工作。最后我们报到省里去，因为这种事厦门市也不好决定，上级最后还是采纳了我们的意见。1959年"反右倾"运动，有人批判我"为特务分子开脱"，我只好低头认错。

在检察机关工作，就是要实事求是秉公断案。检察院就是做把关的工作，公安局抓的人都要送到检察院来审查，看要不要提起公诉。对一些不严重的违法犯罪行为，检察院也可以建议免予起诉，做行政处罚处理。一定要把事实弄清楚，不能事实不清而下结论。我后来做区委书记，遇有重大决策，经常需要决断做不做、能不能做的问题，先把政策理解清楚，把现有的条件把握好，最后才能成功。

七、一张白纸起家，组建杏林检察院

1961 年，我 30 岁刚过，就被组织调到杏林去筹备杏林工业区检察院，当副检察长。当时没有经费，领导派我去，桌椅板凳和自行车要我自己去想办法。杏林这一带有不少企业，过去我经常到这边做调研，到各个厂了解过情况，对它们都很熟悉。它们有的是中央的企业，有的是省属的企业，都是几千人的大厂。检察院有三个编制，我就一家一家去找，你支持我三张床铺，他送给我三个办公桌，你再送我三个档案橱，一家又送一部自行车……就这样一点一点凑起来的。一开始企业说东西是国家的财产，不能私自转送，我就又去找财政局的副局长，问他有什么解决办法。他说可以让这些工厂开具一个"国有财产调拨单"，然后再到财政局盖个章，同意这些东西调拨到检察院，这些东西就归你单位了。这样一操作，我办公用品全都有了。市检察长来视察我们单位，看到我们有房有家具及一切办公用品，就对我说："你这个家伙，我就知道你能办事。"

在杏林检察院工作近三年，1963 年工业区撤销我又回到市委机关工作，一直到"文化大革命"，市委被造反派夺权。后来我参加了军管会办的学习班。学习班结束后，我被调到市委组织部负责纪律检查的工作，任组织部纪检组组长。那个时候，我们国家政治体制中还没有纪委，纪检工作由组织部门承担。我们的主要工作任务：一是落实政策解放老干部，对这项工作督促推动，严格把关；二是加强对县级干部的监察，对其有违法乱纪问题进行审理查处。

八、厦门纺织厂任职，扭亏为盈成纳税大户

一直到 1977 年，组织上把我调往厦门纺织厂担任党委副书记（1980 年后任书记）。这个厂当时是厦门有名的大厂，我去的时候全厂有 3600 多名职工，后来发展到 4400 多名，生产的布匹一年有 6500 万米，可供 500 多万人用布。

1977 年轻工业部副部长莅临视察（右为郑德发，中为轻工业部副部长，左为许厂长）

1977 年郑德发在万石植物园留影

　　因为这个纺织厂关系到国计民生，市里领导很重视，也支持这个厂的发展。我们在生产过程中遇到什么困难，凡是需要上级部门协调解决的，我经常直接找书记、市长汇报，市领导都帮我们解决。但工厂的生产经营，主要还是靠我们自己。这期间，我投入了全部的精力，基本没有周末假日，每天都是早上 7点半到厂，晚上 10 点以后才回家。我利用一切可以利用的时间，深入工人中间，了解分析工厂生产困难造成亏损的原因，询问工人生活状况，向老工人请教治厂措施。可能由于过度劳累，第一年年终做总结后，我回到家就生病了，经医生诊断为急性肝炎。更为凑巧的是，第二年也是在年终总结后，当晚发烧，诊断为急性肺炎。这两次生病，是我生平最严重的病痛。医生说，这是疲劳过度所致。但辛苦还是值得的，由于我们能团结全厂职工，大家齐心协力，提高企业管理水平，第三年企业就走上正轨，成为全市上缴税利大户，从1980年起，每年上缴税利1200万元左右，占市财政总收入的12%～15%之间。

九、担任区委书记，大力发展经济改善民生

1983年，我又被调任中共杏林区委书记。当时正是杏林改革开放的初期，迫切需要经济建设上有新的面貌。市委领导在调动我时对我说："调你到杏林，就是市委计划让杏林在改革开放的道路上取得大发展。你在市委工作过多年，也在工厂工作过六年，市里领导还是了解你的，所以给你这个任务。"当时我就对领导保证说，十天之内，就提出杏林初期发展项目建设方案。

杏林区在改革开放初期各方面还是很落后的。杏林没有一条像样的马路，全是单行道、土路、陡坡，到厦门岛只有一趟公交车，每半小时开一次，一张票四角八分，当时看也不是一个小数目。所以住在岛外的人要进来一趟厦门岛，也是一件不容易的事。

现实就是起点比较低，困难又很大，但时间不能耽误。我用十天的时间，与分管的副市长一起调查研究，一起探讨，最后形成了一个适合杏林基本情况的初步发展方案，向市委详细汇报。市委领导听了汇报后，表示同意，要求尽快落实。

我们提出的方案中有一项，就是把杏林城区的一条主干道——杏林东路，修通修好，按80米的宽度一直修到海边，打通杏林区的发展经络。这个工程的预算250万元，也是精打细算后算出来的。市委领导很支持我们，说这个预算是实事求是，由市安排全部拨给区里，由杏林区政府负责建设。区政府决定由区建筑公司承包工程建设，收益全部用于购买施工设备，提升施工水平，从

低水平提高到中等水平，明确提出，要盖六层以上的大楼，把全区房地产市场发展起来。

在杏林工作可以说重任在肩，对方方面面的建设项目我都十分用心，特别是教育项目。比如杏林的华侨初级中学，区里不花市里一分钱，就创办了这个学校。我们办这个初中，是有原因的。我到杏林中学的时候看到，初中生一般是十来岁，那时候很多村里是没有公交车的，学生们来上学，要从各村过来，全是步行，还要带很多吃的用的。学校用孩子们背来的粮食做饭，小孩子三餐就是这样吃的。吃的时候也没什么菜，就是用自己带的酱瓜、咸菜配，一个星期都吃这个。十来岁的孩子正是长身体的时候，三年都这么吃，肯定对身体的发育有很大的影响。

我们就想办一所学校，给学生和家长解决困难。经过多次察看和选址，就在现在长庚医院旁边，原来的马銮盐场霞阳作业区的一片空地，有原来盐场的办公楼，如果改造成教学楼，也花不了多少钱，把附近村庄初一、初二的学生全部移过来，初三快毕业了，就不动了，再调一些老师过来。有的老师不愿意过来，我们就去动员。就这样没花什么钱，一个初级中学办起来了，给附近学生家长解决了大问题。

我对教育事业还是比较上心的。一次到厦门第十中学，看到只有两栋教学楼，一个篮球场，也没有实验室，如果培养到高中毕业，物理、化学和生物的实验课都不能上，光是读读书本，知识是不完备的。我跟学校老师说，我们以前在鼓浪屿读书，上生物课时用显微镜看植物母体的横断面了解植物的成长，化学课也能做化学反应的实验，他们这样不行。老师们说，他们也想给学生上实验课，但是没有办法，条件达不到。我们就去找厦门教育局的李书记，和他商量解决，说我们区里想办法解决土地问题，他们负责解决建设资金。

双方商妥后，我就去找高埔大队要地，大队的书记和主任不敢答应，要村里两委开会决定，还要报上级土地、规划部门批准。之后决定在星期天开会，我首先问村两委："你们有多少个小孩在十中读书？"他们说有两百多个。我第二句话就问大家："你们想不想让你们的孩子都成才？"大家答当然想。我就对大家说，以学校现在的条件，孩子们很难成才，这个高中毕业是徒有其名，知识水平没有达到。只有学校有土地，配备搞齐了，孩子学习扎实了，才能成才。经过说服介绍，大家也同意出让土地。后来，经区里上报市里，解决了学校发展需要的土地和资金问题，学校的教学也走上了正轨。

我们办一切事情都是本着勤俭节约的原则，建学校也是这样。比如学校建操场，我们区政府就和他们合作，出了一部分资金，并且和学校订了协议，以后政府部门有什么活动，都可以利用他们的操场。但是区财政出资也没有多少，还得想别的办法。这个操场的跑道，下面铺了一层厚厚的煤渣，上面再用土压实压平，这样下雨才不会积水，这些煤渣就是杏林发电厂免费提供的。一开始电厂还不大乐意，说不能免费，我去和他们做工作，说："你们电厂的子弟在学校读书的不少，不能看着学生没有个活动的场所吧？"电厂就派大卡车把煤渣拉过来了，前面的车倒下去，后面来的车还能把煤渣压实，操场就这样建起来了。现在当然更漂亮了，他们前两年在以前的基础上加建了一层塑胶的地面，底下还是原来的煤渣，又结实又好看。学校的足球场、篮球场，还有实验大楼，都是这么搞起来的。

我在杏林区工作虽然只有两年多，但在我的倡议下，各方共同努力，做成几项很有价值的实事：

一是成立杏林建发公司，并找江平副市长跟踪力争承建中外合资企业的"三通一平"基础项目职工宿舍工程。首战告捷，盈利 180 多万元，然后科学使用。采取特别措施，个人只需承担建房资金的 1/3，即可分到 1/3 产权的二房一厅的住房，解决全区干部与曾营小学教师的住房困难。在当时这是首创，得到市政府的肯定。又采取区、村合作，区政府补助每个大队（村委会）5 万元，建设 300 平方米左右的乡村幼儿园。市妇联给 10 万元补助，区里各方合力建设了一个儿童乐园（现扩建为杏林公园），市委陆书记特地带着班子参加启用仪式。后来市里组织各区来杏林开会，表彰杏林区的少儿工作。时任区委书记的何立峰同志打电话给我："老郑，你出力建设幼儿园、儿童乐园，我领奖旗（状），真谢谢你！"我答："这是大家共同努力的结果。"

二是 1985 年我去西滨村调研时，有村民反映："家里的确良蚊帐用两年就脆裂，可能与旁边化肥厂有关。"针对这个问题，我了解到化肥厂是用硫铁矿石生产硫酸，附近空气的二氧化硫含量较高。我进一步想到杏林工业区的工厂都是燃煤锅炉，所以整个片区空气质量较差，必须想办法解决。我寻阅相关资料，发现国外工业区都采用"集中供热"，便立即到杏林电厂探讨用电厂闲置的发电机组改造为供热机组。电厂经研究后答复："可以改造，但区政府必须帮助解决三个问题。一是生产的热气，工厂要全部买走，如果买不完，造成损失谁负责；二是要帮助解决改造资金 300 多万元；三是政府要保证供应生产热气的煤炭不断档。"根据这些情况，我立即到市计委向张立生主任汇报。他要我代拟计划，上报省计委。省计委领导看完报告，立即确认这是全省首创的节能减排的好项目，当即决定由省计委贴息 5 年，通知建设银行提供专项贷款。接着市计委副主任与物资处处长到杏林电厂，保证所需煤炭由市计委特供。区政府即动员燃煤锅炉全部拆除，改用电厂的热气。1989 年，正新轮胎厂就是因为有杏林电厂供气，恒温稳压，能保证国际市场的质量要求，决定在杏林建厂，由于质量保证，销量大增，利润上升，后来还再建二期、三期生产线。

十、到集美区工作，兼大专院校党工委书记

1986 年 8 月，省、市委决定集美要成立大专院校党的工作委员会，需要选派工委书记。成立大专院校党工委这件事，是当时福建省委主要领导抓的。这个大专院校党工委不是直接领导高校的工作，而是起地区协调、服务的作用。因为这些大专院校一些办学事务，需要地方政府的支持解决。以前遇到类似事情，学校都直接找市政府或省厅解决，这样做的后果是，一些事务需要解决的时间就会拖得很长，甚至影响学校正常发展。所以省里决定成立一个专门针对区内大专院校进行协调各方关系、服务学校发展的党的工作委员会。

这个党工委的书记，先后找了几个老同志，都因各种原因不能来担任。后来当时厦门邹尔均市长找到我说，几个大专院校的领导都说我关心教育，

也给学校解决了不少实际问题，熟悉各个学校的情况，他们推荐我去担任这个党工委的书记。我感到这是一个难题，因为我当时是区委书记，只是一个正县级的干部，而我们辖区好几个大专院校书记都是副厅级。让我当这个党工委书记，他们这些书记校长当党工委委员，不大合适。但领导说成立党工委是办实事的，是给学校发展服务，不是论资排辈，那我也没有话说了。后经市委报省委，省委也同意了，我就从杏林区调至集美区任区委书记，兼任大专院校党工委书记一职。我任职期间，成功地组织了"国际龙舟赛"等大型活动，还帮助水产学院争取到大笔资金，扩大了办学规模。我担任这一职务，一直到 1990 年底退休为止。之后根据形势发展，上级研究决定，把集美大专院校工委合并到市委教育工委。

十一、退而不休，参与灌南工业区建设

从退休到现在 30 多年了，做了几件好事。

第一个是推动集美北部工业区的上马。现在北部工业区变成台商投资区了。这个工业区是我任内开始筹划建设的，但正式设立是在我退休以后。市委书记、市长带着计委、规划、财政、金融等主要部门的负责人来集美，并指定由我汇报。汇报完，市里领导说，清楚了，可以拍板了。大家就在会上现场办公，落实了集美北部工业区的设立。

第二个是建设厦门灌南工业区。这个工业区已经启动了，土地也开始平整，但招商工作滞后，两三年没见到成效，后来他们来找我，要我帮助招商。我就找到一个台商，他买了 18 万平方米的土地，付了 550 万元定金。但市里无权批这块地，需要到省里去解决。当时沿海几个地区上报要将基本农田保护区的土地开发为工业区，都被驳回，市长认为报告也无用。我就恳求市长让我带上市府的报告，直接去省汇报。朱市长同意后，我就带着所有详细的资料去省里汇报，等到省里给批准书。接下来又参加组织工业区建设，直至这个工业区的第一批工程投产上马，我才离开。

十二、参加老龄委工作，争创全国老龄工作先进区

工业区搞完了，我已经70岁了，又做了11年的集美区老年工作委员会副主任。为什么叫我做呢？区里的书记区长说："你现在总算不那么忙了有时间了，区里的老干部说我们不重视老年工作，你看能不能帮助去做调研。"调研完我写了一个报告，提了建议。区委和区政府联席会议一致通过了我的建议，区委书记还说要把力量集中起来，打歼灭战解决问题。这就需要有人去做，大家就说"叫老郑来做"，于是一个区委副书记当主任，我和区里的组织部部长、一个副区长一起当副主任。实际上我就是常务副主任。我说只要大家支持，我就来做，这是做好事嘛。经过共同努力，集美区被评为全国老龄工作先进区，区老龄办林主任2011年2月去北京开表彰大会领奖。

我退休31年了，到现在也没闲着。最近我正在和区里一起研究，推动对失能老年人的长期照护，我是提议人，也是项目的建议人，这个项目正在酝酿中。

郑德发（右三）到基层调研社区养老工作

十三、成立老年学学会，研究成果供区委区政府参考

在有关方面的关心下，我们成立了集美老年学学会，发挥退休同志余热。学会以习总书记的指示为努力方向，辅助区老龄委，促进"健全完善老龄工作

体系"，"让老年人共享改革发展成果，安享幸福晚年"。我们始终以此为导向，学透上级的决策，然后到基层调研，了解老人，特别是失能、困难老人的需求，写出调研报告，提出可操作的合理化建议，供区委、区政府参考。与区民政局共同研究，简化社区老年协会建会的审批，采用镇街审批后，报区民政局备案；全由区财政拨款，每年400元，作为社区老年协会的活动经费，老年福利协会还为全区老年协会订阅《福建老年报》；规定会长原则上由退下来的社区主要领导担任；为全省实现社区建立老年协会全覆盖做表率，并在全省介绍经验。

我们就是秉承着"从实践中来到实践中去"的写作风格，11年来在全国和省市老年学学会等各级报刊发表文稿150多篇。《厦门市集美区提升基层老年协会地位作用的实践与经验》一文被评为2012年全国老龄政策研究优秀成果奖。《创新管理，提升老人幸福指数》一文收录在中国领导科学研究会编辑的《领导干部创新社会管理的理论与实践》一书中。《集美区在新型城市建设中探讨养老服务的新需求新对策》获得2018年中国老年学学会和老年医学会的"积极应对人口老龄化：新时代、新思路、新对策"学术大会征文优秀奖。在省市得各种奖项的论文更多。会长被评为全国老年学学会先进代表。

我虽然90多岁了，身体、思维还好，闲着也没事，还是一心想着怎样为集美4万名老年人，特别是失能或半失能老人，过好幸福的晚年。我走路想，休息想，睡觉想，把自己所思所想写成建议报告，供区委区政府领导参考。

郑德发获得2010年"全国孝亲敬老之星"荣誉称号，该奖项由全国老龄办、民政部、教育部、原国家新闻出版广电总局、全国妇联、共青团中央、中国关工委联合颁发

金石铸就的人生

——王守桢口述实录

口述人：王守桢
采访人：李天琦
采访时间：2021 年 2 月
采访地点：王守桢家

【口述人简介】

王守桢，厦门大学人类博物馆文物修复工作者。出生于鼓浪屿，中学时就读厦门二中。自幼倾心研习书法、篆刻，曾得著名书法家虞愚先生、篆刻家钱君陶先生多年指导。其篆刻作品刀峰刚柔并济，风格特异。曾先后为全国人大常委会原副委员长彭冲、费孝通，全国政协原副主席赵朴初，上海市原市长汪道涵，著名诗人艾青等篆刻制作上百枚印章。2005 年由厦门大学出版社出版《王守桢印存》。2011 年由西泠印社出版《王守桢闲章集》，收录近年所刻的闲章一百方。

一、在鼓浪屿的早期生活

我是 1937 年出生在厦门鼓浪屿的。1945 年抗战胜利后，上养元小学。1952 年我开始上初中，当时岛上有二中和英华两个学校。我是考到了二中，但到开学时，英华和二中就合并到一起了。

二中给我印象最深的就是陈觉生老师，他是语文老师。他的国学根基是非常深厚的，讲课讲得特别好，生动有趣，同学们都喜欢上他的课。还有一位叫吴云的老师，他虽然口才方面不如陈觉生老师，但也讲得好，印象最深的是没有过多的手势运作，这点对我后来讲课影响最深。我记得有一次吴云老师讲《风雪山神庙》那一课，讲林冲，他就能在讲台上把八十万禁军教头的那种姿态，绘声绘色地用语言形容出来，像是说书艺人的表演，同学们都听得不想下课了。

在我的初中时代，这两位老师给我的印象最深。他们各有特色，各有风采，都能讲得生动有趣影响学生。所以我后来在厦门老年大学讲学的时候，头脑中一直有两位老师讲课的形象。

二、向老先生们学习

有一段时间虞愚先生在鼓浪屿养病，就住我家隔壁。大约有三年的时间，我几乎每天晚上都到先生家。如果有一晚上没去，虞夫人有时还到窗口喊我，问有什么事才没来啊。去了就是和虞先生座谈，天天坐到十点多才回来。现在想来，从1970年到1972年这三年时光真是太宝贵了，对我以后的人生都有很大的影响。1972年军宣队同意虞先生回北京，他高兴得不得了。所以他后来写了一首诗，纪念这个事，其中有句云："宣南已是三年别，留命重来喜可知。"

洪子晖先生当时也经常到虞先生家来闲聊。他是上午来的，我那时上午没工作，就过来听老先生们聊天。洪子晖是很健谈的人，人也乐观有趣，我们都喜欢听他讲话。他没上过大学，也没读过现代的数学物理等，就发明了一本叫"洪子晖商业电约"的东西，是一套用于商贸交易联系的电报代码。他就是靠发明这套电报代码的版权费，养了一大家人。这个电报代码高明之处就在于，不仅大家都通用，为了保密，也可以两个生意伙伴自己订立秘密联系代码。所以这个小册子在南洋很好销，大家都买来用。后来我和洪子晖越来越熟了，他就请我到他家里，看他收藏的砚台，有七八个砚台都是很珍贵很有来历的。

梁果斋那里也有很多珍贵的砚台，其中给我印象很深的是梁同书题字的一个，太漂亮了。我跟梁果斋最早认识的缘由，是我一开始找他教我作诗。学来学去，我发现自己没这个天分，写不出像样的诗。

三、走上篆刻之路

1952 年我上初中的时候，就开始学篆刻。一开始没人教，我就在马路边看刻印摊的工匠刻章。厦门有个叫黄朗山的，是近代金石名家。他有一本印谱，我就模仿着学。从小我就很景仰那些文化名人，小时候看到高怀，觉得他很了不起。1958 年，有一次我在街上一个老太太手里买到一块很好的石料，很漂亮的芙蓉石，后来请钱君陶先生设计，刻了"念之翰墨"四个字送给高怀，他一直用到晚年。

 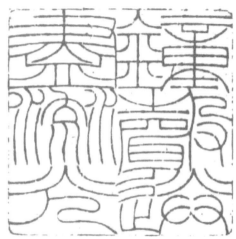

钱君陶所刻"钟声送尽流光"，最早为其抗日战争时期计划的"战地组印"中的一方。20 世纪 50 年代之后他又刻过一次，边款 264 字，占 4 侧

钱君陶"钟声送尽流光"边款之一

钱君陶"钟声送尽流光"边款之二

钱君陶先生送给我一句"不遭人忌是庸才",说得很好，你没有才能就没有人嫉妒你。赵朴初先生也请我刻印，给我写了字，还给我的印谱题签、题诗，这是很难得的。

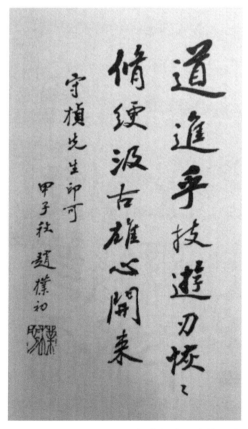

赵朴初为王守桢题字

我向钱君陶先生学习了很多，他给我的指导让我受益很大。从甲子年（1984）起，我请他每年给我一幅他的作品，结果写了十三幅。

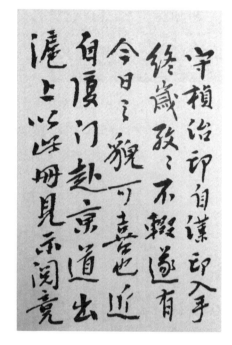
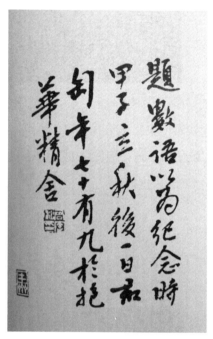

篆刻名家钱君陶为王守桢题字

还有画家赖少其。1983年1月25日晚上，南普陀请虞先生吃饭，我陪虞先生去。一走进素菜馆，刚好赖少其和罗丹也坐在那里，我们与罗丹都认识，一介绍也认识赖少其了。吃饭时，罗丹说这次赖少其来厦门，是给厦门宾馆画了一幅《海上明珠》的大幅的画，这幅画需要一个印章，能不能让我给他刻一个。其实赖少其本人也会刻印，但我还是承担下来了。他石料都准备好了，我晚上回来就给他刻了。罗丹也顺便要求我给他刻一个，我问他刻什么内容，他说还没想好。那天晚上，我一直刻到12点多，就帮赖少其刻了这个印，"江山入画"。26日我就拿到宾馆给他，顺便请他给我题字。

罗丹那个印章，因为当时他没有提要刻什么字，就一直没刻。不久罗丹就因病去世了，真是非常遗憾。但他给我的石头还在，这件事一直放在我心上。刚好罗丹的孙子罗文在厦门大学读历史系，他上课都在人类博物馆的三楼，每次都要经过我的工作室。我有一次就把他叫来，对他说："你祖父有一个石头还在我这边，我现在想了两个处理方案：一个是这个石头还给你，一个是把这件事做圆满，我给你刻。"我们闽南都讲究这个，人虽然过世了，但答应他的事能做的还是要做。罗文很高兴，他说当然要请你王先生补圆了，我就给他刻了。这个章是用齐白石的刀法刻的。可惜罗文英年早逝，他学罗丹的书法学得很好的。

四、到博物馆去修文物

1972 年郑成功纪念馆要恢复，我去做临时工，里面有一些文物需要修复，我就被安排去做这个工作。可能因为我有篆刻的基础，修复的这些文物效果都不错。刚好省里有一位研究员，他去参加古田会议纪念馆的筹备工作，就到郑成功纪念馆来考察。因为古田会议纪念馆也有展品需要修复，馆里的领导就把我介绍给他。当时古田会议纪念馆的筹备处临时在福州的省博物馆办公，所以我 1973 年就来到了福州，后来才去的古田馆，当时被安排复制毛主席用过的一个砚台。

那块石砚，原件是毛主席起草古田会议决议用的。原来是新泉一位教书老先生的，听说毛委员要用砚台，就献出来。这砚台还有个小笔筒，后因随意放弃在隔层的角落，没人重视，到中华人民共和国成立后才被发现收存起来。我做这件仿制品时，每天上班，保管的老邱即从保险柜拿出来，由他放在桌上，我都不敢去接，怕出事故。下班的时候他又锁到柜子里，下午上班也是一样。有一天晚上，古田馆的黄韬馆长来看望大家，看了快完成的砚台，说："很像了，不要以后分不清。"为了有所区分，我就说那砚下面先不刻，以后好辨认，大家都同意。后来砚下面部分就没有按原物刻好，所以现在展出的这台砚可以说是个半成品。

现在看到的这个砚台已经褪色了，跟原来不太一样了。原来这个砚台是紫端石做的，而我用的是丹东石，因为丹东石比较软，好刻。而原来的紫端石太

古田会议时毛主席用过的砚台

硬，要做成原样不容易的。挑选这块石料也不容易，福州六一路那边的石雕厂，里面石头很多，像一座小山，我选中了这块墨绿色的石料，可石雕厂的人说这石头不能卖，要做出口工艺品用的。经说明是要复制毛主席用过的砚台，就让我挑了一块。一大块石头锯成四片，还有许多下脚料，我全部运回去了。

在修复砚台时，我还修复了另一件诗歌板。这件事距今已经48年了，但我还是经常想起来，因为这是我复制修复文物中最艰辛也是最成功的一次。

这件诗歌板的来历是这样的。红军当年打下龙岩后，一位受伤战士住在蛟洋红军医院治疗。在这期间，他在医院木板墙上写下了一首自述诗：

> 我是赣南宁都住，真正革命到这路。
>
> 军长下令要包围，一心打倒陈国辉。
>
> 走上马路连冲锋，反贼尽死江河中。
>
> 我军得胜希望大，陈贼全部都失败。
>
> 心在革命不在家，谁知龙岩带了花。
>
> 我伤非小不相当，副官吩咐到后方。
>
> 总要共产到成功，我辈青年把田分。

为了复制这件作品，馆里还特地让我去蛟洋，也登上了著名的文昌阁，缅怀当年先烈在阁里开会时，而敌人已悄然包围在阁外，那种突围的壮烈情景！

蛟洋红军医院的墨书墙板诗

这块诗歌板最大的难点是许多墨迹线条已漫漶不清，或一笔之间一半浓一半淡。以前也有人想复制，但几任美工都感为难，没能完成。我也煞费苦心熬了几天才得来破解的方法。后来馆里的小青年学着我的方法，也能复制了。齐老尝言，穷半生之力始成，仿之者一朝即可学就，大概就是这个意思吧。

我还在这里修复了一块红军包袱布，上面三大纪律几个字，还是要有点书法常识的人来复制才能体现原书写者的笔意，如布中的平、气两字，线条的抑扬顿挫、一气呵成，非浅显者所能奏效。还有一块苎园乡苏维埃政府匾额，和红军包袱布一样都是从一块全新的白布，一块全新的白木板，千琢磨万琢磨才有了这般模样。

五、到厦门大学人类博物馆

做文物修复工作很复杂，事情很多。我这一生只做了一件半事。一件事，就是刻印。我刻了70年的印，用了心，也得到了一点成果。因为因缘际会，我遇到了许多好老师，不用心怎么行呢？半件事，就是文物复制和文物修复，这个是为了我饭碗而做。一开始在郑成功纪念馆做，做完去古田会议纪念馆，古田馆做完，才溪馆接着请我去做。因为古田会议纪念馆开张时，才溪馆有人参加古田馆的工作，了解我，就请我去了。

一直到才溪馆做完，我的身份还是一个临时工。后来省博物馆也请我去做，这是省内最高级的馆了。省博物馆做完，刚好厦门大学鲁迅纪念馆要筹备，又请我到了鲁迅纪念馆。做了一段时间后，学校领导说这个人我们要留下来，我算是正式成为厦门大学的职工了。后来因为鲁迅纪念馆工作不多，我就调到厦门大学人类博物馆。在人类博物馆，我前前后后做了200多件文物的复制和修复工作，其中比较得意的有两件。一件是一个唐三彩做的马，其实这件唐三彩马不是唐代的，是后来仿制的，但也是早期仿制的，制作水平很高。因为时隔久远，也破败脱落不能用了。"文革"时期，又第二次被严重损坏，馆长就说能不能把它修复起来，我说我来想办法。

修复文物，看似小道，也是很有学问的。对我来说，虽然以前不太懂，但这十多年下来，我也算是较专业的文物修复人员了，就一定要提出专业的修复方案并能得到实施，修复效果要好。接到修复这件唐三彩的任务后，我整天待在工作室里看着它想办法。那时是冬天，窗户都关起来了，工作室放着的都是墓里挖出来的东西，像镇墓兽这一类的。我就坐在那里看着想着，也没什么声音，人就像在古墓中待着一样。后来终于想到一个方法，在马的腹部，我用清油和纱布相结合的办法，缠一层纱布，涂一层清油，再缠一层纱布，直到把腹部撑起。因为清油有黏性，清油和纱布凝固后，会有相当的支撑力把马腹支撑住，而这两种东西也没什么重量，不会对马本身产生重力影响。马头怎么办呢？马头我用比较硬的铁丝，做成一个圆状的支撑物，非常结实地把马头支撑住。脚也是这样，原来马的脚很细，一动就会断掉。我在它腿上钻个孔，把环氧树脂倒进去，中间以铁钉固定，这样做非常结实牢固，就彻底解决了马的站立问题。后来展出的效果很好，大家非常高兴。一般看来，这一件文物的修复是非常成功的，我也很满意。

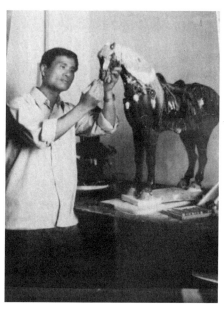

王守桢修复文物

　　另一件是，厦门大学人类博物馆的会议室有一张徐悲鸿写的字，是"观乎人文以化成天下"。这句话出自《周易》，上一句是"观乎天文以察时变"。徐悲鸿写的这幅字很适合博物馆，很多人以为是真品。馆里也有人曾误当真品，可见这件作品复制得不错。

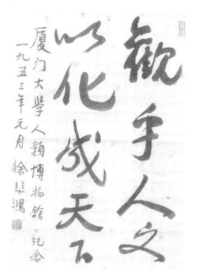

徐悲鸿赠给厦门大学的行书轴

六、刻印趣事

我的第一本印谱《王守桢印存》，是我给别人刻的名章的一个合集，也有一些名家给我的题字等。这里面几乎每个印都有故事。比如，郑德坤、叶国庆是厦门大学第一届毕业生，杜维明、池田大作、张光直、辛海梅等都是当世的大名家，我都欣逢机缘能给他们篆刻名章。

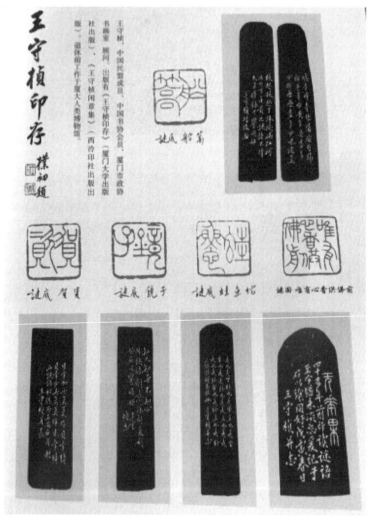

《王守桢印存》内页

有幸认识钱君陶先生

在篆刻这条路上，如果没有名师的指点，我是不可能走出来的。我在这方面能小有成效，离不开钱君陶先生的指点开导。

1958 年，《文汇报》上刊登了一枚内容为"钟声送尽流光"的篆刻作品，同时还有一篇长跋的边款[①]，像诗一样的短文，太漂亮了！我一读到就非常震撼，第一次明白刻印可以刻成这样。看了这样的篆刻，就想如能得到此人的指导就好。我当时就大胆地把解放后厦门第一次办展览时，只有我一个人参加的篆刻作品寄给《文汇报》，请他们转给钱君陶先生。《文汇报》先给我回信，说按照我的要求，已将我的作品转交钱君陶同志。我当时不知道，钱先生是上海音乐出版社的副社长。我就一直盼望着钱先生的回信，一直等，等了半个多月。有一天邮差终于来了，送来了一封落款是上海音乐出版社的信。我小心拆开，看到钱先生在我寄过去的印谱上，批了很多意见，批得是一无是处。没办法，只好按先生说的再琢磨再改了。我就是这样自己学了五年，在钱先生的指导下，用了六年的时间来改正以前五年的错误，所以我学篆刻是十一年的时间在原地踏步。可见自己钻研虽然有必要，但这种带专业性质的技艺，还是要有老师指导，才能少走弯路。

钱先生指点了什么内容呢？他在我寄去的作品周边，都写了很有针对性的意见，具体到哪一笔哪一刀。他刻有一个"江山如此多娇"的印，是铁线篆，非常漂亮。我看了以后，就想仿它也自己刻一个。我找了一块料，和钱先生原作一样大，就按原作刻。"江山如此多娇"的"如"字，是女字旁，我看钱先生原作，右弯撇中间部分刻得似断非断，我一开始以为可能是老先生眼力不够，

---

① 印石上的边款，或称款识、印跋，一般只是治印者刻上姓名年月或几句诗文，而 1953 年冬，时在北京的钱君陶在七八厘米见方的印石上刻了一颗巨印，印面是朱文"钟声送尽流光"，印石顶部和四侧有 189 字的隶书长跋：

余幼居屠峋寂照寺西，昕夕必闻寺钟。及长，客杭之吴山。山寺钟声，或透晓雾而荡漾枕衾，或随暮霭而飘堕几席。暮年，徙沪之澄衷中学，讲舍之侧，有层楼巨钟。憩迹其下，至移十霜。报时之音，晨昏不息。一九三七年秋，日寇侵沪，仓皇离校，奔流湘鄂等地，不复再闻钟声。翌年还沪，寓海宁路。每值南风，江海关巨钟犹可隐约而闻。溯自幼而少而壮，钟声送尽流光。回首一事无成，今老矣，初明成事之途，唯与工农结合。壁间小钟滴答，促余践之。余决尽余年以赴。一九五三年冬，君刻并记。

刻坏了。我在刻的过程中还很注意，特别刻得整条线一样粗细，寄给钱君陶先生批改。结果钱先生评语为"因少婉转之姿，遂失生动之趣"，这就是中国书法艺术"笔断意连"的艺术表现形式，别有趣味。篆刻是从书法中发展来的，就像邓石如说的"书从印入，印从书出"，要把书法艺术表现在印里面，印就是表现中国书法的手段。所以印的线条，要像书法一样，有抑扬顿挫、轻重缓急的气势。

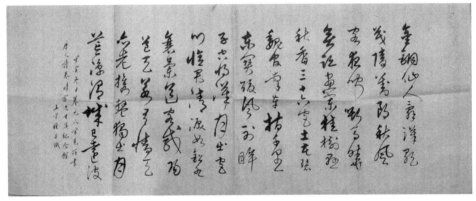

王守桢书法作品之一

篆刻更要博采众长

篆刻艺术上要吸收别人的营养，也不是人家一讲你就明白，还需要在长期的实践中，就是在具体的刻印中领会别人的经验精髓。

有一次华侨大学请虞先生去讲课，我陪虞先生去了。当时的白校长了解到我会刻印，就请我给艺术系的学生开个讲座。讲座要有主题，我想来想去，就拟定了一个题目：学印要从近人开始。我就在讲座中给学生讲，治印艺术要吸收前人的经验，要借巨人的肩膀为阶梯。你看接力赛跑的比赛，最后那个冲线的是个集大成的，把前面所有的成绩都集中在他身上。所以要从近人学起，再溯源而上。讲座结束后，就有一个老师来找我，他是华侨大学艺术系老师，篆刻班是他在教，而他刚从汉印教起。我刚好和他唱反调。我说，这是我个人在学习治印上总结出来的一个心得。我后来给钱君陶先生写信也谈了这个看法，就是要从现代的名家学起，因为他们是学习总结了前人的经验、成就而来的，你学习他们，就会少走弯路。

我这几年在厦门老年大学讲课，也是讲这个道理。来我这边上课的学员，有的已经学了十几年，有的七八年，有的现在才开始学，这就需要老师因材施教，不能二三十人用一个模式去教。但不论怎么教，都要从现代的名家学起，这是捷径，也是必由之路。

我们一些篆刻艺术的爱好者，每个月都有一个活动，就是命题作业，用一张宣纸，把每个人刻的印盖在上面，找个地方坐下来，大家品评，互相取长补短，促进成长。

我和梁果斋先生的金石情缘

在我的印存中有两枚朱白对章，是 1960 年冬为口书大家梁果斋先生所刻的名印，白文印是"梁果斋字老圃别号南州居士"，朱文印是"海啸楼口书画旅行全国展览"，印侧还刻了一篇长跋，从中可以概见先生的一生。

我和先生因篆刻开始交往，时光倏忽，这已是 55 年前的事了，先生亦早已作古，现在再看这些旧印痕，先生的音容笑貌和许多前尘往事就如电影一样重现于脑际。

他七十三岁时，吩咐我篆刻一枚朱文印"饮冰室主是宗师"，才听他谈起半个多世纪前的一点往事。听先生讲，他在光绪二十八年（1902）十一岁时，参加过县考，考题是《齐人馈女乐》。之后参加府考，不料学台秦寿昌到福州时，清廷宣布废除科举，这最后一科就未能赶上。

先生说他二十五岁到北京，原拟读清华大学，因卓如兄（梁启超）说文科要读北大，于是就进入北大哲学系。先生和梁启超同辈分，梁启超字卓如，先生字欣如。他曾随梁启超拜见康有为，他说康有为威形很重，在其面前很畏怕，都不敢多说话。印象最深的是康拿了一根很长的烟管，必须要人帮他点火才能抽。梁启超在康面前也是毕恭毕敬。

先生在北大两年就离开了。自 1920 年至 1931 年，他在新加坡热心从事教育工作，先后被许多学校聘请。这些学校聘请先生或当主任，或当校长，都是希望借助先生的名望，对外筹募经费。如先生收藏的培德平民学校的聘书就这样写道："……礼聘先生为本校国文科教授主任兼执行筹款总干事职。素仰先生热心教育，名闻遐迩，深冀乐表同情，慰藉众望。他日英豪蔚起，帜扬文化之光，校务中兴，学焕梓桑之色。此固本校前途之幸，抑亦先生之功也。"听先生讲，似这类情况，先生皆义不容辞，甘为孺子牛，耗尽了十年心血，经奔走辛劳几乎成为星洲的东西南北人。

1936 年，先生任厦门口书画全国展览会主事。他从厦门出发，一直北上到徐州，因七七事变，日本侵华战事紧迫，即先到上海而返厦门。在上海时，先生还举行口书画展览，并以润资助战抗日。1937 年 8 月 28 日的《神州日报》，以《梁果斋鬻书输捐》为题短讯报道："厦门海书画社旅行全国展览会主事梁果斋，以书画蜚声全国，兹悉梁君鉴于暴敌当前，发起鬻书输捐，以所得润资悉助前方将士，资杀敌之需……"先生这次历经七省，大小展览七十五次，皆在宣扬艺术，保存国粹。凡有求书者，只须赠酒一瓶，不需润例，成为当时墨林传颂的佳话。许多政要名人多有诗词题赠，如林森题句有："生面别开信口书，秦时烈裔法何如。观君此日龙蛇舞，誉满榕城酒满车。"郁达夫题句有："闽南梁果斋先生，多才多艺，能以口书，擅铁笔，通金石文字，所制印泥绝精，惜世无好事者为之宣扬耳。将去京沪，道出三山，曾与接谈，恂恂儒者，感佩不置，因书此以为赠。"并题一绝："文章千古事，斯世应宜扬。吾爱南州士，其兰品自香。"先生说这次出省旅展，多亏在福州认识郁达夫，承他写了几封信请其朋友关照，所以沿途很顺利。

先生曾自谓以一介布衣能游扬于大江南北，虽然得到很多朋友的帮助，但若无口书画这一薄技，恐怕也是寸步难行。他说历代皆未见有口书的人，只有在清代彭蕴灿所编《历代画史汇传》中，记载了秦始皇时有一个叫烈裔的人能以口作画。先生口书能写各体大字，小字可以写于扇面，求其墨宝的人最希望能得到他的扇面。先生用笔，提、按、转、折，如一首抑扬顿挫的音乐，很耐人玩味。1947 年出版的《中国美术年鉴》，先生被收入书法家传列，并附以其口书作品正、草、隶、篆四幅。

1959 年，我经朋友黄君的介绍而拜识先生，黄君是先生 1947 年任英华中学文史教员时的学生。起先我们听先生讲《诗经》的赋、比、兴，而后《古诗十九首》，而后绝句、律诗。先生讲解《古诗十九首》边讲边吟，抑扬顿挫、清晰有力，非常生动，使人如坐春风。他要我们各写一首绝句，还比喻绝句为桌之四腿支起一个主题。我回家后勉力写了四句，可是有一两个字不合平仄，于是就修来改去，弄得竟夜不眠，改到天亮原意全非，四腿散架。但经先生调理一下，马上如银针拨翳般符合平仄了。这些平仄押韵的框框套套，对我来说很难，但对先生来讲是不当一回事的，就像人的呼吸一样再平常不过。先生从七岁开始学诗，数十年来一直吟咏不辍，成诗数千首。从此我对作诗一道，再也不想学了，而受先生的影响倒是喜欢欣赏品味好诗。

梁果斋先生在做口书示范

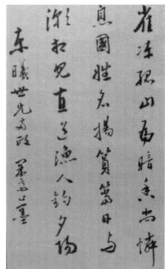

梁果斋先生的口书作品

20世纪60年代初，物资供应很困难，香烟也要凭票购买。有一次先生说："街上有卖自制的卷烟，你知道是怎样卷的吗？"我说："容易，我可以做一个给您。"隔天我就做了一个给他送去，先生很认真地把烟丝均匀地放成一条，像放春饼菜一样，然后反卷推出，果然一支卷烟做成，他非常高兴，连续卷了几支才歇手。

先生称医生为"平安君"，他说："我子女多（九儿一女），小孩难免有病痛，多认识几位医生就多保平安。我介绍你去认识住在鼓浪屿的刘寿祺医生。"

不久我跟先生去拜访，刘医生已七十多岁，退休在家。他早年是一位厦鼓妇孺皆知的大名医，我本来就慕名已久，惜无缘拜识，有此机会自是求之不得。刘医生是一位平易近人的长者，还精擅"放筋"。有一次，我有点头昏、倦怠，他说是中暑，就给我"放筋"，放后立即精神清爽，从此三天两天就得去"放筋"，像上了瘾似的。先生和刘医生经常讲一句"若无艰苦过，兰竹世间在"，谁先讲上句，对方就接下句，讲完相对而笑。下句我一直不理解，后来才揣摩出是"难得世间财"之意。通过他们，我又认识了鼓浪屿怪医李伯苑。李医生讲起话来必先讲"沫沫"，这是他最突出的口头禅。他曾从厦门老一辈名诗人、福建省文史馆馆员钟文献先生读书，深得乃师称许。几位老先生说，李医生于伤寒一科，可说已臻绝境，常出奇方，愈病无算；同时亦善刮痧，用大拇指的大指甲狠狠一刮，皮都快被刮下，但效果惊人。他还自研"加味通关散"，更是绝妙，只要吸入一点，立即打喷嚏，打得鼻涕眼泪一起下，还叫你欲罢不能。我只领教过一次，就再也不敢问津。

我常陪梁先生到刘医生家，李医生亦常在座，他们所谈多为医坛艺坛旧闻掌故。

梁先生认为我的名字不好，要另起一名，经他细细推算一番后，说我应该名叫"介三"，还批了一张取此名好处的批条，可惜这张批条不久就遗失了。先生还一再嘱咐这名要让大家呼叫才好。我当时很不喜欢这个名字，但又不好拂他的好意，每次到他家，他必问："开始对外扬名否？"我说还没有，为了回报他的关切，只好说我每早醒来必自呼"我是王介三，王介三是我"上百遍，就等于上百人的呼叫，先生听了一时竟无话可对。后来李禧、孙印川两先生通过先生请我刻印，我只好在边款上署款"介三王守桢或守桢王介三"，先生看了很满意，这个名字也只用于这三人的印款而已。

梁果斋先生七十三岁时身体还很健朗，曾和朋友登五老峰，作诗一首并序：

> 甲辰（1964）秋，予七十三岁，偕老友登五老峰。忆廿年前，与健庵曾登远眺，时过境迁，清华师出为招待，赋此感怀。
>
> **廿载曾临几度游，依稀风物焕新秋。**

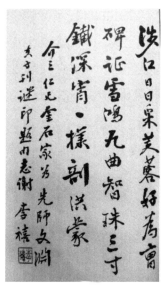

厦门文化名人李禧送给王
守桢的书法作品

今朝相会欣想慰，天海诗情已白头。

这年先生自号"口墨子"，嘱我刻一白文印，我把这首诗和序都刻在印边上。

七十六岁时，先生又号"梁伯州"，嘱我刻一白文印，也成诗一首，这一年所有作品都署"梁伯州"，我刻好印也把其诗刻于印边：

人道老无能，我却名更生。也随天地转，笔起力躬耕。

果斋丈七六初度又号伯州，并志以诗，余乐相共寿而铭之于金石，丁未（1967）七月十九日守桢王介三。

梁先生有十多块很好的石砚，有一天全部拿出来让我细细欣赏，然后要我刻一枚朱文印"十砚老人"，印款"果斋丈出示藏砚，皆艺苑珍品也，人生缘会，乐何如之。守桢并识"。在这些砚中有两块非常好，我至今还清楚记得，一块是有清代著名书法家梁同书八十二岁时所写的铭："顽物千年遂不磨，不知荡谲几清波。昭陵玉匣今安在，断甓犹传晋永和。"另一块有厦门书法家吕世宜题铭的紫色端砚，石质如肤理，石色非常清醇。这两方砚都是砚中的极品。

梁先生珍藏有很多文物珍品，但在"文革"破"四旧"当中，有的文物就受到了不公正的对待。特别是当时凡属宗教的事物，皆在必除之列。有一天下午，我到先生家，刚落座，先生就说："我最心爱的那尊观音也交去了！"那是一个包浆已成黑漆的古旧之物，一看就知道存放很久了，平时熟视无睹，都没去考证。最使我关心的是壁间一个玻璃框里的一张符，那是我和先生许多次边品茗边欣赏的一张不寻常的符，这次自是在劫难逃。说起这一张符，其不寻常处乃是它像一幅富含玄机的草书，线条之中，中锋、侧锋、飞白并用，迅疾快捷，一笔呵成，旁边还溅了一二墨点，像一颗有头有尾的流星穿越太空，显示出速度和力度的气势。我发觉先生对这张符的喜欢远超过这符本身的意义。很遗憾的是，那个年代很少人家里有照相机，更无论复印机，真是常见无所谓，一别成千古。

现在谈先生的几件趣事，可见过去文人的风趣。我工余常到先生家叙谈为乐，偶尔谈到喝酒，先生虽好杯，而并非海量。他说："喝醉的人，你不去理他倒没事，如有人去扶，他就整个赖给你，飘飘然很舒爽，所以说越扶越醉，越扶越重。"

先生常说"人熟礼生"，每有客至，必泡茶请烟，就是我和他这么熟悉的，每次还是要泡茶相待。不过我们都是边品茗边欣赏诗、书、画等作品，尤其是他客厅里，那座黑色玻璃橱最上面的一整层，陈列了一百多枚大小印石，先生每有空暇，必摩挲排布一番，前后高低俨然如列阵，使人感到触目琳琅、盈眸瑰宝。我和一位朋友都以他为楷模，也把玻璃橱腾出一层来排布印石，不过我们的印石只有几十枚，跟他是不能比，聊以自娱罢了。

七、与虞愚先生的交往

前一段时间整理了一下虞先生给我的信，发现一共有100封。虞先生是公认的大学问家，其实他给我的信里面也没谈什么大道理，都是平时生活工作中的一些琐事。虞先生是用钢笔写的，钢笔很细，时间一久更显浅淡。

我与虞先生相识，是在"文革"期间。那时虞先生身体不好，到鼓浪屿来休养，正好住在我家隔壁，我在此时有幸认识了虞先生。

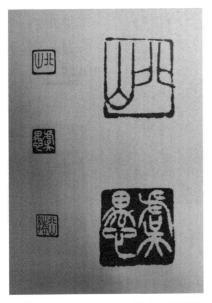

王守桢为虞愚制作的几枚印章

"沙门一影"

我还记得，1971 年，与虞愚师住同层邻家。一段时间来往后，我和虞先生一家都很熟了，如果有事，虞夫人林逸君老师就在窗口叫我。当时虞师身体基本恢复健康了，就要返回北京。我想到以后就不可能每晚和虞师清谈到十点多，从中得到虞师的许多教益，所以很希望也能去北京。当时正在失业中，不知怎样讲到如能到佛学院就好，可以读虞师的研究生，就可和虞师经常见面。恰好当时南普陀寺的负责人是虞师的学生，因此就把要出家的事告诉他，那人也很重视就去办，最后是宗教处不同意所有寺庙招收新人，只好作罢。因此，我后来多年曾用一个笔名——"沙门一影"。

我现在讲一下虞先生一生的事迹。

虞先生是我们国内很有名望的大家。2000 年有关部门编辑中华人民共和国成立后国内最高水准的"中国文化书院导师文集"，共 15 人，包括梁漱溟、冯友兰、张岱年、邓广铭等大家的专集，虞先生是排在第五位的。当时每个专家文集都要有一个序言，虞先生的专集就用了我写他的一篇文章做序言。

虞愚先生是早慧的天才，他从青少年时代起，就在因明学、诗词和书法方面显示了过人的才能，加之以后数十年来的精勤修持，功力益深，著述甚丰，

121 ·

与北京文化界知名人士合影（前中为王守桢，
前左陈迩冬，前右舒芜，后左林宗熙，后右虞愚）

虞愚送给王守桢的书法作品

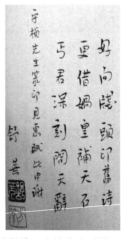

舒芜送给王守桢的书法作品

广为学界瞩目，成为一代大师。我仅介绍虞先生以前在治学、诗作和书法方面
的一些琐事。

据虞先生讲，他祖母是一位虔诚的佛教徒，在她的感染下，先生无形中对
佛家产生了崇敬之心。当他还很小时，祖母就教他背诵《金刚经》，先生后来
回忆这段往事时说："我的识字，是祖母教给我的。小孩时，我是先读佛经，
后读四书，我的启蒙教育就是祖母亲传的佛学。"因此虞先生后来研究佛学中
的因明学，也是有来历的。

先生15岁时，读到《印光法师文钞》，对法师非常仰慕，即写了一封很

虞愚曾请聂绀弩为工守桢的册页题字，因虞师的关系，聂老很用心地伏枕题赠。之后王守桢刻了虞师赠聂老的诗句，聊表对二老的怀念

恳切的信，要求做他的弟子。在中学时期，他阅读到梁启超、章太炎有关佛学的著作，更受感动，19岁时即到南京支那内学院从佛学大师欧阳竟无学习印度因明唯识之学。

1931年，先生考入厦门大学心理学系。当时班上有两位擅做记录而闻名的同学，先生即其中之一。其时适逢太虚法师来校为讲师、教授做"法相唯识概论"的讲座，需要一位记录员，另一位同学刚好生病，先生即被命记录。先生于当晚就把记录稿用文言整理出来，次晨即送给法师审阅。法师非常满意，很称许他的文笔，因此就介绍他到闽南佛学院教国文，食宿都在南普陀，每月还有20块大洋的收入。在此期间，先生可以说是一身三任：做学生，又当老师，晚上又伏案写文章。整个大学时代就靠这样勤工俭学来维持。

先生后来讲，在佛学院不仅可以读到许多有关因明的典籍，还可亲聆太虚法师的教诲，收益很大。先生以厚实的佛典基础和敏锐的悟性，又获太虚和欧阳竟无两位佛学大师的指点，深得因明精义。在厦门大学毕业后次年，就出版了《因明学》专著，太虚大师很高兴地为他写了序言。该书后来被列为大学用书，日本因明学家林彦明当时还撰文给予高度评价。此书至今仍然是学习因明学的基本读物，1989年底，中华书局依据原书影印出版，可惜先生于出版前半年谢世，竟没能看到。

抗战时期，先生在重庆工作，欧阳竟无大师的支那内学院也迁到四川江津。每年正月初七日，学院就召集附近的校友齐聚一堂，聆听大师讲学，先生深受大师教诲，所以在追怀欧阳竟无大师诗中，抒写了对大师的无限深情，诗云："历劫苍茫此一灯，平生俯仰最高层。深谈直到沧桑尽，寂照唯推孔佛能。孤处冥搜心悱恻，千秋自许骨峻嶒。人天何处音尘接，呜咽江涛恸不胜。"在江津聆学时，先生与民主人士陈铭枢相识，后成莫逆之交，他们都是欧阳大师的学生。

1956年，周总理应斯里兰卡总理之请，委托国内优秀佛教学者为《佛教百科全书》撰写中国佛教条目，先生为此从厦门大学奉调晋京，负责中国古代佛教专著的条目，并兼授中国佛学院因明学课程。1983年中国社科院哲学所为来自京、津、鲁、晋等高校和科研单位的佛学、逻辑学研究人员、教师和研究生举办佛学讲习班，抽调先生和巫百慧、谭壮飞、张春波四位专家任导师。巫先生授课完毕后，不意谭先生意外谢世，张先生又因病不能开课，讲习班几濒于停课。当此之际，先生独自承担起教学工作，讲授《百法明门论》《因明入正理论》《唯识三十颂》等专著，备受学员好评，一时轰动京津。先生以马列主义观点来研究因明学，以逻辑概念译释因明术语，又参照英文译本，深入浅出地把艰涩的文句讲得通俗了，讲得明白了。先生一生都在高校和科研部门讲授逻辑和因明学，并为我国培养了第一个汉传因明硕士研究生，为发展因明学做出了很大的贡献。先生的一首明志诗是最好的写照："玄奘法称遥可接，冥探正理报明时。"

先生于教学科研之余，以吟诗撰联为乐，其成就也很大。先生少年之时，即已诗才横溢，近代著名诗人、学者陈衍在《石遗室诗话续编》中就选入了先生十余首作，并称其"诗不暇苦吟，自有真语"。厦门南普陀寺的巨石上，至今仍保留着先生十九岁时咏和太虚法师诗刻，不论诗文还是书法都达到很高的造诣。然而先生在学习作诗时，有过一段艰辛的轶事。

先生少年即以书法驰名厦门，但他并不满足于会写得一手好字，他很羡慕许多书法家都会作诗，于是就专心一意学作诗。当时教他们地理的老师是一位名诗人，他把诗作拿去请老师指点，哪知这位夫子看后，摇摇头，语重心长地说："竹园老弟，你的字写得很好，你就专心去写字！你作的这些诗都不合平仄，像寺庙里的签诗。"先生听后如被当头淋了一桶冷水。但他不甘心就此放弃学诗，只要一有空就琢磨研讨，为了攻克平仄关，日夜都沉浸在学习背诵之中。有一天清晨，刚睁开眼，看到墙壁上的日历是星期三，不觉脱口念出"星期三，平平平，星期四，平平仄……"这样他接连念了许多字，都能一一判定出平仄，他高兴得跳了起来，就去告诉地理老师："我会平仄了，不信请你随便指一字试试看。"先生学诗就是这样辛苦投入。

虞先生常说："作旧诗，就要按照旧诗的格律，否则就不是旧诗。"1988年，他从北京来厦门疗病。同文中学请他为校内的"望高石"大石壁题一首诗，先生欣然拟了一首七绝："千秋留此磐磐石，海角重楼启讲筵。旧学新知商邃密，高悬智炬烛南天。"有某教师看后，把前三句改成"沧桑留此美石坚，海角陬层启讲筵。中西一炉商邃密"，姑且不论改作比原作如何高明，但有一点很明显，改作已不合旧诗的平仄了。某教师认为现在可以不用平仄，然而这却是先生万万不敢领教的。如此延误了一些时间，先生的病情日趋严重，竟无法再执笔书写，从此人间就少了一份先生的墨迹。

或许有人以为先生是位大学者，听不进别人的意见，那就错了。在南普陀寺大门外的石柱上，刻有先生所写的对联"喜瞻佛刹连黉舍，饱听天风拍海涛"，联中的"拍"字本作"与"，并且已经定稿了，正好泉州陈泗东来访，先生又请他斟酌，泗东考虑后说："若把'与'改作'拍'会更响。"先生听后很高兴，马上采纳改成"拍"字。又有先生作一副对联，其中一句是"兰竹永常鲜"，那人看了面露难色，最后才说"鲜"字在他们当地的方言读音乃死掉之意。先生听后说："那还了得，非改不可，非改不可。"

又有某人士为祝贺香港福建同乡会成立五十周年，拟了一联请虞先生代为书写，其联为"福人居福地，爱国斯爱乡"。先生看了即感到不妥，就为他另拟一联，联文是"两制方开新国运，八闽倾写好诗篇"，见者都称许"两制"

一语用得很确切。为什么先生看了其联就觉不妥？原来民间墓埕里的石柱上常刻有"福地福人居"之语，不仅难免给人有套用之感，更是大大不适。先生说："不论写诗联句，对那些约定俗成的词语要多加留意，才能充实自己的学识。"

先生中年以后，诗作更上层楼，他提出作诗必备"大、深、新、雅"四要素，"大"即先立乎其大者，但不是托诸空言；"深"即反映最基本的矛盾；"新"即充分体现时代精神；"雅"即具有完美的艺术形式而不流于标语口号。先生以此论衡古代诗人，作《杜诗研究》《试论屈原作品》等文章；以此付诸实践，成《北山楼诗集》，倾写胸臆，歌咏古今，国运人事咸来笔端，山川形胜尽现诗卷，尤其是把恢宏万象纳于浓缩而和谐的诗句之中，把激越深情揉于清新而隽永的意境之中，使人得到美的享受、情感的陶冶和哲理的顿悟。此外，广见于名山宝刹、亭台楼阁的先生自撰自书的对联，除了上述共同特点以外，无不切合景观而又寓雅趣深意，谨守法度却自见巧思慧心，书联双绝，令无数游客流连忘返。启功教授赠先生诗云"恰似北山豪兴发，惊人诗句老横秋"，正是诗人神韵的写照。

未妨余事作书家，是先生的另一乐事。而且先生作为书家，成名更早于作为学者和诗人。"总角工书世已称，更殷午少缀文能"，这是陈衍所赠的诗句。事实也是，先生13岁就在关帝庙口为人写字，17岁曾为"五洲大药房"书写巨幅招牌，一时名噪厦门。当时书坛名宿欧阳桢曾写诗送他，诗中有"好向浮屠寻智永，相期名世并欧虞"之句。一位老前辈对一个小青年如此推重，是很不寻常的。先生19岁时到上海大夏大学读书，课余夹着临写的《三希堂法帖》，按《上海指南》里的书法家地址，一一登门求教。书法大师于右任在他的临本上题道："佛家道家造像之传于今者，因其此修养者深也！竹园弟以青年而研究佛理，作书复又天才，勉之、勉之，他日皆当大成也！"书法大家曾熙看了临帖后，指出碑帖的要义："写字，南派写帖，北派写碑，南帖婀娜，北碑刚健，你既要学帖，也要学碑。"在名师的启迪下，先生开始钻研怎样来合参碑帖。他常用"骏马秋风冀北，杏花春雨江南"来比喻，说："一以刚健胜，一以婀娜胜，人间之美，尽于此矣！"先生以过人的天资和功力，终于把碑帖的刚柔巧妙地融合起来，形成了他那独具风格的"虞体"书法。

我们从先生的书法中可以欣赏到下面几个特点：一是运用粗细相间的笔调，体现出刚柔相济，并且刚健而不流于粗犷，婀娜又不失于纤弱。二是笔断意连，以气贯之。先生写字，意在笔先，有一种如苏东坡"当其下笔风雨快，笔所未到气已吞"的气势。三是形象生动。先生作书，最讲求形、神、意、态，他认为书法是一种在平面上的造型艺术。比如他写"马"字，都有一种昂首天外之态，使人联想到一匹"所向无空阔"的天马。同时他还常用省笔来突出字的神态，如写"风"字，常把上横笔省略掉，反而使其神采奕奕。他说："这是参取丰子恺画人不画眼的笔法。"有的字未必都能形像，但也自有一种气脉相承、顾盼有情的韵味。四是寓有图案学的艺术。在这方面，他是深受弘一法师的影响，在法师驻锡南普陀时，先生时常过从。先生后来说："每次去看他，法师都很少讲话，两人常是静静地坐着，但从法师慈祥的脸上，给人觉得所要问的事都得到答案了。"弘一法师从来没和他谈论书法，更别说指导，而先生的书法却是从法师的墨迹和人品中得到启迪。先生常说："法师写字，一点一划的位置，好像天造地设，移动不得。"法师书法的另一特点是"明净"，先生书法可以说受这点的影响最大。他的字不论一字、一行还是一幅，甚至落款、印章，都是有机的结构，从整体看，有一种疏朗的气韵，使人得到轻松妥帖的美感享受。

先生晚年在运笔上又有新的突破，他以羊毫写大字，取羊毫的丰腴滋润来写北碑的劲峭刚悍，看他下笔有如天外坠石，势疾力猛。而收笔时，因羊毫的柔软而倾全身之力像挽奔骥似的往上提，这样发挥了羊毫的特性，书法效果更具有一种丰茂清劲的风采。

先生在书法艺术上的成就和影响，已为国内外所共仰。早在20世30年代时，先生就从心理学的角度出版了一本《书法心理》。抗战前，他所写的文天祥《正气歌》被选入在南京举办的全国美展，后收入商务印书馆所编的书法卷中。抗战胜利后，先生以"辉光天在抱，钩索月窥椽"一联，荣获在上海举办的书法评展第一名。1988年出版的《中日书法百家墨迹精华》一书，先生所书的"骏马秋风冀北，杏花春雨江南"一联亦列其中。1986年夏，他以中方审查委员的身份访日，参加日本高野山金刚寺为纪念弘法（空海）大师而举办的日中青少年竞书大会。同年10月，他又以中国社会科学院《哲学研究》编辑部访日代表团副团长的身份再次东渡，并与日本名家交流书道。在日本时，他做了"中国书道之艺术"的专题讲座，备受好评，求书者络绎不绝。厦门大学和福建师范大学都先后请先生作书示范，并拍成纪录片，以供书法爱好者观摩学习。

1988年7月中，先生所培养的我国第一个汉传因明研究生刚结束毕业答辩后，先生突然罹疾病倒，遵照先生的意愿即自北京返回厦门治疗，虽经多方诊治，竟不能痊愈，不幸于1989年7月28日溘然长逝。

先生在生命最后阶段时，倾注了全副身心写下《虞愚自写诗卷》一册，原拟选写60首诗，可惜书写到30多首就无力握笔，后面几首还是在病房中每星期书写一两次，每次只写一首至两首，有时第二首刚书写不到一半，胸部疼痛又发作，痛得额前都涔出汗水，他还是坚持写完，然后才像卸甲的武士一样，疲惫地瘫倒在床上。他说："绝不能写一半停下以后再接写，那就不能气贯全幅。"后来连书名也无力写，只好集他的字做题签。这是先生留给我们最后的墨迹，是一本诗书二雅双绝、不可多得的艺术珍品。不仅如此，这也是先生学问、诗艺、书艺融成一体的精华。钱锺书评其诗为"旧瓶新酒，酌古斟今，调无不谐，词无不适。较之同载诸作，所谓以一麟角，媲彼万牛毛者"，这样的评价确实很高。

先生曾多次说过："一个圆满的人生，既需具有'理智'的科学，又需要具有'情趣'的文学艺术，这好比鸟之双翼、车之两轮，缺一不可，分割不得。基于上述认识，我把具有逻辑思维的因明学和形象思维的诗词、书法和谐结合起来。"透过最后的这部诗卷，我们不也可以看到先生一生才情、智慧和修养的精华吗？甚至我们可以说，这是人类文明借助一个杰出的学者和艺术家之身积聚而成的结晶，就像一颗熠熠生辉的宝石，积聚和反射着来自宇宙空间的光芒和源自亘古万代的热能。

飞扬的青春
——何永三口述实录

口述人：何永三

采访人：廖华

采访时间：2021 年 5 月

采访地点：何永三家、厦门二中体育教研组

【口述人简介】

　　何永三，1955 年生于鼓浪屿，中共党员，中学高级教师，曾任二中体美音教研组组长，国家 B 级足球教练员，现任福建省足球协会副秘书长。初中就读厦门二中，任校足球队队长、团支部书记。1972 年入选福建省体工大队足球队，任队长、团支部书记、主力边后卫。1977 年带领省足球队获全国乙级联赛冠军，1978 年晋级全国甲级队。从省足球队退役后，回母校厦门第二中学任教，曾率领厦门二中足球队连续 18 年夺得厦门市中学生足球联赛冠军，2009 年获全国高中足球联赛总决赛第七名，创造当时福建省参加全国中学生比赛历年最好成绩。带厦门市足球队参加第六、第七届省运会足球赛并获冠军。曾担任菲律宾国足男、女足球队总教练，并带领菲律宾国家男子 U23 足球队参加东南亚运动会获得好成绩。1998 年被评为福建省优秀青年教师，从教以后连续 7 年被评为厦门市学校体育工作先进工作者，1988 年获评全国足球重点地区"福来奖"体育教师，1997 年获评全国体育传统项目学校先进工作者。

　　我为什么爱上足球？我从小就感觉鼓浪屿的足球气氛很好，只要一出家门，到处都可以看到大人小孩在踢足球。当时我不太清楚，但是后来知道，鼓浪屿的足球历史比较悠久。鼓浪屿被誉为"海上花园"，由于特殊的地理位置、天然的深港登陆条件和特定的历史背景，成为明清时期中西方海洋力量抗争的交汇点。1840年鸦片战争打开了清政府的大门，西洋文化和西方近代体育伴随帝国主义的入侵，进入鼓浪屿，带来了世界第一大运动的近代足球。老鼓浪屿居民、文博研究员何丙仲老先生曾撰文说：最初的鼓浪屿足球是来自西洋的舶来品。1872年，美国领事李仙得（Charles Gendre）在田尾、港仔后、日光岩三岔口，建成了我国近代史上的第一片相对专业的足球场地——"洋人球埔"。1876年，英国伦敦会宣教士山雅各（James Sadler）跟随英国军舰到达鼓浪屿，他在1898年2月创办了英华书院，欲通过教会文化影响鼓浪屿居民，同时也创建了我国近代史上具有较强影响力的足球队——英华校队。当时学校以年级为单位，分设虎、豹、狮、象四队，以白蓝相间作为球队制服颜色，每周三、周六下午在课外体育活动时间进行训练。由此英华中学成为我国最早开展现代足球运动的学校之一。中华人民共和国成立后，英华校队秉承传统足球精神，严格要求每一名英华学子，严于自爱、自省、自控的自律原则，严守"诚、智"的英华校训，以"登高自卑，问学无涯"的校歌律己。足球文化的传承烙印是英华学子自律精神的根基，因此英华校队在20世纪五六十年代已发展成为华南足球的一面旗帜，在全国以及东南亚地区的各种比赛中取得骄人的成绩。后来英华书院与毓德女子中学、怀仁女子中学、厦大校友中学、鼓浪屿侨办中学并入福建省厦门第二中学，足球传统也一直传承下来，至今仍深深影响着厦门足球。

人们都说我是厦门足球的代表性人物，这是过奖了，但我觉得我真的是个为足球而生的人。我小学读的是笔山小学，小学后面有个操场，那个时候鼓浪屿要找个操场很不容易，所以这里就是我们的足球活动乐园了。我家住在黄家渡公园附近，就是现在的海底世界这一片。公园里有草坪，我们常常就在那里踢球，所以读小学时我就迷上足球了。笔山小学走上去就是二中，那些现在已经七八十岁的老英华学长，当时就在校园里的操场踢足球。校园内外到处都有人踢球，我就感觉踢足球很快乐，而且一踢起足球我就非常兴奋，浑身是劲。当时读书比较松，不像现在这么紧张，一下课我们就赶快跑去洋

100 多年前的洋人球埔

英华书院融合西洋人士的足球队

英华中学足球队 1930 年参加厦门足球锦标赛时全体队员合影

人球埔，也叫鼓浪屿人民体育场占领足球场，不过小孩子基本抢不到，因为那时球场里经常有靠岸船队的外国人在踢球，或者是大人们在训练。我们小孩子经常只能在球场边的小空地上放下书包去踢球，我踢得很入迷，常常忘了要回家。在鼓浪屿人民体育场边上有一尊马约翰的雕像，雕像旁边还有一群小孩放下书包在踢球的塑像，形象极了，那就是我们小时候的样子。那时如果没有场地，我们还会到马路上踢球。但也不是没有遇到麻烦，有时一脚球飞出去，把人家的窗户给砸破了，人家要来找我们理论，一害怕，我们就赶紧逃跑。

鼓浪屿人有多爱踢足球？可以说几乎所有男生都踢过球。我到二中当体育老师后，曾经做过问卷调查，了解到只要在鼓浪屿读过书的男生基本上都爱足球，也会踢足球。有年市里举行乙级足球联赛，有二十多支来自本市各个单位的队伍参加，其中大概有三分之二的队员是来自二中的学生，他们在学校时并不是校队或哪个足球队的队员，但是到了各个单位很多都成了单位足球队的主力队员。这说明什么？就是在鼓浪屿浓厚的足球氛围中，凡是男生都会来几下，有不少人球技还不错。作为体育老师，我常说，如果不会游泳、不会踢球那就不是鼓浪屿人。鼓浪屿给我人生留下了各种无比美好的记忆，小时候虽然穷，但生活得简单快乐，最主要的是在浓厚的足球氛围中成就了我的足球人生和足球事业，在我此生中足球是第一位的。

小时候我家经济条件不好，我有五个兄弟姐妹，三个兄弟中我排老二，下面两个妹妹，父亲在黄家渡当码头搬运工，母亲在家操持家务。当时父亲一个人的工资养全家，所以足球装备什么的想都不要想，连球鞋都买不起，我都是赤脚踢足球。在沙地上踢球也不觉得痛，因为我有一双很厚很结实的脚底板。练就这双铁脚板是不容易的，那时为了补贴家用，我们兄弟几个每到星期天就要跟妈妈下海去剖海蛎或者抓小鱼虾。我父亲还做了个捕鱼工具，我们有时间就到海边网鱼。另外还要上山去砍柴拾柴火，一脚泥一脚土的，所以练出来了，后来我到省队还经常赤脚踢球。我们几个兄弟都爱踢球，很消耗体力，食量大。我妈妈为了给我们补充营养，有时会去别人家帮佣赚些钱，或者用我们捡来的柴火、煤炭在黄家渡码头那边换取龙海人担来卖的红薯。有自家捕捉的海鲜吃，有地瓜粥管饱，还经常上山下海，加上平时踢球奔奔跑跑的，所以我的身体素质一直不错。但小时候踢球不时也会受伤，有时候脚扭了，划破了，肿了或流血了也不敢让父母知道，怕被责骂，怕不让踢球，就自己包扎一下，过阵子就好了。还记得那时我们几乎天天踢球，有时捡别人用过的旧球来踢，球破了不能用，又买不起新球，我们就自己做。就是用旧橡胶把破衣袜捆在里面，扎结实了当球踢，也挺不错的。

小学时我是笔山小学足球队队员，当时并没有专业的老师教踢球，就是体育老师组织我们练习踢。记得四五年级时，市体校郑青年老师来我们学校遴选队员，我当时踢后卫，素质不错，很会跑，他就把我选入市体校了，一同入选的还有岛上几所小学的小队员。从那时候开始，我就每周六、周日到厦门岛上的人民体育场和市体校的队友们一起踢球。入选市体校真的是太好了，不仅有正规的足球教练指导我们踢球，进步很快，而且每次训练还有补贴，一次五角钱，这对我来说可是一笔不小的钱。记得当时踢完球饿了，我就到离体育场不远的一个小巷子里的花生汤店，拿出一毛多钱买一碗花生汤、一个炸枣吃，真香啊，那个感觉实在太美好了。一直到现在，我还很喜欢吃花生汤配炸枣。我1969年上初中，这时有幸碰上了郑梦熊老师，当时他是二中的体育老师，也是原鼓浪屿区足球队的队员，他带领我们踢球，给予各种指导，之后我就开始参加市里的中学生足球比赛了。当时最开心的是，比赛时队里有发给我们球鞋、球衣，都是新的，太帅了，穿起来就像个正式球员了。但遗憾的是，比赛一结束，这些统统都收回去了，要到下次比赛时再用。说起来挺感慨的，我一直都是赤脚踢球，有了球鞋后很开心，但头几次却很不适应，不会踢了。因为那时没有配袜子，足球袜是只有小腿这一段，所以就是光脚穿球鞋，踢球时出汗，脚就在鞋里滑来滑去，很不舒服，不顺脚。那时也没钱自己买袜子，只好克服着，之后是慢慢适应了，再到后来条件比较好了才配上袜子。

初中三年，我们年年参加市中学生足球赛，我是本队主力队员，我们第一、第二、第三名都得过。当时厦门一中、二中、五中、六中足球队都是有得一拼的强队，就看比赛时谁发挥得好，谁就拿冠军。1972年1月，我初三即将毕业时，省足球队发来调令，要我到省队报到，当时我十七岁。那年从厦门队抽调了四个，鼓浪屿只有我一个，五中一个，六中两个，一同入选到省队的还有我们二中跳远的贺丽娜，厦门羽毛球队的林江利也是这一批入选。在入选省队前，市体校郑青年老师对我们的正规训练以及郑梦熊老师的启蒙指导和带领我们打比赛，都使我的踢球水平有明显提高，我非常感激他们。在省队八年，只要有回鼓浪屿，我都要去拜访郑梦熊老师，后来他因为身体原因改行做电教室老师了。1980年我退役回母校当教师，有幸与曾经的教练郑梦熊老师成了同事。还有程嘉福老师，他当时从省队退役回来，任原鼓浪屿区少体校的足球教练，他不仅指导我踢球，在我小学、初中时多次带着我参加了市、省和全国的少年足球比赛，让我有了充分发挥足球特长的机会，这些都是我能入选省队的基础。

进入福建省足球队，我就算是正式入职工作了，第一年月工资十八块，但是要交十二块伙食费，剩下六块零花，之后逐年增长一些，最高时是三十多块钱。我一去省队就被编入二队，一队是成人队，他们要参加全运会等各种比赛，二队就参加青年队的比赛。福建足球队始建于1953年，"文革"开始后下马，老队员都下放了。1970年省足球队又恢复组建起来，1972年参加了全国五项球类比赛，福建队当时在国内足球和广东队一样是排得上号的强队。1971年省队开始组建青年队，所以也就有了我们1972年1月这批被选调入队。我一到二队就被任命为队长，后来成立团支部，又让我当书记，大概是看我比较有担当吧。我的性格比较开朗，在小学时就当班长，比较有威信。因为我身体素质好，遇到有同学被欺负，我都会帮出头，伸张正义，到中学时也是这样。到二中后我当过年段团支部书记、民兵排长等，头衔不少。调入省队时，大概也是因为这些特点选了我当队长，还有当时讲究出身成分，我父亲工人阶级，这点也硬。

进入省队，我竟然没有陌生感，还很亲切。因为在整个省队里，有百分之九十的人都是厦门人，基本上都是讲厦门话，就像在家乡一样。成人队一队当中又有八成是来自鼓浪屿，也是我的校友二中人，他们当时年长我五六岁。所以那时候在福建省足球界流传着"福建足球看厦门，厦门足球看二中"的说法，可见厦门或鼓浪屿对我省足球事业的贡献是很大的。在省队八年，我很努力、很拼，足球水平也有了非常大的提高，毕竟是专业球队，氛围、训练、比赛水准都是之前不可比拟的。而且我当时铆足了劲一心要在省队干出点名堂来，我1972年入二队，到1975年进入一队，在省队八年，一直都是当队长，一直打主力后卫，不仅在球技上必须过硬，身为队长同时还要协助教练管理队伍。当时国内设有乙级联赛和甲级联赛，我在省队最好的成绩是在一队的时候，我们福建队在乙级联赛中拿到冠军，由此升入甲级队，迎来了福建队的辉煌时刻。可是好景不长，到了1979年，由于各种原因比赛成绩不佳，又掉到乙级，这时我觉得应该换换了，让更年轻的人上，于是申请退役。当时真的是拼过头了，长期的超大运动量导致我身体出现了些毛病，心脏不舒服，还有些其他的问题。那时大家都太拼了，长身体的时期，长期的过量消耗，使得我们这一批的人个子都不高。

申请退役后，省体育局局长、书记都找我谈话，希望我能留下来，在足球队里带带新人。但当时我就是想回厦门，因为谈女朋友了，她是我二中的同学，在鼓浪屿工作。而且家里的确也需要我，父母年纪大了，弟弟下乡，两个妹妹还没工作，只有哥哥一个人在工作。厦门人就是恋家，总觉得家乡最好，当然还有一点，厦门的足球氛围好，能更好地发挥我的才华。但是省局还是希望我留下来，一直做我的工作，我则坚持说要回厦门，这样拖了三个月才放我走。回到厦门，市体育局要我去，这也是我的首选，但是他们没有房子能给我。我当时最需要的就是房子，多年来我家的房子没有变化，可是兄弟妹妹们长大了，原本就不大的屋子显得更拥挤了，我只好遗憾地放弃去体育局。那时市里有多家大企业组建足球队，希望我能去当主教练，开出的条件也非常好，工资高，还有三房一厅的宿舍，说真的这太有吸引力了。但我考虑了一下还是希望能专业搞体育，足球在企业毕竟还是附属的、业余的。此时母校厦门二中真诚召唤我，还答应给我一套一房一厅的宿舍，这太不容易了，是学校好不容易腾挪出来的。母校需要没什么可说，况且厦门二中的足球在所有学校中属佼佼者，将它传承和发扬好义不容辞，就这样我满怀感恩、满怀志向于1980年回到二中，一干就是三十多年。

话说回来，回到学校搞足球也不是一帆风顺的，我要做的事情面临很多困难。在学校，我首先是体育老师，所以各个班级的各项体育课要按照教学课纲上，每天要组织课间操、课外活动，平时还要组织参加各种级别、范围的多种项目比赛，课余时间我才能组织学生训练足球。当时二中有足球队，比我先从省队退役回来的许万杰老师也是二中体育老师兼足球队教练，我们就搭档训练学校足球队。当时压力很大，因为足球是二中的传统项目，各种比赛成绩一直拿冠军或名列前茅，在这方面是不能掉链子的。还好没有辜负大家的期望，努力的成果是，从1982年开始，我带的二中足球队在市中学生足球比赛中，连续十八年获得冠军。省级中学生传统足球赛于1986年恢复，连获市赛冠军的厦门二中队每年都要代表厦门市队参加省中学生体育传统足球赛，因为这个赛事每个地市只能是冠军队代表参加，在这个赛事上，我们也一直蝉联冠军。我们每年还代表福建省中学生足球队参加全国高中足球联赛、全国 V 系列足球比赛和每四年一届的全国中学生运动会足球比赛。2009年我带队参加全国高中足球联赛总决赛第一次拿了全国第七名，创下了当时福建队中学生参加全国赛的最好水平。

那时我整天都扎在学校里，没有寒暑假，没有星期天，一年四季天天就是抓学生练球，家里小孩、家务事完全扔给爱人。当时二中没有体育班，读书好的学生，班主任、家长经常是不愿意他们花时间练球的。我就要去做班主任的工作，跟他们保证，一个星期就练一两个下午，不耽误他的学习时间，不耽误主课。好的足球苗子很难得，经过我耐心诚恳的说道，班主任们还是支持的。还有的是很调皮的学生，班主任也不想让他们撒野，想用学习来管束。那我也要做工作，我找爱踢球的调皮孩子谈话，让他主动多协助班主任做好班里的工作。这个方法管用，班主任很高兴，就不拦着他们踢球了。除了每周一两个下午的训练，比较系统的训练主要是利用寒暑假。我几十年来训练积累的经验是，要保证球员正常训练必须要做到细心细致，有次我队一个很棒的守门员几天没来训练，我就去家访，发现他原来是哮喘病发作，连课都上不了。我的家访和关心让家长和学生都很感动，他身体好了之后，训练很积极很主动，最终成为队里的主力队员，退役后成为省优秀守门员教练。由于平时关心学生比较多，我跟许多孩子的家长关系也很好，有时外出比赛他们就跟随我们一道去，还帮助我做一些事务性工作。我认为要带出一支好的队伍，往往在细节上做好工作很重要，沟通、关心不可少。踢足球多多少少会影响到学习，那就看你怎样引导和安排了。

在我的学生当中，有球踢得好书也读得好的。读书好的孩子往往比较自觉，有一次到外地比赛，夜间休息睡觉时间到了，我和往常一样去查房，发现宿舍附近的厕所灯还亮着，进去一看，几个会读书的孩子竟然在这里边读书。而一大早五点多天亮了，他们又赶在晨练之前在操场上读书了，他们真的很优秀，要知道，比赛本身就很辛苦了，他们还这么苦读，让我又感动又心疼。有一年高考，我的三个球队学生考上了厦门大学，而且不是降分录取，是实实在在考了高分进厦大，入学后还成了厦大足球队的主力队员。学生一届届的有进有出，我就经常拿这些优秀学生的例子启发后来的队员，榜样的力量是很大的。所以后来我有了比较严格的选人原则，就是选择队员要有三个条件：基础好，表现好，学习好。我认为，体育需要教育，教育也需要体育，现在对体育人才的选拔要求越来越高，体育服务教育，教育支撑体育，两者相辅相成，既练体育，也系统地学习文化，只有体教科学融合，才能培养出新时代的优秀足球运动员。

当时到二中搞足球的另一个困难是，缺资金。那时教师的工资普遍很低，以致不少人都下海另谋出路。我工资只有三十多块钱，不要说抓足球训练全是用业余时间和我的休息时间，训练没有一分钱补贴，就是我们外出比赛，给队员买个矿泉水都无法报销，买比赛服装等的经费得经过领导层层批复。没办法，我只好硬着头皮四处拉赞助。还好我有几个学生出社会后干得不错，他们给了我或者说给母校的足球事业大力支持。比如说，华星大酒店的老板丁总给我们赞助了服装和饮料；老校友雅宝电脑的总经理余总主动与学校和我联系支持我们，他在创业所得的利润中拿出一些资金，解决了我们外出比赛中的许多困难，比赛得冠军归来，他会前来祝贺并请足球队的队员们吃饭慰劳学生；还有日光岩管理处的几任总经理也是母校足球事业的热心人士，他们尽可能地在自己能力的范围内，拿出一些资金支持我们；后来，厦门二中高中部搬至五缘湾学村，我们的高中足球队也得到了思明区建筑总公司康总的大力支持和关心，他在我们参加高中足球联赛时，在装备上给予了资助。有了校友们的大力支持，我们的训练、比赛得以较好地坚持下来。而二中的足球能很好地传承，并不断打出好成绩，也是校友们支持赞助的信心和动力，大家的支持使我深受感动，更促进了我抓好学校足球训练的动力和信心。

在退休前的十几年里，我在二中当体育教研组组长和学校足球队总教练，最好的时期，学校有四个足球专业教练。后来英语中学从二中分出去带走一个；还有的调到其他学校，剩下我们一两个教练仍坚持在带队训练。不过现在二中培养足球队员很有保障了，在 20 世纪 90 年代末，经市教育局批准，我们每年可以在全市范围内特招五六个有足球专长的孩子进班，这保证了一定比例的好资源。从2015年起，厦门二中在上级领导的支持下，在全市中学中率先开办"体育班"，初、高中各一个班，每班三十人。比较有优势的是，体育班的孩子全部住校，每天下午第一节课后就集中训练，晚上晚自习时再上正课，这样既保证了训练，又不落下文化课。这种体育班在国内不多，但效果不错，目前厦门二中足球能一直保持领先地位，这种模式起到了关键性的作用。2015年我退休，物色了几个有一定足球经验且执教水平高的教练担任学校足球队教练，其中有的是从二中足球队走出去上了大学后回来的，他们都考取了足球教练资格，这几位教练目前分别在初、高中足球队带队。

现在各方面条件很好了，市里、区里对教育事业、对发展足球从娃娃抓起都非常重视，给予的资金也很充足，有了资金保证、教练保证，二中高质量发展足球事业也有了保证。要说二中足球为什么能十几年连续夺冠，除了好的足球氛围、传统，喜欢足球的人多之外，队伍长时间每天的扎实训练是不可少的。还有作为总教练，我在训练、比赛中的战略战术比较用心，比如说在训练球员的技术技巧、配合上绝不含糊，对相对弱势的位置能尽快补齐加强，反复练习。每次比赛前，我都会仔细研究对手的特点，尽量亲自到现场观摩他们的布局、打法，然后制定战术，有针对性地对下场比赛队员的位置和打法精准安排。我一直认为球队的配合和技术运用极为重要，并不断强调和调动，所以这一点上我们优势明显。其实厦门有好几所中学的足球队也是很强的，但比赛中往往赢不了我们，就是在战术配合这些细节上我们赢得了先机。

在我的人生当中，足球始终都是第一位的，其他的事，包括家里的事情都要为之让路。我太太身体较弱，长期要请假调养，好在她很理解我，也支持我，当然有时也会有情绪。凭良心讲，她真的不容易，因为我一直专注学校的足球事业，家里的事都没管，对她的照顾基本谈不上。生了孩子后，她也要上班，没人带孩子，我们就把只有一岁半的儿子送进托儿所。孩子太小，每次送他进托儿所都哭得撕心裂肺的，可是没办法，我上体育课、训练队伍，每天都要搞到天黑。不过作为鼓浪屿人，或者是因为我的足球专长，我太太倒是很希望儿子能踢好足球。打小儿子就跟我学习踢球，但是我经常让他在场边玩玩，太太看到就很有意见了，说你都不管不顾的，就这么个儿子也不好好教教。我也没办法，因为比赛、训练任务总压着，实在不能分心，只好跟她说，孩子还小，先玩着、陪练，慢慢来啦。虽然儿子没能继承我的专业，但幸好儿子读书不错，考上大学，而且儿子在中学时期积累的足球基础也派上了用场，上大学后参加过一些比赛。大学毕业后就业到厦门航空公司，因为有这个特长参加了公司的足球队，是主力队员。

我人生当中一个闪亮点或者说一个重要节点就是到菲律宾执教。老话说得好，机遇是留给有准备的人的，受聘菲律宾国家足球队总教练说是偶然也是必然。

鼓浪屿有个英华校友足球俱乐部，我是主要成员，我们每年都要出国参加比赛，经常会与东南亚一些足球俱乐部队交手，其中与菲律宾青狮足球俱乐部的交往甚好。初次认识是他们来我们这里参加比赛，之后我们年年都会在国内外的赛场相遇，加深了解后两队关系日深。青狮与英华一样都是元老俱乐部队，它已有七十年的历史，这支队伍从教练到队员都是华人，老中青队员都有，资助经费也是由华人老板提供。

菲律宾是个深爱篮球的国家，足球不受重视，缺乏良好的基础，所以他们比赛的成绩一直不佳。2005 年，菲律宾将主办东南亚运动会，共有九个国家将参加足球项目比赛。他们觉得作为东道主，成绩不能太难看，因为他们之前在有关国际比赛中战绩基本都是垫底。他们了解到我的执教成绩，尤其是二中十几年的连续冠军让他们惊奇，所以非常希望我能前去当他们国家队的教练。当时我正带队在福州参加省中学生足球比赛，菲律宾国家队总领队特意来福州找我商谈有关聘请事宜。他问我能不能到菲律宾国家队当教练。我一听就愣住了，到国外足球队当教练？真是想都没想到过！我有点忐忑，问他有什么目标任务。他说："没什么，第一，你只要不打最后一名就行。第二，我先不说。我们的国家队已经组成，我邀请你到菲律宾待一周时间，了解一下队伍，看看现任教练水平如何。"那我想还是先看看再说吧。

福州比赛结束后，我向学校请了假前往菲律宾，在那里待了一周。我了解到，这支国家队刚组成，大部分是菲律宾人，其中有几位华裔，有三个在国外踢球的专业球员可以回来参加比赛。而热心组建菲律宾国家队的人中有青狮俱乐部的理事，华裔，他也是出了组建国家队一半资金的老板，所以有权选择总教练，并且他还主动说可以当我的翻译。见他们诚意满满，我答应出任总教练。之后菲方告知中国国家体育总局，他们没意见，又经过厦门这边学校、教育局、体育局的同意，2003 年 10 月我就正式到菲律宾执教了。市教育局、体育局很支持这件事，认为厦门足球教练能应邀出国执教是值得高兴的事，说明我们的教练水准得到国际认可。

在菲律宾俱乐部干了两年，我带他们训练并参加一些比赛，其中也有到厦门打比赛。2005 年在马尼拉举行由菲律宾主办的东南亚运动会时，九个国家参加了足球比赛，菲律宾队打了第六名。这个成绩前所未有，他们非常高兴，我也算是不负众望圆满完成了任务。当时《厦门日报》记者采访我并报道了这个事，那一阵子挺出名的。菲律宾的媒体也报道了，在那边的亲友也打电话关心、祝贺我。打完比赛后，这支球队就解散了，我也就在 2005 年 8 月结束执教回到二中，不过之后菲律宾那边有关足球的事宜还经常请我帮忙，我也就时常飞过去指导一下。

回顾菲律宾执教的这段日子，我很难忘，也挺自豪，可以说这在我足球生涯中属于高光时刻。因为在这段时间里，我接触、认识了很多人，开阔了视野，甚至对足球的理念也有了新的认知和提高。此外对菲律宾有了比较深的了解，小时候总听别人说南洋、吕宋，感觉很遥远，现在厦门直飞马尼拉，不到两个小时就到了。之前也来来往往打比赛，但来去匆匆仍不甚了解。执教了两年，了解了那里的风土人情，特别是看到华侨华人经过几代人的打拼和努力，已经成为菲律宾经济的中坚力量，他们为建设发展菲律宾的各项事业做出了很大的贡献，我们华人真的很了不起，值得自豪。

2015 年我到了退休年龄，没想到更忙了。首先是学校，都认为我应该继续指导教练团队和培养二中足球队。在吴校长的挽留下，我返聘留校担任二中足球队总顾问，所以我每天还是照样开车到五缘湾校区上班。除了二中，省队组队筹备也请我帮忙。福建省足球队于1988年解散，之后就一直没有专业足球队了，2014年又开始筹建，2015年再次成立福建足球队，目标是参加全运会。在我退休之时，他们拟请我当省队教练，给出的薪水很高。省队基地在厦门海沧东孚镇洪塘村足球基地训练场。但是我觉得自己年龄大了，没有接受。说实话，当二中足球总教练和接受省队教练一职收入差别是巨大的，但我认为，工资高低不是主要的，二中是我的母校，在这里为足球我奉献了三十多年，学校有需要，我义不容辞。返聘后，二中的足球也如我的计划和期望蓬勃发展，2017年，我们学校足球队继续保持向上发展势头，在全国校园足球比赛中获得初中组冠军及高中组冠军。这年的下半年，吴校长同意我去东孚基地兼任省队总领队。我主要的工作就是协助省队运动员办理学籍、联系运动员上文化课以及管理基地，教练员和运动员事宜中需要与厦门市体委体育中心配合协调的事。那时我上午在二中上班，下午又开车到东孚基地工作。一直到前两年，省队训练基地搬迁到福州长乐省队训练基地，我才结束了这项工作。

我退休时又受聘湖里区校园足球总顾问，这又是机缘巧合，因为碰上了振兴足球的好时光。2015年2月27日，习近平总书记主持召开中央全面深化改革领导小组第十次会议，审议并通过了《中国足球改革发展总体方案》，这个方案被评为是为中国足球改革注入了"最强执行力"。之后全国上下，尤其是中小学掀起了发展足球的热潮。二中新校区在五缘湾，属湖里区范围，为了帮助湖里区发展校园足球水平，厦门二中与湖里区达成了足球互助协议，主要内容是二中帮助湖里区加强足球培训，派教练员到学校指导培养足球人才。学校让我到湖里区担任校园足球总顾问，湖里区很高兴，作为互相支持，湖里区每年拨出五十万元支助二中的足球事业。湖里区原本足球的底子很薄弱，中小学里基本没有开展足球运动。到那里兼职后，我协助湖里区每年举行两次全区校园足球比赛，并在分管局长的支持下，将区校园足球比赛都放在学校上课期间举行。这种把足球比赛真正融入教育教学中在厦门市内其他各区是无法实现的，也正是这样，湖里区的校园足球氛围被充分调动起来了。我又投入了不少时间和精力指导、培训、配备中小学生的足球教练，不时到各个学校了解足球训练情况。虽然忙碌辛苦，但力气总算没有白花，2019年，厦门举办第二十届市运会，足球类共设五个项目五块金牌，湖里区就拿了其中三个项目的冠军和一个亚军，奖牌总分第一，超过了老牌足球大户思明区，在这之前，湖里区足球从未拿过奖牌。在此基础上，区里的三十三所小学，近年来每年向二中体育班至少输送几十个足球特长生，现在二中校队里好的球员都是来自湖里区。可以说，湖里区现在校园足球的氛围很好，区里领导也很重视足球。

2016年湖里区禾山青年体育协会成立，我受聘担任协会足球荣誉会长。这个协会主要是开展篮球、足球、轮滑、保龄球等的培训和比赛，我则重点协助他们每年举行的"禾山杯"全市社区足球赛。后来这项赛事又升级为"禾山杯"海峡两岸社区足球赛。我还指导开展每年的幼儿足球培训和比赛，举办裁判、教练员培训，使足球活动在社区蓬勃开展。这些都得到了上级领导的高度评价，禾山青年体育协会也得到了湖里区的认可，提升为湖里区青年体育协会。

虽然在退休这几年一直在工作付出，但我自己感到挺欣慰的，长期以来我的经验积累和执教能力给年轻人带来帮助和提高，也使我的足球人生有了比较高的社会价值。我现在基本上没有下场搞训练了，主要是组织培训教练队伍和指导各项比赛活动。很多学校都希望我能给他们推荐、提供好的教练，因为他们知道，一个球队能不能上得去，有一个好教练非常重要。一个好球员不一定就是好教练，教练所要考虑的问题比单纯一个球员要多得多，他要善于动脑，还必须具有强烈的事业心和敬业精神，当然，自身的技巧和素养也很重要。足球比赛为什么好看？因为它比其他球类来得复杂，球场上局势千变万化，你要如何在瞬间的变化中抓住机会传球、进球，这是很有得学习、思索和掌握的，横冲直撞不行。所以现在我基本上就是把经验和精神传授给年轻的教练们。

回顾这些年，除了带领二中足球队连夺十几届冠军以及向专业队培养输送队员外，我还向北京体育大学、上海体育学院、北京师范大学、厦门大学、福州大学、华侨大学、福建师范大学、集美大学等各高校输送 300 多名足球人才，这些学生毕业后很多在厦大、集大及厦门各中小学担任教练员，发挥着各自足球特长的作用，为厦门足球发展贡献自己的才华。

接受足球名将高洪波（右）颁奖

目前我还兼着英华校友足球俱乐部副理事长、秘书长和球员的身份，每个星期六、日都要到鼓浪屿球场踢球或训练。为什么会成立英华校友足球俱乐部？英华足球队成立于 1898 年，了解一点历史的人都知道，鼓浪屿所有的学校，包括幼儿园、小学、中学最初都是外国传教士办起来，并由他们授课的，传教士把他们喜欢的足球也带进来了，由此逐渐在岛上盛行起来。几十年来，许多在海外，比如说在菲律宾、新加坡、泰国等地的英华校友回到鼓浪屿都很喜欢到球埔踢踢足球，借此回味一下美好的童年时光。1989 年 2 月，在海外校友的倡导下，在厦门市体育总会、原鼓浪屿区体委及海内外球友的关心支持下，宣告成立了"英华校友足球俱乐部"。

校友俱乐部中很多是像我这样退役的专业队员，或者是原二中校队队员，基本功都不错。俱乐部成立三十多年来，每周六、日下午在鼓浪屿人民体育场踢球，风雨无阻，大家通过踢球联络感情，加深了解，更是锻炼了身体。我们俱乐部还经常与二中的青少年队对阵，帮助提高二中足球队的对抗能力。2017 年 7 月《福建日报》曾有报道："每逢周末，在鼓浪屿人民体育场的绿茵坪上，总有一场有趣的足球对决上演：一边是鬓生华发，却依然装束整齐、精神矍铄的'英华元老队'成员，一边是青春焕发、浑身是劲的二中少年足球队。裁判吹下哨声，老少队员在球场上忘情追逐奔跑，尽情燃烧对足球的激情……这童颜与鹤发交融的一幕，不仅是鼓浪屿上一道引人注目的风景线，更是鼓浪屿足球前世今生的别样交汇，娓娓诉说着岛上百年足球的代代传承。"通过经常性的老少比赛、切磋，二中队的孩子们素质明显提高，往往一开始基本上是老的赢，老带新；到后来就是少的超越、赢球，这就起到了传承、扶持的作用，也达到了老带新的目的。二中的足球传统就是这样靠一代代人扎实地传承下来，而且影响很大。且不说向省里输送人才，就厦门来说，我市许多中小学、足球培训机构、足球俱乐部中都有二中校队出身的教练和球员，他们不仅教授孩子们足球技战术，也在积极参与各类足球赛事，与足球爱好者切磋球技，共同进步，给厦门的足球氛围带来了深远的影响。

英华校友足球俱乐部很有活力，成立三十多年来，我们努力开创发展，广泛联络海内外爱好足球运动的校友与球友，以"交流球艺，以球会友，强身健体，增进友谊"为宗旨，通过举办足球比赛以及组队出访参赛等活动，使母校足球保持长盛不衰。从 1990 年开始，我们每年都会出国参加一两次邀请赛。当时是应菲律宾岷民体育会邀请，俱乐部首次组队赴菲律宾参加第四届亚洲华裔"长青杯"足球邀请赛，从那时起年年参赛，其中 2007 年是在厦门由我们英华校友俱乐部承办。现在这个赛事又发展为"世界华裔'长青杯'邀请赛"，我们参赛的成绩都很不错，2019 年在新西兰获第二十三届世界华裔"长青杯"邀请赛六十岁组冠军。我们每年都会在鼓浪屿人民体育场与来访的海内外足球队进行友好交流比赛，现在英华校友足球俱乐部在海外很有名气。

鼓浪屿上的音乐、美术、足球都很有名气，尤其是足球已然是一张闪亮的名片，最近区里准备成立鼓浪屿足球协会，民政局也通过了，我目前正在筹备这个事。我所做的事情都是围绕足球，除了前面说的那些，我还长年兼着厦门蓓蕾青少年足球俱乐部的总教练，每周六、日上午八点到九点半前去指导，市体育中心的草坪上，每到这个时候就有一群群孩子们在追逐奔跑。学足球的孩子从幼儿园到中学的都有，朝气蓬勃，他们是我们未来足球事业的希望。我是这个俱乐部总教练，教练都是我的学生，我主要是抓教练们的工作。

周六、日最忙了，指导完青少年，我又直奔鼓浪屿参加"英华元老队"足球训练或比赛。在厦门，像我这个年龄的人还能坚持在踢球不容易，而我参加球赛，基本上是打全场，其实我现在身上也有伤，尤其是腰腿，平时走路不能走很久，不时会感觉腰腿不舒服，坐骨神经痛，也一直在治疗。但是说来也怪，只要一上球场踢球、比赛，我就全好了，不适的感觉一下子全消失了。

我还担任省足协副秘书长，所以除了厦门的各种比赛我要指导，省内的一些校园足球比赛也要参加。社会工作不少，可以说是繁忙，但能做有关足球的事，发挥特长、发挥余热，我甘之如饴，其乐无穷，看着足球事业欣欣向荣，我非常高兴。

有人看我这样到处兼职，说："何老师您做这么多事，收入一定很高啦。"其实没有，我做这些主要是出于爱好和责任感，基本都是义务的，当然，组织比赛时发一点补贴。在职时，我评上了学校高级教师职称，退休工资挺高，我已经很满足了。现在想想，这辈子我最欣慰的是，鼓浪屿百年足球历史和足球底蕴让我爱上足球，我尽自己的能力传承和发扬二中的足球传统，为二中的足球事业尽了我的职责。我真心感谢三十多年来关心支持我的各级领导和同事，感谢历届为足球事业一起努力拼搏的学生们。

我与二中的人生之约

——郑南辉口述实录

口述人：郑南辉

采访人：罗布

采访时间：2021 年 8 月

采访地点：郑南辉家

【口述人简介】

郑南辉，1941 年生于鼓浪屿。1959 年，从厦门二中毕业后升入福建师范学院（现福建师范大学）。1963 年毕业后，回到厦门二中任数学老师。1997 年因病提前退休。退休后勤练书法，其作品曾获全国大赛一等奖。近年多参加公益活动，为基层文明创建、鼓浪屿申遗等贡献余热。

郑南辉

一、我的家庭

　　我的祖父是龙溪县人，龙溪也就是现在的龙海。祖籍龙溪县琪塘村，所以我大哥二哥的名字中都带有一个塘字，是为了纪念祖家的。我祖父原是果农出身，他们所在的乡出产荔枝和龙眼，特别是荔枝。龙溪的荔枝是全省闻名的，特别红润、有水分，每年都要供应各地。

　　我们家迁到厦门来，是因为外祖父家。外祖父吴子青是云霄人，他考中过举人，但因为时代变化的原因，没有出去做官，而当了云霄一中的第一任校长。后受聘于陈嘉庚先生，在集美任国语和中医的老师。外祖父教书后，和他的弟弟两兄弟一起，在鼓浪屿盖了这幢房子，叫亭云楼，也寄托了对云霄老家的思念。

　　外祖父在集美任教后，因为当时风气渐开，他的思想也逐渐变得开明。我的母亲吴士柔，也是他的独生女，当时还在老家，因为老家还有裹小脚的习惯，外祖父怕女儿裹小脚，就把她带出来到集美读书。后来因外祖父迁居鼓浪屿，母亲便到鼓浪屿毓德女中读中学。中学毕业后考入龙溪师范学校，我的父亲郑时雍也在那里上学。他们在学校认识，后在1928年结婚成家。因外祖父只有我母亲一个孩子，从师范毕业后，他们夫妻俩就来到鼓浪屿普育小学教书。我大哥在1931年出生，此后母亲又调至康泰小学担任教职，主要教语文。

母亲吴士柔

吴士柔（前排右一）与学校同事合影

在抗日战争期间，我父母都不愿意为日本人做事，失业在家，全靠外祖父以前的积蓄过生活。那个时候是很艰苦的，我父亲也被日本人抓去关了3天。我们在街上都有看到日本兵，还要鞠躬敬礼。1945年抗战胜利后，政府选聘一批老师到台湾任教，我父亲就在第一批去了台湾。本来是全家都要去的，但因为还有孩子的教育问题等，我们就没去。我父亲先去，寄钱回来养家，到1949年失去了联系，40年没有音讯。一直到20世纪80年代末才取得联系，1991年他在台湾去世。

二、我的大哥

大哥郑塘1931年出生，比我大10岁。他长着大眼睛、黑脸膛，同学们给他的爱称叫"乌塘"。外祖父是1935年过世的，所以大哥小时得以受到外祖父的多方培养。

大哥郑塘与大嫂

郑南辉大嫂与儿女合影

在父亲赴台后，当时家中还有5个弟妹，大哥自然成了顶梁柱。父亲离家时，我5岁，记得半夜醒来时，因为找不到父亲，我哭得很厉害，在大哥的安慰下才得以平静。从此，大哥便像父亲一样呵护着我。

1968年，大哥37岁那年便因病离开人世。我蒙在被窝里足足哭到泪水湿透衣被。想起从小以来他对我的照顾和看护，往事历历在目，我终生难忘。

大哥从小聪明好学，还多才多艺，受外祖父的影响，也有爱国情怀。早年，大哥就读英华中学，因为家庭贫困学习优秀，受到学校连续3年免交学费的奖励。他是英华1948届学生，毕业时17岁，已经很懂事了，经常做些力所能及之事，想方设法给家里增加些收入。他在英华时，常接近陈洪之（中共地下组织成员，老师）、卢恒鑫（家住"了闲别墅"，这里是城工部活动地点）、黄奕策（1947年任英华中学中共地下组织支部书记）、林甘泉（支委）、游永铭（支委）、罗溢清（支委）、林华（市委负责人）等进步人士。这里面有大哥的老师、班主任，也有要好的同学。所以后来大哥成了党的同情者，将我家（鼓浪屿福州路101号）作为党的活动据点，提供给支部作为联系群众、同积极分子谈话教育的场所。

我家二楼靠东面有个房间，他们经常在里面谈话，一进去就关着门。那时我念小学一年级，不知他们神神秘秘在干什么，只能从门缝里偷看到他们捂着嘴巴悄悄谈话，他们一开门我就溜掉了。

1949年解放军进驻鼓浪屿前，那几天厦门海岸炮声轰轰，家家关门闭户。打得最厉害的那个晚上，大哥不在家。清晨回来时，看他兴高采烈的样子，后来才知道他去发传单，迎接解放军进驻鼓浪屿。第二天一个身穿蓝色衣裤、头戴着红五星蓝帽、佩驳壳枪的军人来我家与大哥交谈，也知道原来大哥在为党做有益的工作。

1949年大哥考上厦大生物系，但因为他喜欢无线电专业，他说以后的社会是无线电的世界，就选择放弃生物专业，希望再考无线电专业。待考期间，他在街道办事，任鼓浪屿笔山街副街长，为贫困居民排忧解难，还办了贫民学校，为群众扫盲，深得老大娘、老大伯的信赖。

1951年大哥考上厦大机电系（无线电工程系），实现了自己为电信事业贡献力量的愿望。他在厦大的芙蓉楼学习，大概是因为学习生活艰苦紧张，在1952年大哥因胃出血住进了厦大医院，母亲就安排我送瘦肉汤给他。那时我才11岁，从鼓浪屿坐船去厦门，徒步从轮渡走到厦大，因为家庭困难都是赤脚，一路上又害怕又惦记大哥的健康。

1954年大哥从厦大机电系转系到南京工学院，1956年毕业。正好这一年

郑南辉与住在家里的解放军战士阮永家合影

我初三毕业，决心报考中专财经学校，想为家庭分担困难。班主任邱玉崑老师根据我平时的学习成绩，劝我继续升高中，但我已填好报考中专的表格上交了。随后我写信告诉大哥，没想到大哥为此事专门打电话给二中老师，要我改报高中。他表示经济上会全力支持我。后来我高中毕业，考取福建师范学院，就是现在的福建师范大学，成为祖孙三代从事教育事业的接班人。为此，1991年厦门市政府还专门颁发"教育世家"的红匾给我家。

1960年国家经济困难时期，我上大学二年级，福建沿海局势紧张，要部分学生疏散。大哥让我去南京，他的工作单位是中国人民解放军下属的一个军工研究室，车间工人有上千人。大哥带我参观了工厂，我留下了很深的印象。

我们家从解放后，便与在台湾的父亲断绝了音讯。三年经济困难时期，大哥出差，顺路回家，最关心的是母亲和全家的生活。自从他为了事业离家后，常寄药寄东西回家，也经常写信回家，鼓励全家要乐观地对待生活，让家人坚信困难是暂时的，生活终会变好。

郑南辉的福建师范学院毕业证书

1963年我大学毕业，他写信给师范学院党委，要求将我分配来厦门，以便照顾母亲。这样我作为二中的校友，经过四年大学学习后，终于又回到母校，为教育事业贡献力量，我感到没有辜负大哥的期望。

自从我当上老师后，大哥的家庭负担有所减轻，就更专心于他的无线电事业的研究。他潜心阅读英语俄语资料，又经过苦心钻研，还在车间不断实验，创造发明了一种名为"电桥"的器件。这一器件与苏联同类产品相比，不仅体积小，功能还多，性能上完全超过外国产品。他因此而荣获国防科委颁发的"三等功"。因为鼓浪屿区政府专门敲锣打鼓放鞭炮，把奖状送到家里，我们才知道这些事。后来厦门二中90周年校庆时，我把奖状原件送给展览室展出。有了解情况的人介绍说，"电桥"这一器件是用于人造卫星等航天器发射后，便于地面控制的关键工具。

因父亲在台湾，大哥在工作后争取了多年也未能入党，但他向党的心始终未变。

1963年大哥挂上了上尉军衔，任研究室主任，与同室北航毕业的女生结婚

153·

成家，生下一女一男。1965年"文革"前夕，因为父亲在台湾的关系，从社教开始，大哥身为室主任，就被迫靠边站了。记得在1966年间，我们鼓浪屿的家被红卫兵抄了三天，但抄不到任何他们所说的电台、武器。

1967年，我参加了厦门最后一批串联队伍，北上途中停留在南京，就去见大哥，从与大哥的言谈之中，我见他在逆境中还一直是相信党、相信人民的。当时大哥的女儿已经4岁，长得聪明可爱，名字叫意芳，在闽南话中，意是屿的谐音，有怀念鼓浪屿的意思。

1968年运动升级，大哥被隔离审查。单位当权派极左分子四处调查大哥的所谓"罪证"，找到厦门市公安局的吴超群，吴如实证明大哥是"历史清白对党忠诚"的好同志。但因为大哥接到一封从台湾寄来的匿名信，要大哥在某时某地约会。当时大哥将此信上交单位保卫科，保卫科带大哥去会面，但此人并没出现，从此成为"疑点"，内定为"现行反革命"。在隔离期间，不能见家属，不能收信，但他在写给母亲的信中，仍坚信"身正不怕影子斜"，"心中没做亏心事，不怕半夜鬼敲门"，以此安慰母亲。信中还附上药片给母亲用，不料此信竟成了"诀别信"。

大哥去世后，厦门一些解放前曾做地下工作的同志，因为和大哥多有接触，了解他的为人和他为革命工作所做出的贡献，便发起对大哥的纪念活动。城工部党组织的十四位英华校友，在罗温清的提议召集下，捐款写信到南京慰问大嫂及子女。他们当中有王毅林（厦门市教育局原局长）、黄猷、林甘泉、罗温清、唐知辉、赖方白、林华等。他们在回忆录中写道：郑塘同学解放后大学毕业，分配去南京某军工研究所任研究室主任。在"文革"期间被迫害致死，享年三十七岁。他为党做了有益的工作，值得我们深切铭记和怀念。

大嫂把大哥的骨灰寄来家乡。我瞒着母亲将骨灰盒安放在鼓浪屿西部的山上，让大哥能在海风呼啸的热土上安息。

1972年，大哥平反的消息传来，要我去南京参加追悼会。三千多人参加，多数是工人。我代表家属在会上发言。我说到上有老母亲，下有刚刚几个月的婴儿，大哥却含冤离开时，大嫂泣不成声，我忍不住情绪，声音也被哽住了。

全场哭声一片，感天动地。大哥去世的事，我们怕母亲受不了，不敢告诉她。其实母亲心知肚明，因为好久没收到大哥的信。她半夜里偷偷地哭，也不敢让我知道，一年年过去，母亲的眼哭瞎了。

1988年我父亲从台湾回来看望我们，是第一批的，离别四十二年的老夫妻终于见面了。父亲拉着母亲的手，母亲抬头望着父亲，听父亲说话，他第一句话就是询问儿子郑塘的情况。我们告诉他，单位已为大哥开了追悼会，抚恤留下的孩子，使他们享受功臣遗属待遇，并终生发给平均工资。父亲的第二句话就是要我们儿女懂得反哺老母亲。我母亲在我们几个的赡养下生活舒心，她后来见人就说：感谢儿媳孝心，感谢政府给她养老退休金。她后来是哼着歌、脸带笑容离开人世的，享年九十九岁。

大哥虽然英年早逝，但一生秉性温和宽厚，忠诚于党和人民，有孝心、宽容心、敬业心和慈爱心。我学习他，也在自己的生活工作中践行这四心。之前，鼓浪屿区政府给我颁发了"文明家庭"红匾。我认为这种存在于我们心灵的思想，是母校教给我们的，我当了老师，也是我要教给学生的。

1988年，郑南辉父母重逢

郑南辉与父亲郑时雍合影

大哥离开人世五十多年了，当年作为党地下活动的福州路红砖楼政府还保留着，而国家、家乡、母校发生了可喜的变化，这些都可以告慰大哥在天之灵。

三、我在二中教过的学生们

1956年，我在二中读初三，喜欢数学课，但我最大的梦想是当工程师，每次上李寿德老师的数学课，我都特别专注。但人也贪玩，常常利用下课的休息时间赶完了他布置的作业，然后腾出时间去玩耍，有时下午去挖海蜈蚣，晚上到黄家渡钓鱼。

我的祖父、父母都是教师。我有时晚上半夜醒来看到母亲还在灯下批改作业，累得伏在桌上睡着，手中还握着笔，桌上有一大堆未改完的作业本，我心里真不是滋味。

1959年高中毕业，我本不想报师范专业，但老师劝我，为了保险起见，在最后一个志愿上可以填写师范专业，没料到发榜时竟被福建师范学院数学系录取。我哭了一天，主要是伤心地觉得当一名工程师的梦想破灭了。也许只有母亲心里明白，因为我父亲在台湾的缘故，有此"社会关系"肯定入不了工科，她就劝我认命了吧。

我听从母亲的话去学校报到。一到学校，老生迎接新生的场面感动了我，让我很快就投入专业知识的学习中去。一晃就是四年，毕业后有幸分配到日光岩下的母校厦门二中。那时我刚刚22岁，就当上了一名数学老师兼班主任，好像冥冥之中，我和二中有个约定，不能离开。

孩子头的生涯开始了。我的首届学生是1965年初三（3）班。我给他们上几何课，一个题目的证明，总要带学生们想出好几种证法。我从多种途径启发学生们开动脑筋，并鼓励他们大胆发言。在这种教学相长的方法促进下，同学们纷纷举手发言，阐述自己新的证法，有的同学下了课还不肯休息，或单独或几个人一直探讨，想钻研出新的证法来。

这一届的学生们都已成为家庭和社会的栋梁，经历了社会的风风雨雨，懂得报答师恩。

1987 年我去香港，与离别四十一载从台湾来港的父亲会面。在港停留期间，历届学生们知道后，就相约在周末休息的日子里与我见面。我能一个一个地点出名字来的有：1965 届的许瑜容、叶芸芸、杨惠婉、杨雅韵、锦芳，1967 届的洪婉如、林金盾、陈莉莉，1977 届的李扬静、陈志平、傅晓东，1975 届的柳鸣、陈安妮、吕妮娜、黄绿微、丁垂聘、苹苹等。他们满腔热情，陪我游遍香港各景点，合影留念，我作为一名普通的教师、班主任深感欣慰。

1987 年，郑南辉与父亲郑时雍在香港重逢

每当我在生活中遇到困难时，学生们知道后都真心相助。1965 届石静君同学的真情相助，令我永远不忘。许瑜容每年都寄来贺年卡真情祝福，已三十年不断，实为难得。黄绍琪，虽然是一个个性内向、喜欢独来独往的学生，但

他得知我 1996 年因患腰椎压缩性骨折与咽喉疾患而病退时，特到我家给我介绍用钓鱼锻炼身体的方法，说垂钓有三大好处，静动结合利于腰椎活血，海浪负离子利于咽喉，脱离喧闹利于静心。这些年来，我把他当成知心钓友，无话不说。有时我还会给他女儿辅导一下数学，他也经常帮我修钓具。

我的第二届学生是 1967 届初中毕业生。初二（2）班的洪友士是班级数学科代表，曾任中国科学院力学研究所所长。时隔三十年，他返乡探亲，特来二中与我见面，他对同学们说："初中学数学得到郑老师的启迪，受益匪浅，为日后物理研究奠定了基础。"我们在鼓浪屿丽之岛酒店会面，热情温馨的场面使我深受感动。后来他回家探望父亲，我送他自己写的"大道无边"的字幅，我们还合影留念。初二（5）班在陈峰同学带领下，后勤组成员李继盛、王仰辉、黄美珍等于 1996 年成立同学会，至今已 25 年，除疫情期间外年年聚会合影留念。李继盛为了让我钓鱼不至于疲劳过度，还精心制作鱼箱，可保鲜又轻便，还能当椅子坐，这么多年陪伴在我身边，真是日久见人心啊！

我的第三届学生是 1972 届的八连一排。当时正是"读书无用论"大行其道的时候，学生们平时都不上文化课，要学工、学农、学军。看着这些孩子大好年华白白度过，我实在于心不忍。为了让学生们在这种混乱形势下学习数学文化课，我就遵照"兵教兵、官教兵、兵教官"方式，特别组织"小教师"活动，利用厂里车间的小黑板让"小教师"上讲台，一边鼓励他们摸清游标尺、千分卡等量具的数学原理，一边学习巩固数学知识。有的学生参加工作后说："当年下厂学数学，为我日后工作奠定了基础，我比别人更会应用数学来解决工程机械加工问题。"

有一次，八连一排的同学们要代表学校参加厦门市军事野营拉练。31 军派了解放军战士来当营长，下设三个连，分别是工人连、部队连、学生连，刘新林当学生连连长，下面又设三个排。当时的邓渊源（后曾任市教委主任）代表厦门六中，他当排长。我也代表二中当排长，我们学校十四岁的孩子兵组成了一个排，背负步枪、棉被，步行了一个月，途经龙海、长泰、安溪、同安等地返回厦门，于春节前几天回家。被挑选上的同学兴致勃勃意气风发，一路上要按照部队的要求，急行军、夜间紧急集合等训练课程一个连着一个。漫长路途上，看到了从未见过的漫山雪路，一个个练得脚起泡手冻僵，但他们没有一个在困难面前退却。我们的口号是"走一线红一片"，一路上歌声不断，扎营后还要演出节目与贫下中农联欢。我这个排长也要一路拉歌，喊口号，晚上演出，喉咙充血，发烧感冒，最后累得半路吐血。由于当时没有及时根治，埋下了喉疾隐患，至今时时发作。我后来提前病退的原因之一，就是这一隐患引发了咽喉弥漫性充血及声带水肿，很难继续完成教学任务了。

我在这个八连一排投入的精力和消耗的心力都特别巨大，也和孩子们结下了最真的情感，这个排的学生毕业多年后，也一直有联系。我儿子结婚时，参加宴席的学生里，这个排的最多，其中庄素华同学特意从香港赶过来参加。时隔25年的1997年，就是在庄素华的提议和努力下，他们成立了班级同学会。时至今日，这个班级的同学会每年春节初六都有安排活动，多年来没有间断。

我的第四届学生是1975届高二（3）班。这个班有个外号叫"读书班"，可当年如果一个学生喜爱读书，并不一定是件讨人喜欢的事，有时还要受到非难。为了让他们受到好的教育，我就在学生停课下厂时，提前选择了与数学应用有很近关系的测绘项目，与市建筑设计院陈总工程师联系，到厦门某山头做大地控制测量，学习布点、测量、计算、绘图。在学习过程中，团支部起到了带头作用，由学生中的团员带动，全班同学共同努力，把平时课堂上学到的知识用于测量实践，取得了预期效果。学习活动结束后，这个班的团支部被学校评选为优秀团支部。后来，班里考上大学的同学特别多。时隔25年后的2000年，在班长吴苇萍带动组织下，成立了1975届高二（3）班同学会，编制了同学通讯录，每年活动一次，每次活动都请我参加。如果我有事未能赴约，还得向吴班长请假。班级中的陈中和同学生意做得红红火火，他喜欢钓鱼，得知我正在通过垂钓治疗腰椎压缩性骨折，就帮我提钓具包，背沉重的鱼箱，还带了一只靠背椅，陪我出海垂钓，呼吸新鲜空气，晒太阳，吃海鲜，让我放松心情。女生朱惠丽还抽空带我们去长泰旅游。

我教过的第五届学生是1977届高二（6）班。这个班的学生，一部分是鼓浪屿三个工厂的职工子女，一部分是我们二中的教职工子女。这一班的孩子聪明活泼，好动好学，但有个别学生争强好胜，不免做出意外之事，我都严格管教。有个别同学虽然当时不是很能接受，但长大后却能理解，并对教师的严格管教表示感谢。有一位陈似刚同学，在第一次同学会时，就激动地向我说："郑老师，您是我的引路人，在我顽皮不懂事时，引导我走向大学之路，改变了我的人生。"二十年来他从教师转行到企业，投资建厂，回报于民，真是一个知恩图报、有情意有诚信的企业家。他多次召集同学聚会，与吴中胜、林力超、薛学佐等共同倡议，于2012年12月18日举办了1977届（5）（6）两班的首次联谊会。在联谊会上，叶重耕同学、林航同学的发言把大家带入了同学梦、师生情的回忆中，纯洁的情感油然而生，简短的发言博得师生们的一片热烈掌声。我还拿出了收藏三十四年的数学成绩登记簿，给同学们带来了意外的惊喜。大家看着成绩册，回忆起当年的一点一滴，沉浸在珍贵的美好时光中。

我后来还带过1979届高二（6）班，这个班的同学活泼好动，但对数学的兴趣不大。为了调动同学们学习数学的积极性，我让同学们边玩边学。我收集了100个趣味数学题写在纸上包成纸团，先由数学学得较好的同学解题，得出解法与答案，然后向全班讲解数学游戏规则：从日光岩脚下到山顶，由数学领导小组预先有计划地安置100个题目（纸团）于预设的地点，用白石灰做记号，表示游戏路线，同学按路线寻找到埋藏的纸团后告诉领导小组成员，还要回答题目的解法及答案，每题得1分，可以数人一起回答，也可以个人回答。如果 n 个人回答，1个得 $1/n$ 分，1个人回答独得1分，最后累计个人总分，最高者为冠军，排名一至十名，给予奖励。此项活动调动了全班同学对数学的兴趣与积极性，给同学们留下深刻的印象。该届同学算是我任班主任所教学生中的小弟弟了，但最天真最活泼，他们活动的那天正好是我的生日9月25日，大家都唱生日歌，祝我生日快乐。

以上6届，我一共当了12年班主任。之后，我只做科任老师，边教学边搞数学教学研究，学习如何将教育心理学、数学学习心理学的知识应用于教学中。只有思考才能进步，我教的班级在数学上几年来都取得了很好的成绩。比如，1986届数学高考高三理科班平均96分，这是相当不容易的。1993年，我还总结了自己多年的教学经验，写成论文，发表于厦门数学研究会的刊物上，并获得一等奖。后来，我参加在龙岩召开的省数学教学研讨会，并在会上做了发言，为母校争得了荣誉。论文题目是《浅谈数学学习中的"知、情、意、行"兼介绍"试、引、疏、导"的教学方法》，主要论点是介绍"试、引、疏、导"等方法，在分析传统教学方法的授受关系的基础上，吸其精华于课堂，运用现代学习心理学理论于教学全过程，在教师主导下，使学生在认知、情感、意志等心理过程得到协同发展，调动学生行为力量，运用自身智能促成双基能力转化，并纳入学生知识体系中。根据我多年的经验，这是数学教学实践中行之有效的教学方法，也是情商与智商同步发展理念的创新成果。

我1988年申报中学数学高级教师，学校教师无记名投票评选，被高票通过，老师们的肯定、支持和鼓励，我终生不忘。学生是主体，我是辛勤劳作的园丁，而同时学生给了我智慧，给了我欢乐，给了我安慰。因为他们就是力量，就是希望。

郑南辉与学生合影

四、病退以后

因为当老师时间久了，长期紧张的工作令我在 31 岁的时候就得了喉疾，一直没有得到根治。后来，又得了肺结核并纤维化，所以我的身体一直不是很好。1989 年时，不慎腰部脊椎压缩性骨折。当时正在带一班高三的孩子，我 3 月份骨折，一直拖到 5 月份他们模拟考结束后才放心地去医院。因为耽误了两个月，需要手术，又因动手术风险太大，只好采取保守治疗。医生说，我需要用 20 年的时间进行慢性治疗。

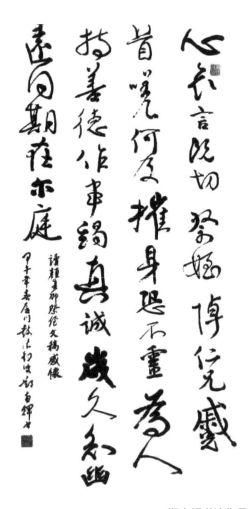

郑南辉书法作品

我退下来后，听从医生的安排，用慢性治疗的方式恢复腰椎功能。吸取别人的经验，天天到海边去钓鱼，以锻炼损伤脊椎两旁的肌肉，补偿脊椎失去的功能，增强体质。我的学生都出面帮我，有的帮我做鱼箱，有的用车带我到海边，他们对我的真情不是几句话能说尽的。

从 2006 年开始，我又开始学习书法，天天至少练 4 个小时，到现在 15 年了。学习书法进步很大，2012 年，我书写的《千字文》在第二届全国千字文书法（老年组）大展上展出。2014 年，我写的《爱莲说》获八闽丹青奖，我并获准加入福建省书法家协会。2018 年，我书写的《沁园春·雪》作品，获全国三十省市老年书画大展展出，我并获准加入中国老年书画家协会。通过书法加钓鱼等长期不懈的锻炼，我终于收到了效果，现在我的身体完全恢复，和健康人一样了。

最近这十几年来，我又热心参加了社区活动和社会公益活动。2015—2018 年，我被思明区政府聘为"鼓浪屿申遗整治提升监督员"。现在我天天看新闻，和一些老邻居聊天交流，所见所遇，让我时时存有感恩之心，在这样的盛世生活，真是赶上了好时代。

集成电路设计工程师丁西伦

——丁西伦口述实录

口述人：丁西伦

采访人：欧阳鹭英

口述时间：2021年4月29日、5月8日

采访地点：丁西伦家

【口述人简介】

丁西伦，鼓浪屿人，曾在厦门二中任代课物理老师，1978级集美师专物理系学生。1980年留学美国，物理学士、微电子工程硕士，毕业后曾在世界著名的美国国家半导体公司任集成电路设计工程师及研发经理，在美信任第六事业部研发总监。他亲自设计及他领导的团队开发出的芯片产品多达几百款，这些产品广泛应用于电子消费类产品、工业自动化、汽车电子、军事领域等；并拥有好几项具有实际应用意义的美国专利。2005年回国创办"矽恩微电子公司"，2011出售给美国上市公司芯成。2010年，被福建省授予"福建省十佳软件杰出人才"之一的荣誉称号。

难以磨灭的记忆

1958年，我出生于鼓浪屿，在成长过程中，我一直是独生子。在我成人后，母亲为我添了一个弟弟，弟弟与我相差二十岁。

从小父亲就对我进行体能训练，比如，冬天家人能用热水洗脸，我却不行，常年都用冷水洗。

　　我家住在鼓浪屿轮渡旁边，房子临海而建，是一栋 20 世纪 30 年代初建的两层楼的地中海洋房。两面紧靠海，房子里的脸盆及浴缸都配有冷热自来水龙头出水口，卫生间使用的是德国进口抽水马桶，这在当年确实罕见。

童年时期的丁西伦

　　当海水涨潮拍打岸边，房子的玻璃就会嗡嗡作响，我每天枕着海浪声入眠，打开窗户能看见鹭江两岸的船只，进门有大花园，可以打羽毛球，还有一块地可种花、种果树、养鸡、养兔，后花园有漂亮的草坪。

　　二楼中央部分是家庭舞厅，一面墙中间坐落着一座壁炉，旁边放着一台落地式留声机，我至今还没见过比这台更大的留声机。1980 年我出国后，家里人依然使用这台留声机，音响效果一直很好。在我五六岁时，父母常会召集朋友到家里举行周末家庭舞会，因为父母都喜欢跳舞。当音乐响起时，我就坐在壁炉的灶龛里（当时壁炉没再使用）看一对对旋转的脚步。若干年之后，我再去听那些胶片时，听出是华尔兹的节奏。

　　幼儿园里有种钓鱼游戏，那是一些不能动的小木头鱼，小朋友拿着带钩子的鱼竿去钓围栏里的鱼。这游戏对我来说还不够刺激，因为在家里我就能玩真正的钓鱼，姑姑陪我依窗垂钓，我们将钓鱼竿绑好鱼饵从窗台垂下，一群小鱼追逐着鱼饵一览无余，我的小心脏兴奋得咚咚直跳，不到一小时的时间就可以钓到好几条小河豚，自己的劳动成果怎能放过，我嚷着："奶奶、奶奶，快把它们煮了给我吃。"奶奶说："傻孩子，那是河豚，吃了是要见阎罗王了！"奶奶便背着我把河豚全部倒进海里。

六岁时，母亲带我去学钢琴，由于家里没钢琴，不方便天天练琴，又改学小提琴，小提琴学了一年之后，被老师劝退，原因是我没心思在学。直到高中时，被二中音乐老师殷承典招进学校文艺队，在那儿遇到一些玩乐器的校友，爱好音乐的同学聚在一起，又重新唤醒我对音乐的热爱，我开始苦练琴艺。后来，小提琴又是我与太太认识的纽带，我至今感谢殷承典老师。

七岁时，社会开始动荡，父母担心他们的独子将来会被人欺负，便把我送到鼓浪屿拳头师傅孙震环家里学功夫，每天下午从四点学到天黑才回来，练了几个月后，我没有毅力坚持了，自动放弃。经历了几个月的苦练，我发现手脚变灵活了，也有劲了，胆子也壮了，上墙爬树样样都会。

"文革"期间，二楼的房间和舞厅被分割成几个套间分配给"六九"医院的干部居住，从此我们家再没往日的宁静，更不用说开家庭舞会了。

当造反派造反达到巅峰时，学校停课，工厂停产，我留在家里当劳力，把花园改造成菜园，种了地瓜、七豆、花生等。到了收获时，吃不完还分给左邻右舍。物资贫瘠的年代，住在海边的优势就是每天都能捡到海带，可以钓鱼，挖海蛎，给家里改善伙食。

宁化下乡的经历

小学四年级，父亲响应干部下放的号召来到了宁化，他想让我在艰苦的环境中锻炼锻炼，便我一起带走。

初到农村，用水要到河里挑。我从没挑过水，光那对空铁桶就有十几斤重，对我来说很有困难，装上半桶水之后，我就被沉重的担子压得弯下腰，双手还托着扁担，当地的孩子坐在河堤上笑我。我很难为情，下决心一定要把挑水的本领学会。

但是，当地孩子也有弱项，比如他们不会爬树而我会。当时全民都在响应党的号召，"绿化祖国"。种树需要大量的树籽，我便爬树摘树籽去卖，有松树籽、苦楝树籽等，卖树籽的钱用来交班费。我还去割猪草，一般割一下午猪草就能卖一角钱。这是我人生第一次赚钱的经历。

农村的生活与城市完全不同，让我开阔眼界，学到很多城里学不到的东西。有次割猪草时，我别在裤腰的小镰刀掉进河里，河流很急，镰刀随着河水漂走了。我不敢向父亲要钱再买一把，只好自己赚钱买。宁化的孩子有许多挣钱的小技巧，比如用芦苇扎扫把，一把扫把能卖八分钱，我便到河边割了许多芦苇草，扎出好几把漂亮的扫把，到了赶圩的日子，卖光这些扫把后我买了一把新镰刀。

在宁化生活了仅一年左右，我已经磨炼得跟当地孩子没两样，精瘦的身子却能承受重担了。一年后，母亲带我返回厦门，那时正临近春节，父亲想请假陪同我们母子返厦，没获得领导批准。宁化的木材很多，但不能公开托运，我们就把木材用棉被裹好，再装进麻袋里，在车站过秤时这担有一百一十七斤重，这个担子全程都由我来挑。那时，我才十二岁。临走前，我还把家里的一窝兔子装进纸箱，用绳子绑好拎着。

车票买好之后，我们在三明附近的荆西站等火车，这里一天只有两班火车经过。火车一到站，人群没有秩序地蜂拥而上，有人直接从车窗跃入车厢。母亲和我几次被人群挤来撞去，始终无法挤上火车。我手提的那窝兔子撒几泡尿就把纸箱泡烂了，在我挤不上火车时，那些兔子早就自找活路去了。

在车站待了三个夜晚，依然没能挤上火车。母亲身上所带的粮票和钱也花光了，眼看我们快成乞丐了，母亲不得不拉下面子找站长哭诉："我身无分文了，你不能看着我们母子沿路乞讨不管吧？"站长总算有点同情心，他领着我们向火车末尾车厢走去，这节车厢是邮局专用邮厢，只装邮件，不装人。站长打开车门，我们踏着山丘般似的起起伏伏的邮袋钻进车厢，这时车厢过道已经站满了人，我们只好在厕所里找了个落脚地，心里盼着早点回家，连续站了十几个小时的车程，车厢里散发的各种味道及来自肢体的酸胀疼痛似乎都浑然不觉了。

在宁化的那段经历深深烙在我的记忆深处，从那以后，我不时在睡梦中梦见在宁化的那段日子。

2003年，我从美国回来，下决心要再回宁化一次。厦门侨联特意派了一位处长开车陪同我，那时还没高速公路，吉普车开了两天两夜。我沿途默默祈祷，希望这次返乡能够顺利找到昔日的同学。

当车子开到了宁化县泉上公社，正遇到假日赶集，国道上两侧都是摆摊设点，街上人潮如织。我下车后不知往哪里去找同学，想了想，就是要找位年龄大一点的打听才行。正考虑时，一位年纪稍微大一点的汉子朝我走来，我便上前打招呼："对不起，向您打听一个人，您认识一位李立福吗？"那人一愣："我就是！"李立福是我当时的小学班长，我仔细辨认还是能找出他小时候的轮廓来。我告诉他这次来宁化的用意后，他热情地邀请我去他家喝茶，我们聊起改革开放后的变化，原来他在几年前劳务输出到了新加坡，赚钱回来盖了一栋楼房，留一层自己住，其余出租，日子过得还滋润。他又找来了几个小学同学，老同学相聚在一起回忆起孩童时光的琐事，所幸他们的生活还算安逸，这让我感到欣慰。我在宁化住了一个晚上之后，第二天就返回厦门了。遗憾的是从此之后，我再也没梦回宁化。

中学时代

从宁化回来后，我到厦门二中读初一。离开厦门时，我的座位一直是在倒数第二排，上初一时我的座位是靠前面第二排，也许是由于我长身体的阶段被重担压得长不高吧。

初二时，看到人家在装收音机，我很好奇。后来从《无线电》这本杂志上剪下来一张电路图，再找了一张硬卡纸，按照线路图描在硬卡纸上，再买了电容、电阻、三极管等装上焊接好，另找了个木盒子装电池。开头几次总会错误，经过失败后最终收音机能收到三个短波了，装这个收音机总共花了一个月时间。没想到这个小兴趣后来却让我在美国留学最困难的时候找到了一份稳定的工作。

在学校里我属于话不多的孩子，父亲教育我凡事不要出风头，我尽量不参加学校组织的大型活动，是个被同学瞧不起的"落后分子"。不过我有许多爱好，一放学就往家里赶。羽毛球、游泳、水球、钓鱼等样样精通，我还是学校乐队的小提琴手。我100米自由泳的成绩达到当时国家体委发布的健将级水准。

我喜欢阅读，尤其是世界名著。《名利场》这本书对我影响非常大，我明白并深深地体会到一个道理：无论做任何事首先得考虑做这件事的结果及它的利弊。很多人遇到事情，总是先发泄自己的情绪，没有考虑到后果。书里面讲述了两个女性不同的命运：一个是很有手段，占尽了各种小便宜，但最终也改变不了命运；而另一个女孩老实本分，吃了不少的小亏但在大事上总会有好的结果。这本书使我的世界观有了质的飞跃，是一本影响我一生的好书。

有天晚上，父亲找我谈话，他表情很严肃地对我说，如今社会上盛行的"读书无用论"是荒唐的现象，一定是不会长久持续的。他希望我不要随大流，凡事要从最基本的道理去分析然后做出正确判断。父亲的话让我明白了读书的重要性，我从此努力学习，没有荒废掉高中那两年的宝贵时间。父亲的话让我一生受益，在以后人生的许多重要决定中都帮助了我做出正确的判断。

第一份工作

1976年6月，我以全优的成绩从厦门二中高中毕业。毕业后家里人马上为我找到一份鼓浪屿灯泡厂临时工的工作。刚开始时是在炉建组工作，每天就是敲砖，把耐火砖敲成各种形状给师傅建炉子时用。这敲砖的手艺后来在美国打工修整花园时也帮上了大忙。一个月后我被调到机动组，专做那些其他部门都不想做的事，在这儿学到了许多新的知识。

当时每周只有一天休息。休息天时帮做点家务事，再洗自己的脏衣服后所剩时间不多，无法享受我的那些爱好了。记得当时连买邮票寄信都不可能，因为我下班后邮局早已关门，许多店也都关门了，我开始怀念起学生时期的美好时光。干了几个月后我就得到了正式工作，便离开了灯泡厂就业去了。

因为我符合留城条件，就业到厦门二中的校办厂。当时的规定是新员工都得先去进行一段时间的体力劳动锻炼，我被分配去扛石头修建学校的防空洞。当年在宁化下乡时练就的挑重物本领就派上用场了，因此我并没有被辛苦的体力活难倒。

一个多月后，有一次在学校里遇到我高中时的化学老师叶绂麟，她知道我当时的情况后，认为这是浪费人才，她说："你各门功课都优秀，会游泳，会打球，还会拉琴，不当老师太可惜了，学校正缺物理老师，你赶快备课，下学期就来学校上课。"叶绂麟老师在二中很有威望，在她强烈的推荐下，学校把我从校办厂调到初二教物理。其实，我的化学成绩比物理还好，为了要教物理，我下苦功自学了很多物理方面的书籍，后来我的物理知识赶上化学知识，让我得以胜任这份来之不易的工作。

我的大学

1977 年恢复高考，我没放弃机会。我考上了录取线，但没有等来结果，半年后我继续参加了 1978 年的高考并取得了不错的成绩。当初我填报志愿写的是集美航海学校，因为我有个梦想就是将来能够环游世界，以当时的条件来说唯独当船员才能实现。我的分数已经上了录取线，可是我还是迟迟没有接到录取通知书。后来才知道是政审时发现我家海外关系复杂，才没被航海学校录取。经过不断的上诉最终被补招进了集美师专物理系。这时候已经迟到了一学期，为了能赶上进度，我必须比别人多付出努力。

我不逛街，不看电影，也不交女朋友，常常到了晚上宿舍熄灯后再到走廊上借着灯光继续学习。有时候也累得想要偷懒，但一想到历史上以色列最出名的君王所罗门说的一句话："懒惰人啊，你要睡到几时呢，再睡片刻，打盹片刻，抱着头躺卧片刻，你的贫穷就必如强盗速来。"我立马振作起来。这句话伴随着我的一生，让我受益匪浅。天道酬勤，我学习很快迎头赶上并取得好成绩，每个科目在班上都名列前茅。

留学美国

党的十一届三中全会后，国家政策也逐渐开放了。1979 年，我在集美师专读书期间，香港的伯父寄给父亲一张剪报，内容是内地学生可以自费留学，母亲赶快写信给了美国的亲戚，让他们担保我到美国留学。美国大学要求所有的留学生必须得通过托福考试。当时内地没有考场，而且我的英语水平也不可能考过，所以我申请的是美国的一所电子技工学校而不是美国的正式大学，这所学校培养出来的学生大部分成为技工。怀着激动、憧憬，又有点害怕的心情，口袋里揣着仅有的五美元，我于 1980 年 6 月 8 日经香港登上了去美国的班机。

出国留学前的全家合影

经过十几小时的飞行后，飞机徐徐降落在旧金山国际机场。我从未见过面的堂兄及他的一家（嫂嫂及七岁和两岁的小侄儿）到机场接我。从机场到他家，硅谷的山景小镇有近一个小时的车程。我平生第一次体验到高速公路的便捷，最惊奇的是整个旅程竟没看到其他任何人。进门后，厨房里的各种电器更是让我无所适从，一会儿的工夫就经历了人生的许多第一次。就连冰箱也是那时才第一次见到，微波炉就更是让人惊叹了。这一切突然的变化给我造成非常大的冲击，尤其是往后在思想观念上的变化。

刚到美国时我借住在堂兄家里，他为我缴交第一学期（三个月）的学费，每月三百七十美元，并且每周给我五美元让我自由支配，这五美元包括在学校时的午餐、交通费及其他的零用。午餐是面包、火腿、奶酪做成的三明治。交通费是每天三角，面包都是买比较便宜的快过期的，一条（一斤）在一角五分到一角八分之间。其余主要花在给家里寄信，邮资是一角八分。当时上学的时间是早上八点至下午两点半，中间有半小时的午餐时间。

上学回来时我总会自觉地帮堂兄家里打扫卫生，油漆房子，修割草坪，照看小孩等。许多工具都是第一次使用，在摸索中也难免会弄坏一些工具，以至于堂兄好几次看到我慌张的脸都会很紧张地问我是否又搞坏了什么东西。后来我回想起这些细节就会非常感激我的堂兄，是他收留了我，帮助了我，让我在屡次失败中学到技能。

出国前，家里人叮嘱我：堂兄是我们的亲戚，你要把他家当自己的家一样，不要生分。但事实上我一个陌生人闯进别人的家是给他们造成许多不便。虽说是亲戚，由于生活环境不同，加上文化背景不同，尤其是观念上的差异，难免会产生许多的误会。当时国内一切都是由政府安排的，我根本不知道该如何出去找工作，过了很长一段时间也没找到工作。为此让人误以为我就是个懒人，想赖在家里不走。在国内，我享受家庭的温暖、优越的生活环境，对比当下的孤单、学习压力、前途的渺茫以及被人误解的苦恼，那段日子真是难熬。

有一天，心情无比苦闷的我独自来到公园，坐在长椅上，望着满地的落叶，我孤独无助，不禁悲从中来掩面痛哭，泪水辛辣地泡着我的双眼，冲刷掉委屈和苦闷，顿时释放了自己，我擦干泪水从椅子上站起，下决心一定要尽快找到工作。在这之前我请同学教过我几句找工作的口语，并把它倒背如流。

那天，我口袋里仅剩下一角七分，买了一条面包后口袋里还剩下五分钱。我漫无目的沿街一直往前走，内心充满着恐惧与焦虑。走到一家别墅前，发现这家草坪的草已经够长了，心想：或许这家人需要修剪草坪。我在别墅前徘徊了几个来回，就是没勇气去按门铃，看着手里拎着的面包，想着所面对的困境，终于鼓起勇气，硬着头皮去按了门铃。出来开门的是一位金发女郎，这下我更窘迫了，在国内男女生从来不说话，我看到女孩就脸红，本来读得很顺口的英语一时又不顺畅了，支支吾吾地问："你家草坪是不是需要修剪了？"她说："我觉得不用。"我羞愧难当，连句"谢谢"都没说，掉头就跑。大约跑过了三个路口，那份难为情也逐渐甩在脑后。前方有一位七十多岁的老太太正在洗汽车，这不是机会来了吗？说不定她正需要我帮忙，我快步朝她走去："您好，夫人，需要我帮忙吗？"她看到我快步逼近她，以为我要打劫，吓得连连后退。我意识到自己的行为有点莽撞，立即调整了好表情后温和地问她是否需要我帮忙，老人还没缓过神来愣愣地看着我。这时，从她家里走出一位中年女士，估计是她的媳妇，老太太转头告诉她："这个男孩想要一份工作。"这位女士手里正捧着一些郁金香种子，她说："你会种花吗？"我连忙点头："我会！我会种！"她问："一个小时要多少工钱？"我说："四元钱。"（当时的工价一个小时六元钱，因为我太需要这份工作了，所以报的价格比市面上低。）她把我领进别墅里，拿出很多花种子要我种。我在鼓浪屿家里就有种过菜，种花跟种菜差不多，这些对我来说并不陌生，我很快就把所有的种子都种完了，主人看我没偷懒还种得很快，就从厨房里拿出一罐可乐让我喝。她说："你先休息下吧，喝下可乐再做。"接着她又安排我锄杂草，我很快又锄完草了，她四处看看，想着还有什么事情能够让我做，之后叫我冲洗下房子外墙，我也一一做好了。我一共做了三个半小时，获得了十四美元。我数着打工得来的钱，暗地里与国内父亲的工资做了较量，窃喜我几小时所得都比父亲半个月的收入还高。主人似乎对我的工作很满意，把我请进了客厅并介绍了她自己黛恩（Daian）及她丈夫詹姆斯（James），问我以后是否能每周都来帮她修整花园。我按捺不住内心的兴奋连连点头："可以！"这份工作我一直做了四年，直到她搬家。

这是我到美国之后所得到的第一份工作，我心里有说不出的高兴，更开心的是我对找工作开始有了信心。从此之后，我只要有空就出去找工作，每次我都能找到。

第一学期结束后，我每个科目的成绩都获得全优，三科都是一百分。我揣着成绩单到住户那里干活，顺便把自己的成绩单拿给主人分享，詹姆斯看到我学的是电子专业，就把他太太喊来："黛恩，你们公司不是正缺一个修 BB 机的工人吗？这个男孩学电子专业，或许你公司需要。"原来他太太正是传呼机公司的经理。

约了个时间之后，她带我到她公司见老板，老板问我是否修理过 BB 机。我心里渴望这份工作，又不敢说自己是留学生不能上班（留学生一般情况下是不允许工作的，政府担心会抢了美国人的工作机会），我说："我组装过收音机。"老板又问我能不能合法在美国工作，我说："我是合法来到美国的，您说能上班就上班，不能上班就不上。"我把自己的护照等学生证明都掏给老板看，老板认真看一遍后说："没问题！"（一般美国人并不了解移民法，只关注是否合法居住在美国）于是，我顺利得到了一份固定工作，条件是我得兼做公司的保洁。工资依然每小时四美元。我每周下课都到这里工作，由于这是正式工作，就牵涉到报税问题，公司直接将税额部分从薪水里扣除上交给税务局。因此每个人都有个社会安全号码（social security number，SSN）账号，类似我们的身份证号。我当时并没有账号，公司就创造了 000-00-000 的账号，用这个账号帮我报税。上班后我每天都提心吊胆的，担心移民局从税务局那儿获得信息把我给递解出镜。

1988 年里根（Ronald Reagan）总统决定对非法移民特赦，让那些有非法移民记录且政府知道的人获得绿卡。我留学生工作算是非法，交了税表示政府知道，因此符合特赦的条件，顺利获得了美国绿卡。我的诚实缴税获得了好的回报。许多留学生朋友在餐馆打工拿现金因此没有非法的记录反而不符合条件。

有了这份比较稳定的工作，再加上各种零工我基本上可以自立了，我想要做的第一件事就是从堂兄家搬出来。当时班里有许多越南同学，他们是作为难民来到美国的，美国政府为了帮助他们自立，出钱送他们来学习。每当越南同学遇到学习困难时就会找我帮他们辅导。其中有几位单身学生合租一套公寓，当他们知道我的状况时就提议我搬过去睡客厅，这样也能更好地辅导他们学习。

于是，我从堂兄家搬到同学那里，他们对我非常好，知道我没钱，从来没有向我要房租及交通的汽油费。我心存感激，每当有多余的钱时我会主动付个几十美元，算是尽我的一点能力来分担费用。他们当然很高兴。若干年后，当我已是公司的高管时还曾经遇到过其中的一位同学，我当然也尽力地帮助他。

从堂兄家搬出来后，我心情无比舒畅，但生活也更艰苦了。每天早上搭同学的顺风车去学校赶上午八点的课。下午两点半下课后再跟另一位同学的顺风车到修理 BB 机的公司赶三点半上班。我通常是晚上八点半下班，其中还得转乘一次车，正常情况下十点前是可以到家的。但美国的公共交通极不发达，常常不准时，要命的是我要换乘的下一班车是一小时才有一班，所以常常要到午夜十二点才能到家。还好，我的同学总能给我留一些饭团和菜汤，我将米饭伴着菜汁加热后填饱了肚子，再把厨房卫生搞好后才开始复习功课。也许是太辛苦，当时体重降到了还不到六十千克。

扣除了上学与打工的时间后，留给我阅读的时间已经很少了。我大部分是利用等车及坐车的时间来看书学习。美国硅谷夜间的气温很低，冬天时都是接近零摄氏度。出国时，总以为美国遍地黄金，就没带太多衣服。虽说有些慈善机构可以免费领衣服，但刚到美国情况也不熟悉，并不知道要去哪里领。每当在公交车站等车读书觉得冷时，我就利用车站里的长条椅跳上跳下，靠运动产生热量来御寒。后来我写信向家里要衣服，他们给我邮寄了几件我出国前穿的衣服，当我穿上那些衣服（藏蓝色中山装）时，人家还以为我是从中国来访问的干部呢。

打工不择工种

学费每学期都会上涨，我需要打更多的工来应付学费。堂兄为了帮助我获得更多收入，就把家里的清洁工辞退了，由我接替此项工作。我每周五就提早下班到他家和他们一起吃一顿丰富的晚餐，改善一下伙食，晚饭后他们会上二楼，以便让我打扫一楼的客厅、客人房、卫生间和厨房。第二天早上，他们全家会下到楼下的厨房吃早饭及在客厅活动，我再到二楼去清理他们的房间。这样每周又可多获得三十五美元。

为了能获得更多的工作机会，我开始学会做简易的广告。我把自己的电话打印在一排纸条上，上面写着："谁需要帮忙，请联系这个电话。"纸条贴在超市门口，需要用工的人看了撕下一张。我差不多每天都能接到电话，找我的工作有：临时照顾宝宝，清洁，园艺，清洗汽车，给汽车加油，等等。我成了工程师后，还有老顾客依然给我打电话，要我上门服务，当时我已经不缺钱了，可我还是去把工作做好。

第一位华人朋友

我是 1981 年 6 月从技工学校毕业的。那时我的英语水平还是进不了大学，也无法通过就业来改变留学生的身份，这问题不及时解决的话就会失去合法居留的身份了。正为此事苦恼时，有一天看到了报纸上一条成人教育机构招生的广告，了解后把我给乐坏了，天下还有这么好的事？原来这机构是美国政府为了帮助那些外来的移民学好英语更好地融入社会而出资办的，得到移民局承认的。也就是说我可以在这免费地学习英语，还可以保留我留学生的合法身份。在这儿我认识了第一位华人朋友，包先生。他是个台湾人，来美国前在台湾开出租车，有一次碰巧载了一位刚下飞机来台湾的美国姑娘，就这样他们认识上了，不久后还结为夫妻。他也是刚移民到美国的，便来这个机构学英语。我们成了好朋友，他给予我许多的帮助。他岳父是位工程师，还拥有一架五人座的私人单引擎飞机。有一次坐上他岳父开的飞机去科罗拉多州帮他搬家，途经犹他州的某个机场附近时油用完了要紧急降落，结果还在空中时引擎就停止了，还好这飞机设计是可以滑翔的而且我们已经看到了跑道。这事过后好长一段时间，我对坐飞机都有排斥的心理。

　　毕业后，越南同学就把租房给退了，大家各奔前程，我又得开始找房住了。好在经过了这一年的锻炼，我的英语口语及社会经验都有了很大的进步。因此，我堂兄决定让我去帮他管理一栋公寓。这公寓一共两层半，上两层楼共有四个单元出租。地下室很大，差不多有二百五十平方米，由于高度不够，不能出租，这二百多平方米成了我免费的居所。所需要的家具我就去"跳蚤市场"买，还捡了个旧乒乓球桌。

　　随着国内的改革开放，出国的留学生越来越多。其中一些有困难的，需要住便宜住处的，我就会为这些人向我堂兄做担保（按规定地下室不能出租，若出租的话，房客可以去法院起诉房东），让他们搬来和我一起住并付每月二十至四十美元的房租。

　　在伙食上我制定了个"公社"的规则。希望每个人买菜时不要买太贵的东西，买完后收据贴在冰箱上，然后累计一段时间再让大家平分费用。若有哪个人一餐没来吃的话，是不退伙食费的。谁煮饭都可以，但见者有份。我带头以身作则，因此也很少遇到矛盾。有时期末考结束后买了烤鸭啤酒来庆祝，大家也都等到所有人都打工回来后才开始，日子虽苦但过得挺有意思的。我一共在地下室住了八年时间，直到我买了第一栋别墅后才搬走，当时首付不够，这些室友或多或少都慷慨地帮我凑足首付款。

　　后来，有几位已经毕业也有工作，但由于想存钱买房子的朋友也挤进来。我的那位台湾好朋友，后来离婚了也搬进来住。最热闹时曾住六七位租户。我地下室的室友算起来总共有二十几位，还真的出了不少有成就的人呢。

　　我很幸运找了个好太太，她性格豪爽，心地善良，又聪明能干。她是我读集美师专时的学妹，比我低一届，是1979届英语系学生。1979年的国庆节，学校组织游园活动，那时我正在自学英语准备留学，于是就决定去英语系那儿的猜谜馆看看。在那儿逛的时候就见一位女生很快猜中了两个谜语，引起我的注意。我好想上去自我介绍一下，但始终没有勇气去做。不久后市里举办大学文艺会演，我参加了学校的乐队拉小提琴，第一次排练时我的边上还有个空位置，一会儿只见一位漂亮的女生抱着一把小提琴走过来坐在那个位子上，我仔细一看竟然是那位猜谜语的学生，我们总算认识了。由于当时男女同学都比较保守，我没勇气主动与她聊天，每次排练完后总是各走各的。有一个周六，我乘坐公交车回厦门，正好与她同车，我用英语跟她打招呼，她不怎么搭理我，只是有礼貌地对我点头微笑。直到结婚后我和她谈起此事，她说当时她没想到我会用英语和她说话，心里没准备，一下子蒙了，没听懂我在说什么，我说是自己英语太糟糕让她没有听懂。

过了几个月时间后，我被批准出国了，我把自己最喜欢的一盒录音带《海之诗》托同学转交给她。她收到礼物之后，根据我留给她的地址到我家找我，送我一把檀香扇和一个工艺品。从此之后，我们天各一方，只有保持书信往来，感情是在书信往来中慢慢建立起来的，我相信她在这五年中也遇到过不少追求者，但都因为我的缘故而拒绝了，直到五年之后我把她申请到了美国。那时，我住在地下室，她来到美国之后就跟我住一起了，省去花前月下的浪漫，她直接成了我太太。

我太太学的是英语专业，到了美国就要再选修一个好找工作的专业，我给她报了会计专业。对于会计专业她读得很艰难，跟不上教程，我除了读我的专业外，还要把她的专业消化了，再详细讲解给她听。她学完会计专业，我也学会了会计知识。这些知识在我后来办公司时都派上了用场。

学　业

刚开始我读的是技工学校，读了一年之后还是考不上大学，因为这一年来我只顾着打工，英语还是不及格，我又读了半年英语课，才被一所社区大学录取。社区大学主要提供大学低年级的课程，修完课后可直接转入大学学习高年级的课程。社区大学学费便宜很多，以小班上课为主。加州的大学要求每位学生得修六十个非专业的学分（几乎接近一半的课程）才可以毕业。它们认为一个大学毕业生不能只知道专业，对其他知识的缺乏最终会限制人的发展，我深以为然。我在国内大学的成绩是受到承认的，但国内几乎不学其他非专业的科目，比如音乐、生物、生理等，因此我刚好可以在社区大学补上这些课。

那时，加州的大学由于太多本地学生要学电子工程专业，因此这个专业不收外国留学生（不包括硕士），我就挑了与工程专业比较接近的物理学。物理学不好读，特别是电动力学，每周布置四道题，我走路吃饭都在想着解题方向，幸运是我每周都能交上作业。虽说我大部分时间花在打工上，但是我的学习成绩还是挺不错的。每一分钱的学费都是我辛苦赚来的血汗钱，我不能对不起我自己。

1985 年，我以 GPA=3.53（GPA=3.0 或 4.0 就表示大学所有课程里的每一堂课的成绩都是 B 或 A）的好成绩从加州圣何塞州立大学物理系毕业。毕业名册里我名字边上还注有星号以表示我的好成绩。毕业后我选择了继续去读研究院，转读电子工程学院的微电子专业。当时没考 GRE 就被录取了，算是被保送吧。由于转系，要补许多课程，我用了三年的时间才拿到了原本一年半就可以完成的硕士学位。

从美国大学毕业

工程相对物理容易很多，物理最困难的是要想解题方向，而工程虽然每题都会做，但一不小心就出差错，只要最终答案不正确整道题的分数就没了。刚开始还不服气，找教授要分数，教授对我说："你虽然会做，但是只要一个差错，产品就会有问题。你不希望你坐的飞机因为里面的产品有问题而掉下来吧？"我一下子明白了，从此"严谨细心"一直鞭策着我，使我养成了一个细心的好习惯。

第一部车

搬进地下室后我急需一部车，在美国没车就好像没脚。对于我这个穷留学生来说，我只能把目标锁定在那些很破旧的二手车上。我注意到我雇主的家门口老停着一部很老的（1962 年产的）小旅行车，我想或许他们愿意卖给我呢，于是当我到他家整理花园时，我就问男主人詹姆斯是否愿意出售那部汽车。詹姆斯望着车深情地说："我用这部车教会了我的四个小孩如何开车，现在孩子们都长大离家去过他们自己的生活了。好吧，你用得上就卖给你吧！价钱就一美元！"一美元？我高兴坏了，简直不敢相信自己的耳朵。我知道这是一位有爱心的人在帮助我啊，我说我将是那第五个孩子，我会用这部车来学会驾驶的。

我因为还没有驾照，就请我的老师帕特（Pat）来帮我把车开去停在我住所的停车场里。帕特开车时发现车有一些毛病需要修理，可是因为车太旧了，需要的零件商店里根本就买不到。好在帕特对情况很了解，帮我打电活去 Junk Yard（"汽车坟场"，堆放报废了的旧汽车的地方）问是否有所需要的零件。还好那儿有，当我们赶到那里时，店经理丢给我们两把扳手，把我们带到一部与我的汽车同型号的破车前说："你要的零件就在那儿，自己拆吧。"

为了省些钱，汽车上的小问题都是我自己修理的，不懂的话就去图书馆借书来看或问帕特。有一次我给车换刹车皮时，由于没有经验，在拆的过程中没按顺序把每个零件、螺丝摆放好，结果一些零件就装不回去了。后来只好把另外一边的轮子也卸下来，对照着刹车装置再慢慢地给修好了。这是个挺有趣的经历。

一年后我想换部好一点的车，就以一百美元的价钱把旧车卖给了一位北京来的留学生朋友。车价似乎是涨了一百倍，其实那还不够我买零件的花费呢。我这位朋友开了一年后又把车以三百美元的价格卖给了一位黑人兄弟。到了1989年秋天，我带着家人去离我居住地不太远的海边旅游胜地蒙特利游玩，在那碰巧遇到了车展，在展览馆里我看到了我的那款车。不得了！它已经成为收藏品了，标价是十五万美元。我后悔得差点没晕过去，这也许就是运气吧。

职　业

1988年我硕士毕业，找工作也挺顺利的，有三个机会让我挑选，最终我选择了在国家半导体公司任集成电路设计工程师。设计细分下去还有好几个专业组，所牵涉的技术领域也都不同。我换过三个组，技术背景都不同，我专注的领域主要在数据接口芯片及音频产品方面。我设计的一款接口芯片被波音公司选中用在飞机的数据通信上；业界第一款由 CMOS 工艺设计的音频功放也是出自我手。我经手设计的芯片基本上都能很快地进入量产。这在集成电路领域里是个很了不起的成就。

在国家半导体公司工作了十二年后我换了工作，到业界里著名的美信公司（Maxim Integrated Products）去做新成立的第六事业部的研发总监。这个职位也算是高管了，与总经理（董事长）之间只隔了一级副总。我也因此获得了一笔价值可观的股票期权。这股票的行使权是按季度计算的，也就是说每三个月就有一部分股票是属于我的，就如金手铐那样把我给铐在公司里了。在公司里工作时间越长，得到的股票就越多。

由于是新成立的部门，对公司的文化、流程还都不熟悉，既要建设团队又得研发新产品，压力几乎把我给击垮了。压力会刺激胃酸的大量分泌，最终导致了胃穿孔、胃出血。我几次想要辞职，但一想到我即将得手的财富就没勇气了。因为按当时的价格来算，我每工作一季度所获得的股票期权价值已经可以买一辆宝马7系的车了。我感悟到：若想当个平常人也是需要有勇气啊！

生活在美国的社会中，常看到经济周期对人们生活的影响，因此有比较强的危机意识。我明白如果仅是完成老板给予的设计任务是远远不够的，过不了几年就会被日新月异的新技术给淘汰掉。为了能多延长一点职业寿命，我给自己立了个规矩：平均每天至少得多花两小时来关心与我专业有关的科技动态，多看杂志、书籍等。我没有频繁换工作，十几年下来只在两家公司待过，但凡是我接触过的项目，我一定会尽最大的努力去做到精益求精。

一转眼十几年就过去了，人也到了中年，这时那每天额外两小时的努力开始显现出效果了。在业界，有许多人到了中年就会感到危机四伏，一听说公司要裁员就会紧张，我却完全没有这方面的担心，而且有许多新机会的大门开始为我敞开。时常有一些台湾的投资人来动员我回大陆或去台湾创业。也有许多同行在设计上遇到困难时会来找我帮忙，原则上只要不与我的工作相冲突，我总会尽力帮他们。在美信公司工作了几年后，我的财务状况及经历已经允许我去承受更大的挑战，于是我开始关注一些可能的创业机会。

1988年我硕士毕业。圣何塞州立大学地处硅谷的中心，培养出美国最多的工程师，乔布斯（Steve Jobs）算是我的学长，在工程大楼的走廊里见过他一次。其实，我一直不够自信，直到四十三岁那年因为一件事让我彻底改变了。

有一次，我去朋友家参加聚会，他是一位牧师。那天我迟到挺久的，一进门就赶快道歉和解释。随后牧师在传道时讲了一个例子：有一次他在家为女儿举办一场订婚宴，他邀请了一位好友过来吃饭但未告知吃饭的用意。当好友穿着休闲衣服来到家里时才知悉原来是一场订婚宴，他为自己的随意着装感到不安。此时牧师问我们大家为何他的好友会觉得不安？牧师接着说，以前，他就职的公司有一次在郊外的海边举办活动，当时有两位来自日本分公司的员工也受邀参加了。当他们西装革履地来到活动现场时发现大家都穿着休闲服装时立刻惊呆了，觉得很难为情，恨不得有个洞让他们钻进去。为什么会这样呢？牧师解释道这是因为我们把价值观建立在别人的评判上。这时牧师转身对我说："你为何一直为自己的迟到向大家道歉呢？如果你有正确的价值观，你还在乎别人的看法吗？"我顿时大悟如醍醐灌顶，从此我每天生活得充满自信，再也不在意别人怎么看我，在工作中也无须不懂装懂，甚至推卸责任，对不明白的问题我开始敢大胆提问直到完全理解为止。

创　业

机会也是需要成本的。就好像我，要创业就得丢弃公司给我的股票、高薪，甚至离开舒适的家去追寻那些不确定的未来。

当时，我离开公司时损失的财富绝对是超过 100 万美元，如果仅仅为了钱的话，就不应该出来创业。那一阵子我常问自己，难道就这样干到退休，就这样过一生？不，我需要按照我的理念去创办一家公司！决心有了，接下来就得找合作伙伴及投资者了。

创业的合作伙伴挺重要的，通常都是选熟悉的朋友或同事，只是在实际中并不那么容易找到。真的到了最后要决定时，大部分人都不愿意为了一个未知的未来而放弃他已经拥有的一切。出乎常规的是，我最终选了个陌生人——关先生做我的合作伙伴。

一天，我教会里的一位朋友约了他的朋友关先生，他们来找我一起出去吃午饭。在交谈中我得知关先生有兴趣出来创业，并且有决心辞掉他现有的工作及得到家人的支持回国工作。我们彼此都给对方留下了很好的印象，最终我选择了他。我真为当时的决定而庆幸，我们的专长刚好有比较好的互补性。我主要负责研发与市场。

我和我的投资者张先生相识于 2004 年。当时他在台湾创立了一家集成电路设计公司，并且在成都电子科大及西安电子科大都设有分公司与学习合作基地。只是几年下来后，他们开发出的产品总是会有些问题，无法推向市场。后来他的一位朋友向他推荐了我，并告诉他如果我愿意帮他的话，他产品的问题一定可以获得解决。于是有天晚上他给我打了电话，做了自我介绍，我们就这样相识了。过后我也帮了他忙，常打越洋电话到台湾去指导他的工程师解决芯片上的问题。不久，他就来到美国郑重要求我去他公司当研发负责人，他开出美国水平的高薪。当时我觉得这样并不太合适，因为台湾的普遍薪水要比美国低很多，于是我问了他一个尖锐的问题："两年后当我把你的工程师都训练好了，我的价值就没那么高了，你还愿意付这份薪水吗？"虽然他的回答很明确，但我很清楚这种合作不会长久，我还是安分地留在美国比较合适。

几个月后我到深圳出差，闲着没事就想到了张先生要我加入他公司的事。我突然有了个想法：如果让张先生投资我，在厦门开一家集成电路设计公司，同时我也负责他公司的研发部门，这样新公司可以利用一些他的现有资源，而他公司的技术问题也可因为我得到解决。从长远来讲，我可以退回来全心经营自己的公司，解决了我以前的顾虑。如果新公司成功的话，作为大股东的张先生也是最大的受益者。我太兴奋了，马上给张先生打电话。

张先生第二天马上坐上了首班航班，从台北赶到深圳与我商谈创立公司的细节。我原本只是微电子行业里的一位技术人员，是张先生教会了我创办公司的流程。会议结束后，我心里觉得非常踏实，庆幸找到了好的投资者，最终我要到了一百五十万美元的投资款。

一切准备就绪后，我辞掉了美国的工作，回到自己的故乡厦门，决定在这开家集成电路设计公司，或许也算是为家乡做点贡献吧。当一些朋友、同学得知我要办公司时，都觉得我对中国的状况不熟悉，又不懂喝酒应酬的一些规矩，劝我最好不要蹚这趟浑水，还是回美国去吧。我并不同意他们的观点，问他们说："如果你是老板的话，难道你只喜欢找酒量好、油嘴滑舌的人做生意吗？"结果他们被问住了。我一生都相信《名利场》这本书里的观念：老实人在关键时刻总能得到贵人的相助，最终得到好的结果。就如《圣经》里说的"太初有道"，事实是在接下来十几年的生意场上，大部分情况都是客户请我吃饭，过年过节时也常常是客户们在给我寄礼物。我回报他们的是尽快开发出更好的芯片产品，来帮着提升他们产品的竞争力。

集成电路是政府扶持的产业，常听说某某得到政府的支持拿到了多少的扶持资金。于是我充满希望地去市政府有关部门了解情况，得到的是个令人丧气的结果，相关部门只愿意派一位工作人员帮我办理注册公司的事项。还有，我的情况算是留学生回国创业，因此可以申请一笔十万元人民币的创业启动资金。在申请过程中当我看到那一堆需要填写的材料时，我干脆选择放弃。我的有限精力应该放在如何开发出有用的产品上，只有研发出被市场接受的产品才有意义，小恩小惠是解决不了问题的。

公司的名字我早就想好了，"矽恩微电子"，这是个非常有意义的名字。矽（即硅），是一种半导体的材料，集成电路就是由它光刻而成。公司的首批员工有五位，都是厦门大学的硕士生，在公司成立前就预备好了。

2004 年，我回厦门探亲时经人介绍有幸认识了厦门大学的冯教授。当时大学里没有微电子专业，集成电路还是比较神秘的，冯教授就邀请我去给他的研究生开个讲座。通过讲座我认识了几位对此专业感兴趣的学生，从此以后我每周都会从美国打电话回来指导他们设计，并布置设计任务。当 2005 年公司成立时，他们刚好马上就要毕业了，而且设计好的许多小电路也马上可以被采用。这些学生们现在可都是业界里的佼佼者了。

对许多创业者来说，市场方向、具体产品的定义是个令人头痛的问题。2005 年，那正是功能手机腾飞的时代，所以市场方向就是手机市场，但做什么呢？大部分人直到今天都是选择做替换性的产品，就是做一款与市面上流行的相同产品。这种策略有许多显而易见的好处，但不足之处就是没有创新，只能靠杀低价格取得竞争力，许多企业靠这个方法最后都很难有大的成长。我选择走一条不大一样的路。当时国内大部分手机厂商所采用的手机主芯片都是来自台湾的联发科公司，因此每个品牌的手机同质化比较严重，我觉得可以在这方面做些突破。

声音是人与机器（手机）沟通的媒介，非常重要，音频功放技术又是我的特长。如果把市面上单喇叭的手机改善为双喇叭，这不就是打破同质化的创新吗？ 因此我定义了一款带 3D 功能的立体声功放来作为新公司的第一款产品。

更可喜的是设计的芯片竟然一次成功，很快就推向市场并得到了市场的认可。当时的售价可是高达 0.9 美元啊。产品是 2006 年 7 月发布的，在 2006 年的财务报表上显示公司的整个投资款都已回收，太令人高兴了！

一年后，市场上就开始有抄袭的产品出现了。大家开始降价竞争，但我们的产品由于是最早推向市场的，因此总能维持点价格优势。从有竞争的产品出现算起，在不到两年的时间里，此产品的价格就降到 0.15 美元，毫无利润可言。后来我们又通过创新，开发出一款低成本的音频功放产品，以售价不到 0.5 美元（比白菜价还便宜）的价格，每月出货超过 1000 万颗。这就是芯片领域里的状况。公司想要存活及发展，必须得拥有一批科研人员，源源不断地开发出被市场接受的新产品。

接下来的一年，我们从市场上得知台湾的联发科公司即将推出一款集成程度更高、价格更优惠的手机主芯片。我分析后发现联发科的新产品由于高度集成把许多 IO 口（输入输出接口）都省掉了，将来客户要做些差异化的功能时可能会遇到 IO 口不够的问题。因此我决定马上开发一款 IO 口扩展芯片，把两个 IO 口扩展到 8 口或 16 口。结果我又选对了，半年后新产品推出时在市场上受到了广泛的欢迎。

接下来又得开发什么新产品呢？这是我每时每刻都在问自己的一个问题。声、光、电这些都是人们可以直接感受到的东西，也许可以在光上面做点文章，这时我想到了 LED。在 2008 年以前，三色 LED 灯主要应用在显示屏上面。我们公司也有一款针对此应用的产品，但由于市场上出现了许多一样的产品，价格降到几乎就是我们的成本价，因此只好退出市场。也许可以把这个产品拿来改换成适合手机应用的封装。带着这个问题，我走访了一些主要的手机生产商。手机为何需要 LED 灯呢？就好像小手机为何需要带 3D 的立体声功能一样，差异化！

我的观念被接受了，这就是后来在市面上出现了许多带"跑马灯"或其他带花俏 LED 灯手机的由来。此观念直到目前还在被广泛采用，如电脑上的高端键盘、智能音箱等也还在采用我当年定义的产品。

奖励一辆奔驰汽车

有一天，我接到一个电话，对方说："恭喜你啊，你获评福建省十佳软件杰出人才之一！"我一愣，第一反应就是遇到骗子，还好我没骂他，只是说："哦！是吗？"我等着对方接下去会说我该交多少税，但是对方却说："你下午就会收到公函了。"我才意识到不是骗子，看来还真有这事！

我获评福建省十佳软件杰出人才之一，奖励一部奔驰汽车，《厦门日报》有报道，厦门二中的殷承典老师看了报纸后很激动，逢人便提起这事。

获评福建省十佳软件杰出人才之一奖励一辆汽车

我不知这荣誉从何而来，公司从没向政府部门申请过任何荣誉之类的东西，我怎么被评上的自己也不清楚。后来听说是政府的有关部门去台湾访问相关企业，台湾企业的人员听说是厦门政府部门就说了一句："你们厦门的矽恩微公司做得不错啊。"几位政府人员觉得有点尴尬，因为没有人知道有这么一家公司，他们回到厦门了解情况后才知道是怎么回事。

公司创立于2005年中，5个学生在湖滨二里的一个50多平方米的公寓里开始办公。到2010年底公司出售给美国上市公司芯成（Integrated Silicon Solution, Inc., ISSI）时，公司的年销售额已超过2亿元，拥有60多位员工，所有的产品都是自主研发出来的。我为能帮厦门培养出一批集成电路设计领域里的相关人才，以及创造了许多就业机会（不只在厦门）而自豪。

飘荡的芦苇

——郑炯垣口述实录

口述人：郑炯垣

采访人：周伊萍、陈秀芹

采访时间：2020 年 6 月 17—20 日

采访地点：郑炯垣家

【口述人简介】

郑炯垣，曾用名芦苇，1943 年 5 月出生于海澄县（今龙海市）白水营镇。1955 年夏，毕业于白水中心小学。1955 年秋冬，举家迁居厦门鼓浪屿。1956—1959 年，就读厦门第二中学（初中部），在校期间，曾在《少年文艺》和《厦门日报》发表过小文章。中考落榜，休学一年，参加二中校办厂工作。1960—1963 年，再读厦门第二中学（高中部），主编过校刊《鼓浪》，并参与创作长篇诗朗诵《一二·九颂》参加市中学会演。1963 年 9 月，上山下乡到永定西溪农场，其间创作独幕剧《雷雨声中》《山区青年》等参加永定县（今龙岩市永定区）职工文艺会演并多次获奖。1966 年春夏，根据黄美妙救火牺牲事迹，主持创作《黄美妙颂》，初获好评，后因"文革"开始而搁置。1982 年调动到永定县木器厂。1988 年停薪留职，在永定自谋职业创办雅达藤椅厂，曾得省地媒体报道表彰，也被传称是当时永定的"万元户"之一。1994 年倒流回厦门，受聘在私营大洋快艇航运公司工作。2003 年自永定退休，自此休闲旅游，间或参加厦门知青文学沙龙及市红十字会义工等活动，参与编辑《知青文学报》和《知青读书报》，并倡议创办厦门知青网站。曾为海峡博客网站知名博主、旅游达人，发布各类博文数百篇，所撰游记文采浓郁，饱含哲理人性。

2013 年在以色列西奈山顶（郑炯垣　供图）

童年记忆·白水

一、白水营

　　我 1943 年在白水营出生，在那里生活了 12 年，度过快乐的童年。白水营位于九龙江南溪中游南岸，现在多叫白水、白水镇，属于漳州市龙海区。400 多年前，白水应还是一片冲积滩涂地，明清时逐渐有一些打鱼的人家（疍民，俗称白水舶）在那里聚居，形成小聚落，建立起货物购销的铺头，直到 20 世纪 30 年代后重新规划，大兴建筑，才兴盛起来，扩展成集市。在陆路交通不发达的年代，白水的水路交通很方便，有客货汽船通往厦门，2 个小时左右就能到达，也有桅帆船和小木船往来。那时候，从漳浦的佛潭到厦门，通常也要先走陆路到白水，再从白水中转坐船去厦门。而且白水每个村庄都有小河连通，像水乡一样，人们赴圩送货也常靠小木船运送。因为水运交通方便，白水镇商业比较发达，算是南溪边的一个大集市。

旧保黎桥（郑炯垣　供图）

1940年，郑炯垣的四姨妈（右二）与六姨妈（右一）在白水营村郊的小河（郑炯垣　供图）

飘荡的芦苇

——郑炯垣口述实录

白水老镇建于 1927 年，虽然面积不到 1 千米，但街道纵横，有 18 条街道及 6 个圩场（时称"巴刹"），有卖米的"米街"，卖糖的"糖街"，卖布料百货的"新店街"，还有一条遭受过火灾的叫"火烧街"……集市圩场有南市、西市、鸡市、米市、果子市、草仔市等 6 个，三五天赶一次集，很热闹。小时候我家门口就是果子市，每逢杨梅、荔枝出产，就有乡下人挑来在那里摆摊。

白水营历史上没经历过什么大动荡，只听祖父母辈说过太平天国的军队曾经从这里经过，他们叫它"长头毛反"，指的就是蓄长发的太平军造反的事。镇上的居民只求生活安定，政治气氛不浓，只根据传统的常理来分辨是非善恶。白天忙碌，下田的、做生意的，各忙各的，傍晚闲了人们就到南溪边的码头吹风聊天。这个码头叫六丰码头，大概是因为岸边有一所六丰米厂而号。不过当时的六丰米厂已经成为烂尾厂废弃了，据说是集资的老板拿了钱跑了。小时候经常听大人吹嘘，说这六丰如何了得，码头、米厂都是闽南地区最大的。不管它是真是假，我最喜欢的倒是坐在岸边听汽笛响，等着看从厦门回来的汽船在江湾边出现，听船员吹嘘他们在厦门的所见所闻。

在白水营可以看到多种文化的融合，因为历史的机缘，白水跟外面的交流比较多。小镇的街道布局是经严格规划的，据说是一个葡萄牙传教士提供的方案，在20世纪20—30年代建成。后来白水的新区移到镇外的农田，现在旧的街道和建筑虽然破败，但仍保存得比较完整，不过圩场除果子市外都已重建或移作他用了。古街道每条短短的只一百多米，街道两旁的建筑是闽南风格的骑楼，还有一些西洋元素，楼下留有五步阔的走廊，俗称"五脚距"。这种骑楼的形式应自东南亚传入，而东南亚的骑楼大概又受到印度的影响。前年我去印度，在斋普尔古城就看到成片的骑楼，感到很惊奇，跟我们白水的很相似。白水镇上的南市、西市本来是有棚盖的，我们叫"巴刹"，就是市场的意思，是舶来语，大概还与中东阿拉伯文化有关。

191

白水老街骑楼之一（郑炯垣　供图）

白水老街骑楼之二（郑炯垣　供图）

另外，人员的外出往来，也加强了白水与外面的沟通。我们那一带，以前很多人外出到东南亚打工、做小买卖。那时外出很方便，从白水坐船到厦门下南洋，不需要护照，也不用花太多钱。我内祖父就曾到南洋"走水"，大概是通过水路流通货物，帮人捎带东西等差事。

再说白水的基督教。基督教进入白水，是在鸦片战争以后。当时，厦门成为五口通商口岸之一，很多洋商到厦门做生意。白水有个村落叫庄林，庄林背靠一座山叫大帽山。厦门的洋商曾在大帽山上建了一个别墅群，当地叫"番仔楼"，还配置有游泳池，夏天他们就到山上避暑。解放后，洋人撤离，当地村民纷纷上去把东西搬走，楼也拆了，只遗迹还保留着。由于这段历史，白水跟外面的联系比较多，因为有洋商、传教士过去，当地人要给他们供应东西。也因为有传教士去，宗教在那边有一定的影响，庄林这个村落一直保存着比较浓厚的宗教氛围。

二、金圆券风暴

我正好生在新旧交替的时代，只是年纪小，不知事。1949年初，白水开始有点不平静了，我却很欢喜，因为比较热闹。还记得有天早上，外祖父有点慌张地翻箱倒柜，清点出一叠纸币，面值都在万元以上，匆匆塞到我手掌上说："快，上街去！能买什么就买什么，随你喜欢。"我还不知道到底发生什么事，但还是很快跑到大庙前的闹市街上，问了几个店铺都摇头，没人肯卖东西给我。然后，我就听到周围人在嚷："金圆券不能用了！金圆券不能用了！"我正丧气着，一家卖糖果的大概出于同情，或者觉得万一金圆券还能用，就收了我手上拿的钱，然后塞给我几个"糖甘仔"。这数百万元的金圆券值多少钱，我不知道，能换到几个"糖甘仔"还是很开心的。长大后才知道，那时国民政府正面临经济、军事全面崩盘的局面。

三、我的父亲和母亲

1949年初，听说一支"伞兵"的国军部队就要进驻白水镇。我那时候还小，不知道伞兵是什么，问上了学的大孩子，他们神秘兮兮地说，伞兵是可以从很高的天空上跳下来却不会摔伤的人。我问："为什么不会摔伤？"他们说："因为他们有把伞。"我又问:"这伞是什么样的?"大孩子不耐烦了,说:"回去看你家的雨伞就知道了!"

等到伞兵部队来了,果然叫我们这些小孩大开眼界。其中有一队就驻扎在我家门前的果子市。他们全都穿着整洁的卡其布绿色军装,头上戴着钢盔,肩上佩着卡宾枪,腰上插着短刀,个个长得壮实,走起路来很有气势。

最让小镇轰动的一件事是伞兵司令的到来。当时码头上挤满了看热闹的人,似乎是白水这个小地方从来没有过的大事情。伞兵司令到白水营,只是停留两三天,本来不值得大惊小怪,但是白水镇历史上好像还没有过大头面的官长光临,本地又没出现过什么状元进士的显赫门第,所以一时很轰动。

尤其让街坊邻里交口相传的一件事,是这位伞兵司令竟然想要拜见我的父亲。直到很多年过去后,镇上的老人还对我提起这件事,说的时候还跷起大拇指。经过很简单:这位司令上岸后要走路去营地(司令部设在镇郊的一座三落大厝),正好从我家门口经过。当时应该是春节过后不久,我家门上还贴着父亲写的一副对联。根据我姐姐们的回忆,那副对联写的是:"冷眼残年忧战乱,门迎新春盼和平。"

伞兵司令路过偶然看到这对联,在我家门前停下,对他的属下说:"这家主人一定是位关心国事、热爱和平的先生,我很想能认识他一下。"那时我父亲在石码经营一家小碾米厂,经常在外,这一次自然没有见着。临走时,这位司令留下一张名片,说:"他回来时可以来找我。"等父亲回家,人们跟他说这件事,他只是冷淡一笑说:"官与民交,并非利好之事,有何好见!"至于那张名片,他也没多看一眼就丢在一边。

我至今没能弄清这位号称司令的是谁,不过当年还不兴"做秀"这玩意儿,这位司令也用不着做一番"亲民"的表演。我父亲这副对联既不工整也不奇巧,竟然能让他注意到,可能是因为引起了他的共鸣和感慨。

当时有个李姓的伞兵营长,带着家人就租住在我家附近的民房。他太太是江苏人,有时候也过来和我妈妈拉家常。李营长为人豪爽,大概是个北方汉子,平常有空就喜欢跟镇上的几个乡绅贤达应酬喝酒。有一天,李营长的太太红着眼眶来我家，说她的丈夫和两个经常往来的朋友被拘捕到浮宫镇的团部去了。刚好我父亲从石码回家，问清楚原因，原来李营长喝酒到了兴头上，跟那几个朋友搞"结拜"，还搜出了几份写着姓氏、生辰的红纸。这样的行为有"通共""结党"的嫌疑，红色之纸在当时是很"敏感"的物件。

李营长的太太又担心又害怕，不知道搜出来的红纸意味着什么。父亲问清楚了，就安慰她，说这一定是个误会，并跟她解释，说结拜本来是闽南乡镇很常见的一种习俗。往往一群朋友，喝酒喝到开心时，就开始互相称兄道弟，在红纸上写下姓氏、生辰交换，这叫"金兰换帖"，就是"结拜兄弟"了。但这常常只是逢场作戏而已，并不是需要认真负责的"契约"。多年以后才知道，1949年南下的国军伞兵某团已经被成功策反，在海上起义加入解放大军了，所以这时伞兵内部肯定开始互相猜疑了。

我父亲一向不喜欢见官，这时却自告奋勇，要去浮宫团部为他们担保消释误会。母亲有点担心，父亲却说："连这种小事都没办法搞清楚，天下就没有明白人了。"他要出发前，我母亲找回那张丢弃的司令名片，要父亲好歹顺便带上。那天已经没有船了，父亲徒步走十几里路去浮宫。事情倒是很顺利就解决了，第二天，李营长几个人就都没事地回到白水。至于我父亲到浮宫后怎么交涉，那张司令的名片有没有起点作用，就不知道了。但以我父亲的脾气，他是不屑借他人的名头来办事情的。

我母亲小时候曾到鼓浪屿毓德女中念书，但是没读几年就被外祖父叫回来了，外祖父说："女孩子能识几个字就好。"她识字虽然不多，但说几句普通话倒没问题，只是平时也派不上用场。李营长的太太是江苏人，到白水来，背井离乡，语言也不通，只跟我母亲能聊上话，两个人就走得越来越亲近，经常像姐妹一样说点心里话。

伞兵撤离白水营的前一天晚上，李太太来跟我母亲告别。记得那是个夏天晚上，她和我母亲坐在靠街的厅里，当时厅里点着油灯，李太太抱着孩子，跟母亲说着什么，几次掏出手帕擦眼泪。我不知道那个晚上她们说了些什么，当时很小，不知道人间有伤心事，只记得我坐在门槛边的阶石上，双眼盯着桌子上摆着的贡糖、软贡、花生糕，心里想着她们赶快结束唠叨，好让我在客人走后大吃一顿。

四、小学时代

起初，我在教会办的崇德小学读书，班上至多有二三十个人，还是几个年级混拼，教会的牧师也就是我们的老师。

中华人民共和国成立后，我上四年级时，就转到白水中心小学读。这是一所公办学校，各方面都比较正规。白水中心小学设在一座天主教堂里，当时这座教堂还保存完好，我们利用原来神职人员办公的附属建筑当教室。那座教堂比鼓浪屿上的教堂还要大，有雕塑、旋转楼梯，坪地上有高大的桉树，教堂外面临一条小河。这座教堂一直保存到 20 世纪 80 年代，后来被拆掉，建了乡政府。

1955 年白水中心小学毕业照（前排右二为郑炯垣，背景是天主教堂的围墙，时改为小学）（郑炯垣 供图）

白水中心小学的教学质量很高，学习气氛活跃，校风很好，课外活动丰富多样。上音乐课，为了发挥每个人的特长，老师会让同学上台表演节目评分，有的拉二胡，有的吹笛子，等等，我那时表演吹笛子。吹笛子是自己学的，一根笛子几毛钱就可以买到，我学得很快。上语文课，老师还会让大家讲故事。学校也举行运动会。

我们的老师都是当时师范学校毕业的，但大多出身不好。记得有一年白水镇举行春节演出活动，我们学校演出芗剧《梁山伯与祝英台》，在白水很轰动。校长演祝英台的父亲，教导主任演梁山伯，音乐老师演祝英台，我的语文老师姓陈，扮演梁山伯的书童四九，他的长相有点矮小，说话有点滑稽，演得很像。整台戏从演员到后台伴奏，全部由学校的老师承当，可以看出那些老师真的多才多艺、很有才干，现在恐怕难得有一个学校能做这样的演出了。

五、我的"右派"老师们

1958年后，我们的老师有不少沦为"右派"。有次我回白水，听同学说，我们当年的班主任，姓洪，沦为"右派"后被解聘回到家乡，因为失去了工作，为谋生计，只好去干自行车载人的活。有个同学路上遇到他，只见他衣服褴褛，腰间扎着一条草绳子当腰带。真难想象，他当年教我们语文，我们很喜欢上他的课。他仪表堂堂，每节课都讲得有声有色，他还是《梁山伯与祝英台》那台戏的伴奏总指挥，没想到沦落到这个地步。

有一个教画画的老师，姓陈，很有才干，美术功底很好。"大跃进"的时候，他因讲了一句话，"粮食大丰收，肚子饿到瘪"，就成为"右派"被撤职了，一直待在家里。他家在镇上，有次我回去在街上遇到他，他已经失去工作了，就全心全意培养他的儿子。在他家里小坐，他一点都不提自己的遭遇，尽在夸他的儿子如何出色，大概用此掩饰自己的失落。后来他儿子到日本去，在美术动画方面很有造诣。

还有一个老师，姓蒋，当年教我们地理。一直到很多年后，我们才知道他原来还是个抗日老兵。当年他是作为学生参军，在国民党办的青年抗日学校接受训练，曾辗转在福建龙岩、江西一带抗日。一直到2015年，他还健在，住在厦禾路边的一间小屋里。我们多方联系找到他，并特邀他回白水，与我们共同纪念从白水小学毕业60周年。他虽已年迈体弱，但欣然参加，会上精神特别好，讲话尤为激动。他算是我们当年老师中的幸存者，但也于2019年去世了。

白水小学毕业60周年纪念（前排坐者为蒋老师）（郑炯垣　供图）

六、文学启蒙

我实在谈不上有什么诗歌启蒙。我年少失怙，母亲整天忙于家务，几乎没关心过我的文化教育。整个小学期间，我都像是个野孩子四处游荡，常喜欢到几个邻村的庙宇看连环画式的壁画，大多是有关岳飞以及《封神榜》《三国演义》里的故事，这大概也是我最早受到的历史文化教育。记忆深刻的是我的外祖父。他本是穷学生出身，已通过具试府试，但因科举制度废除而仕进之路中断。他20世纪30年代曾到鼓浪屿英华中学任国文教师一段时间，后为了照顾家庭又回到白水营，卖了科举考试所得的证书之类（那时官职文书可以买卖，是合法的），得到他的第一桶金后改行经营一家小干货店，商号叫"章泰"。小时候最喜欢听外祖父讲故事，从《史记》到《聊斋志异》，大多挑选的是些侠客义士的故事，记得还有些郑板桥高风亮节的轶事。但对我倒未进行过诗词的启蒙教育，只记得他店里的一个橱子门上，画有一张山水人物的彩图，两边写着"寸心言不尽，前路日将斜"。我当时不明白这是什么意思，他也从来没向我解释过，只是朗朗上口，又日日见到，所以记住了。一直到很多年以后，我才知道这是唐朝诗人钱起所写的一首侠士送别的绝句。这或许是我最早所读到的一句唐诗吧。还有就是外祖父擅写对联，在镇上颇有名气，每年春节书写后贴到门上，镇上都会有些文化人来观看评赏。他临终那年（1955）所写的门联是："认清去路，到处皆春；了澈生原，此身非我。"

过后不久，他便因高血压逝世。此联也作为遗文镌刻在他的墓碑上。

有关童年诗文的启蒙大概也只是这些，对文学、诗词开始产生兴趣还是在中学时代。小学毕业后，有一天偶然看到了巴金的小说《灭亡》，看得很感动。这本书是巴金的处女作，大概是讲个革命党人，为了一件不平事，要去暗杀一个市长，暗杀前夕，他跟爱人告别，依依不舍，又很坚定。那时候看得感动得躲在被窝里流泪，心里还想，写书能把人感动成这样，真的很了不起。也许这样我就开始对文学有了兴趣。巴金的写作很有情感，但从文学角度来看，后来我并不喜欢他小说的风格，但这个阅读经历对我影响很深。上了初中，作文经常得 5 分，又在报刊上发表了几篇小文章，就更投入了。

值得一提的是当时我的学校（二中），每星期或每个月都有课外的文学讲座。记得有一次由一位姓吕的语文教师讲评杜甫的诗歌，她的丈夫是厦大的文学教授，是研究杜甫的专家。那次讲座很生动，深入浅出，或许也因此让我开始对杜甫情有独钟。不能不说那时学校的文学教育也很有可取之处，这样的课外讲座是免费、自由参加的活动。

我对诗歌、文学一直停留在时断时续的业余兴趣上，而且也不特别着迷，只当它是生活情趣的一部分，既不专业也无功利，更无成就可言。或许这样，我更随意自如，轻轻松松，不为所累。

少年时代·二中

一、全家搬到鼓浪屿

1955 年底，为了我和姐姐升学读书的缘故，我们全家搬到了厦门。我姐姐小学毕业考中学，因为家庭出身不好，是工商业地主，被分配到海沧中学。海沧那时属龙海，比较偏僻落后，12 岁的小女孩受不了那里的生活，没多久就跑回白水家中。大家跟她说："你这样自己跑回来，就是拒绝分配，以后就别想再考试读书了！"轮到我考中学，又考不上，也是家庭出身的原因。为了姐弟俩的求学念书，我母亲就决定全家搬到厦门。那时我父亲早已逝世了，搬家主要是我三姨母出的主意，她在鼓浪屿救世医院当护士长。当时大家都认为，在城里比较不会看重家庭出身，因城里本身就有很多原来的资本家。我的大姨母也在鼓浪屿，大姨丈在厦门二中当数学老师。那年刚好我外祖父病逝，如果他还在，可能也不会来，因为他乡土观念强。

那时搬迁很方便，跟镇上派出所说一下，开张证明马上就能走，也没有什么审批手续，到鼓浪屿再登记一下就可以。城乡界限不大，也还没有施行粮油控制。

那时候搬家，几乎所有可用的东西都舍不得丢下。我们租了一艘帆船，桌椅、床被等都搬过来了。我们一来就租住在鼓浪屿，就在我现在住的这个地方。那时候这栋楼是两层楼房，后来重新翻盖才加上三楼半层。当时我们租住在一楼，有四房两厅，旁边还有个天井，房东住二楼，他们后来移居去香港了。那时候的租金一个月才 5 块钱。经翻盖重建，每层改成了两个套房，现在出租，一层大概要 5000 元。

二、考上初中

我刚到厦门的时候，先在"燎原补习学校"补习了几个月，准备入学考试。燎原补习学校可能是厦门第一家补习学校，有不少考中学落榜的人在那里补习备考，旧址就在现轮渡邮局后面一栋房子的二楼。有些没考上大学的高中毕业生，就在那里当老师。

20 世纪 50 年代中，厦门对读书孩子的出身问题还是很宽容的。在龙海农村，阶级出身的意识和限制比较明显。搬到鼓浪屿第二年，我姐姐和我都顺利考上了初中。我考上二中，我姐姐考上厦门女子中学。女中旧址在鼓浪屿音乐学校。大概在 1959 年，女中跟二中合并。

三、曲折的初中经历

我在二中读书时，一个班级有 50 多个学生，我们年段有 5 个班。当时正是"三面红旗"的实行时期，大炼钢铁也进入学园中，氛围比较严肃紧张，但教学大体上还是很正规的，老师也不错。

二中对我的成长道路影响很大，是因为我在二中的曲折经历。当时学生的"反右"主要在大学里进行，但也波及中学，我是最早接受批判的初中学生。那时我才 15 岁，本来人缘还好，读书也不错，很快就当上了班长。我一生最大的"官职"就是当过中学的班长，哈哈。那时候学校也开始整风，先是整顿班级里调皮捣蛋、不遵守纪律秩序的学生。我所在的那个班级都是男生，上课秩序经常不大好，是整风的重点。而我作为班长，却很少去批评人，跟听话的同学、调皮的同学都一样要好。班主任大概看我这个班长不中用，不能协助维护好课堂秩序，反与落后的同学混在一起，逐渐也把矛头指向我。后来有人告密，揭发我有"政治言论"问题，这些揭发材料还油印成纸供传阅批判，我至今还保存着。

那时候我喜欢看报纸，"反右"那段时间，报纸经常刊登有批判某个"右派"言论的文章。我有时候读了，就跟同学转述，比如报上有某个"右派"说"资本主义要跟社会主义取长补短"，他们就把这言论当成是我说的。

更多的材料是有意无意的事实歪曲。在学校，我有时候会提起过去在白水营的所见所闻。我有一位在白水中心小学的农村同学，他家在郊边村乡下，我去过他家两次。第一次去时，受到很热情的招待，记得白喷喷的新米饭特别香，他一家人很欢乐，真像是翻身农民的样子，他们还有自己开荒出来的土地可以耕种。但第二次去的时候，实行统购统销，并开始农业合作化了。这次去，他家里气氛有点沉重，大大不同于我第一次去的样子，还听到他们发泄不满，说刚开荒出来的田地，一合作化就没有掉了。我确实在同学间说了这些情况，但揭发我的材料却说："炯垣说：'他们家解放前的土地，解放后被共产党没收掉了。'"

还有一个事是，有次假期我曾带三个同学到白水营玩，当时我外祖父的房子还留在那里，有个亲人寄住。我们去的时候，不巧那个亲人外出不在，我跟这几位同学说："要是早点来就好了，有个亲人在可以好好招待我们。现在我们只能随便煮点什么吃了。"后来这句话竟被转述成："你们要是解放前来就好了……"

当时对我的批判，先是在班级里开会。大家发言，批判我的"反动思想"。针对有些令人难忍的不实之词，有次我举手要发言解释，但班主任冲着我厉声说："你是小'右派'，你还有什么权利发言！"后来知道这位老师当过伪村长，有历史包袱，所以他要表现出很革命的样子。现在想来，我并不怪他。

1958 年二中诗歌活动自辑小诗集《怒吼集》（郑炯垣　供图）

当时另个班级还有一位同学也被揭发了几条错误言论。因为解放一江山岛后，他说了一句："解放一江山岛时，我们血流成河、尸积如山……"接着，这个同学跟我在二中初中部的大礼堂接受整个年段的批判，其他年段的班级也都派代表参加。批判会一直开到傍晚。离开会场时，人人都远远避开我，我孤独地走出学校大门，只看见我大哥在门口等我，因为母亲很不放心，怕我出事，特意要他来接我。记得大哥当时很气愤地自言自语说："真没道理，这样对待孩子，孩子懂得什么！"我大哥那时还在福建师范学院读书。

四、开始发表文章

批判之后，学校对我的处罚是"留校察看"，据说本来是要开除的，算是刀下留情。从那时起班长的职务就免掉了，以前我的作文大多都是 5 分，从此后就很少得过 5 分，大多是 4 分，甚至 3 分。那时候我也有志气，4 分就 4 分，从不去计较。尽管我受到这样的批判，但学校里同情我的人还是很多，他们对我仍然友好。有的老师私下也表示这样对待学生实在太过分了。

我还有意把几篇打成 4 分的作文拿去投稿。投到《少年文艺》，在那里发表了第一篇文章，是篇小寓言。文章写的是：有块砖头土坯怕火烧，不肯进砖窑，就偷偷躲开，结果别的砖头过火后都能派上用场，就它成了不能用的材料。后来在《厦门日报》又发表了其他一篇小寓言。

五、在校办厂工作

初中毕业，我的政治不及格，自然不被录取，没有考入高中。我就先到街道做义务工，当过扫盲老师。当时二中办了一个生产纽扣的校办厂，有一天学校来人问我："校办厂需要人，要不要去？"还说："去锻炼锻炼，表现好一点，争取明年考上。"我自然很愿意，马上就去了。那时我 16 岁，在校办厂里当工人，操作压纽扣模的压机，算是重体力活，但我还是能胜任，不觉得辛苦。因为是重体力活，还可以拿补贴，凭学校的证明，一个月粮食定额 37 斤，一个月工资 20 块钱左右。校办厂工人不多，有时学生也来帮干活，这叫勤工俭学。

我工作表现算出色，得到学校的肯定。有次纽扣粗坯做好后，要拿到现在三丘田码头那里的一家工厂进行抛光。不巧另个工人没办法到，我独自一人完

203

成了两个人的任务。因我在纽扣厂的工作得到了大家认可，主管校办厂的领导私下跟我说："你不要考高中了，留在这里干好了。"但我那时很喜欢读书，还是决定再试一次。

校办厂的旧址在现音乐学校附近的一处地下室，后来迁到就近。我记得很深刻的是，那时候有个上海圣约翰大学毕业的英语老师，是"右派"，也被叫到校办厂劳动。他第一天来上班，就跟我共同操作压机工作，压机是个大转轮，要两个人配合。他还不熟练，我用力一转，就把他抛出好几米远，摔倒在地。我赶快过去看他，他却直摆手连说："没事！没事！没事！"

还有一个"右派"老师，每次从乡下劳动回来，就站在操场边上呆呆地看着学生做操。有一次校长在大会上还指着他说："你们看那个'右派'老师，假惺惺的，每次回来都站在操场上盯着学生看，装成自己好像很热爱学生的样子。"其实，对于爱护学生的老师，失去教师这份工作是很难受的，再没有机会教导学生了。

虽然是在困难时期，学校有次因台风抢险在海边捞到不少物资，为此教职员工内部举行了一次庆功宴会，我作为校工也参加了。那次吃得很好，有红烧肉、醋排骨等，这是我在困难时期吃得最好的一餐。

六、终于考上高中

在校办厂工作了七八个月，但为了继续升学，我还是不顾校办厂领导的挽留，毅然辞职。这段时间工作的好表现，大概也为我 1960 年顺利考上高中铺平了道路。这一年中考的成绩虽然也是不错，但我估计还没有前年没考上的那次好。那时刚刚换整，受留校察看处分，我心里清楚肯定是考不上了，但我照样努力，自己下决心，再怎么样都要争一口气，考出好成绩，才不会让人家说"你就是因为成绩不好才没考上的"。记得那次我的数学得了满分 100 分，这是一位老师私下告诉我的。

这一年考上了，第一个向我"通风报信"的是著名钢琴家殷承宗的哥哥殷承典，当时他在龙头街上碰见我，一见面就激动地对我说："你考上了！考上了！"我闻讯欣喜若狂，立马跑回家报喜讯。殷承典是我们的学长，高中毕业后留校当代课老师。

当时二中已跟女中合并，原来女中的校长陈碧玉任合并后二中的校长。陈碧玉校长可能知道我初中时挨过整的事，有一次，她特地叫我去她办公室，问我以前发生的事，说了什么言论。我便告诉了她原委。陈校长听了后，神色凝重地摇摇头说："哎呀，这你还不懂啊！"她也没有再说什么，只鼓励我，要放下包袱，好好学习、努力上进，她还轻轻地说了句："以前（学校）的做法是过分了一些。"一时让我心里很温暖。

虽然高中三年比较顺利，但心理的压力还是很大。比如当时有民兵组织，晚上要去海边巡逻，查看有没有偷渡的或敌情。全班只有我和二三人不能参加，感觉不被信任、受到歧视，被排除在组织之外，但慢慢地也处之泰然，毕竟适应能力是在环境中形成的。

七、高中的学习和文艺活动

高中的班主任，教代数的黄老师，人很善良。她后来到香港去了，她哥哥是新加坡驻日本的大使。语文陈老师也很好，讲课很生动。学校每星期都有课外学习活动，经常举行文学讲座，由老师义务来讲。比如专题讲解契诃夫的小说、杜甫的诗歌，我从中受益很多。记得当时刚出版一本苏联小说，叫《叶尔绍夫兄弟》，学校马上组织阅读、开讲座。这本小说针对苏联修正主义倾向提出了批评，所以一进来中国就影响很大。

当时学校为筹办一个文学校刊，组织我们几个同学民主讨论，先要给校刊命名。有位同学提议说，以前鲁迅在厦门大学创办了《鼓浪》刊物，我们也可以延续鲁迅的精神，再给校刊命名为《鼓浪》。就这样确定下来后，语文陈老师委任我当主编。校刊大概一个月出一期，文章是用手抄在稿纸上，然后再贴到黑板上，算是最原始的博客了，哈哈。

这位陈老师对我的为人和文学基础知根知底，20世纪80年代初，他已是学校某方面负责人，有一天他找到我鼓浪屿的家，希望调我回二中教书，但那时候我已经在永定成家了，事业上也有所起色，所以我就没回二中。

1961年，为纪念一二·九运动，厦门组织了一次文艺演出。我们学校出了两个节目，其中一个《一二·九颂》，是我和几个同学集体创作的长篇诗朗诵，在市里会演并得奖。

1961年《一二·九颂》作者及表演者合影（前排右三为郑炯垣）（郑炯垣　供图）

八、没跨过高考的大坎

1961年后，社会整体氛围比较轻松，一些极左倾向也得到纠正，1962年时，很多虽出身不好但书念得好的学生，也都能考上大学了。但也因此，有些工人出身、贫下中农家庭的孩子就没考上，于是政治上又有了反复。很多报纸刊登文章，反映说"地富反坏右"出身的都能考入大学，却把工农兵的学生拒之门外。到1963年我参加高考前，又开始大提阶级斗争了，我心里就有预感，这次大学肯定考不上了。当时我渴望考大学，心里最喜欢的是新闻专业方面的大学，想以后当记者，可以到处跑。我的指导老师跟我说："这个你就不要去想了，找一个比较冷门的专业，比如图书管理。"我觉得图书管理也不错，就填了北京某个大学的图书管理系。第二志愿填了政治经济系，这在当时是没多少人喜欢读的专业。虽选择了这些冷门的专业，但知道要被录取也是没有希望，不过我还是照样认真备考。那年高考，我觉得成绩也是考得很不错。人生总会有些不由己的失败，但首先要有自尊，不让自己看轻自己。

我求学过程中遇到三个大坎，初中、高中和大学都落过榜，每次都很艰难，可说是三连落。这恐怕也是不多见的。

1963年高中毕业照（郑炯垣　供图）

上山下乡·永定

高考那年我是做好了心理准备，结果出来，真的没考上，我也很平静。1963年8月高考结果出来，9月我就报名到永定西溪农场上山下乡了。那时就想，我这样的身份，别无选择了，肯定要到乡下、到农场去奋斗，去改变自己。我那时的思想也很理想化，认为西溪是革命根据地，对革命有一种向往，情感很真实。当时来动员的有个老干部，他讲了一句话："你们不要看不起山沟沟。山沟里，从底下看，天空是窄小的，但你到山上去，天地就是无限广阔的。"这句话深深打动了我，所以我就上山下乡去了。跟老三届不

207·

同，我们真的是自愿选择去的，没有人强迫我们去，但也是别无选择的选择，因为没有其他路可走了。那时二中一共有 11 个人去，双十中学、一中、五中也各有一批人去。

刚到永定时，我是充满激情、满怀理想的。9 月到永定西溪农场，不到一个月我就在《厦门日报》发表了一组散文诗《山区叙情》，其中一篇《沿着红色的山间小道》写我们继承革命先辈的传统。这些文章在当时有一定的影响。两三个后来到农场的年轻人曾当面跟我说，他们是看到了我的文章，沿着红色的山间小道上来的。还有一个年轻人到漳州去，临走之前来找我，也说看我的文章受到了鼓舞。

1965 年在西溪农场黄旺桥队负责种菜（郑炯垣　供图）

一、在农场的文艺创作

农场那时候算是国营企业，有工会这样的组织，每年都举行文艺会演。1963 年，我去的第一年，就组织编辑小报《红蕾》。

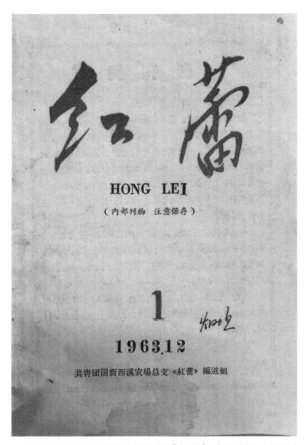

1963 年下乡西溪农场编辑小报《红蕾》（郑炯垣　供图）

　　1964 年 10 月，永定县城举行了职工文艺会演，农场、工矿企业、林场的人都来参加演出。那年我写了一个独幕话剧《雷雨声中》，由农场的人共同表演。

1964 年参加永定县首届职工文艺会演（后排左三为郑炯垣）（郑炯垣　供图）

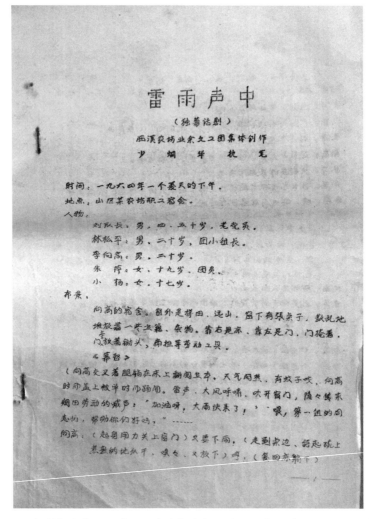

1964年创作独幕话剧《雷雨声中》参加县演出并获奖（郑炯垣　供图）

1965年文艺会演，我又写了一个独幕话剧《山区青年》，在永定县里表演，并且得奖了，还选到地区去参演。上面来通知："这个节目拿到上面演出，让作者也跟去福州，把剧本修改得更好一些。"收到农场通知后，我刚高高兴兴要出发，又来通知了："你不要去了，让其他人去，内部说你家庭出身不好。"我一生当中遇到了很多机会，但经常就这样失去了。当时一个当剧本演员的人，2019年跟我一起去印度，他还提起这件事说："当时没让你去，叫我代你修改，我都不知道怎么修改好。"

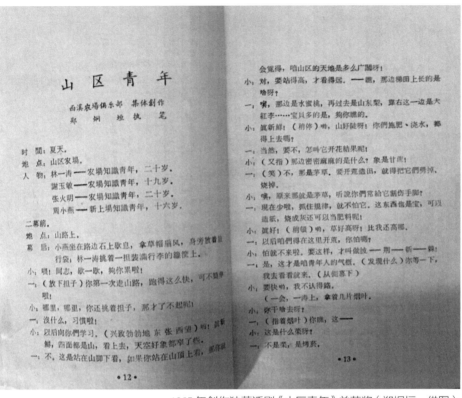

1965年创作独幕话剧《山区青年》并获奖（郑炯垣　供图）

二、关于黄美妙牺牲的创作

1966年4月，西溪农场发生森林火灾，黄美妙救火牺牲。黄美妙是厦门一中毕业，跟我们一起到永定上山下乡的，她的日记写得很像雷锋日记。当时这在福建省是重大事件，上面想把她树立成典型，不惜一切代价来抢救她。黄美妙还在抢救过程中，省里的文化团体就到西溪农场来采访、调查。我们农场也组织了创作组，创作黄美妙的相关作品。当时从同安芗剧团下放到永定的张沧海跟我一起创作了《黄美妙颂》，他自己还写了一个小歌剧。

省里文化部门也来了一大群人，我哥哥的同学也在里面，他在龙岩文化局任职。他们看了我们的作品，悄悄地说："还是你们农场的人写得比较好，因为你们有实际的体验，比省里文联下来的作家写得更真实、更生动。但是你啊，你要出头是很困难的。"

黄美妙去世时，我写了一封感情充沛的长信，寄给二中校长。听说她看了这封长信后很感动，在学校操场开会时，向全校师生宣读了这封信。大家听了也很感动，黄美妙作为革命烈士，是从我们厦门上山下乡去的。

三、理想的火花为何熄灭

当时黄美妙的事情如果继续宣传下去，可能也会用到我们这些人，但紧接着"文化大革命"就开始了，黄美妙的宣传也随之停止。

1966年6月，"文化大革命"开始了。有人贴大字报，说我的《雷雨声中》写了"中间人物"。所谓"中间人物"，就是既不是完全正面的人物，也不是反面人物，而是徘徊在中间。那时候，你要么写正面的英雄人物，要么写反面人物，写"中间人物"是不可以的。

因为这件事，我继续文艺创作是不可能了。所以我从学校时培养起来的文学兴趣，在"文革"开始时就中断了。

四、残酷的"清队"运动

1968年底，"清队"开始了，农场里开始"清理阶级队伍"。1969年，我差点成为"牛鬼蛇神"。"文化大革命"开始时对准走资派，后期开始"清队"，矛头指向群众，于是我成为农场某些人的眼中钉。有人说，我跟几个特务有联系。

20世纪60年代，国民党想"反攻大陆"，派了一些武装特务过来，其中有几个一上岸发现不妙就投降了。他们一共有5个人，被当作俘虏收养起来，还带着到处参观，后来分配到我们农场工作。其中有一个分配到我在的生产队，他是龙海人，有点文化，平常跟我有些交往，经常向我借书去看，比如鲁迅的书。"文革"时，西溪社会上有个农民组织，把这5个人抓起来，怕他们趁机捣乱，便抓到小河边枪毙了。得知后，我很难过，表现出对他们的同情，为他们的事情流了眼泪。农场"清队"时，大家揭发我的第一条罪状就是"同情美蒋特务"。为了这件事，还牵涉了农场很多人，搜查有没有隐藏的发报机这些，有没有跟他们勾结的证据，结果他们查不到任何东西。但有一年七个月的时间，我根本失去了人身自由，不能与亲友自由通信，外出也被限制。

五、暗夜星光

"清队"的时候，我一夜之间就变成了受审查的"罪人"，被列入"牛鬼蛇神"的队伍。白天进行改造劳动，劳动量非常大，到了晚上又是没完没了的逼供讯问。慢慢地我也习惯这个处境了，人好像麻木了，眼泪没有了，情感也没有了，甚至忘了还在生病的母亲。

跟我关在同一间房里的两个难友，策划要偷跑，鼓动我跟他们一起跑，他们说，到了外面就是"自由的天地"。这却让我很为难。第一天，我故意让他们睡过头，希望天亮后他们就会打消这个念头，因我知道偷跑的后果会很严重，会带来更大的灾难。谁知道他们两个却"贼心"不死，决定第二天再跑，我也动摇了。那天下午，我们到山上茶园翻土，站在山顶，看到河流、村落像画一样，听到公路上传来一阵阵汽笛声。我受不了这样的诱惑，真的很渴望回到一个可以自由呼吸的世界。

那天晚上，我躺在床上翻来覆去，看着窗外的天空有几颗星星在闪烁，想起母亲，又想起一些原本情同手足的知友一夕之间就"变脸"不认识我了，真的很想回到母亲身边。午夜一过，我就叫醒两个同伴，三个人沿着小路翻山越岭，走过一个又一个村庄，到天快亮的时候终于走到了一个渡口，我们偷偷解开渡船的缆绳，撑船过溪到公路边，正好赶上早班车，经过龙岩直奔漳州，又在九龙江边的一个小镇躲了一夜，第二天就回到了厦门。这样顺利跑出来，心里很得意，一路上很开心，但是就在快要到家的时候，却走不动了，我怪自己实在不该这样子跑回来，这只会让已经生病的母亲更痛苦、更烦恼。我默默坐在海边的石板凳上，一直等到听到消息前来的弟弟才一起过海回家。

我已经不记得自己是怎么走到家门口的，只记得，我一进门就伏到母亲病床边忍不住痛哭。被别人拳打脚踢的时候，我从来没有滴过一滴眼泪，那时却像小孩子一样哭起来。母亲从病床上翻起来，流着泪抚摸着我的肩背，连连痛惜地问："孩子，你哪里痛呀？"终于，我说出了那句一直憋在心里的话："妈，我是无辜的！"母亲充满爱怜地看着我，没有多余的话语，没有哀声叹息，只是默默地掀开我一直戴着的帽子，轻轻地抚摸着我的头。我那时头发都被剪光了，很怕别人看见，一直戴着帽子。

不出所料，第二天上午，农场追捕的人就赶到了，他们通过街道居委会就直扑我家。我把母亲的房门掩上，不想让她看到不愉快的冲突场面。这时我已经平静多了，因为母亲的爱化解了我心中的屈辱和怨恨。在来的人面前，我没有多余的争辩，只是很简单明确地表示，隔天随他们回去就是了。他们走了以后，我轻轻推开房门，却发现母亲不在病床上，而是支撑着站在门后面。她从头到尾都站着听我们在外面讲话，担心会发生什么。

我已经记不清回到农场后的那些日子是怎样挨过来的，但我清楚记得母亲充满爱的眼睛像暗夜的星光，给了我光亮，给了我安慰。在那些艰难的日子里，它是我的依傍和支撑的力量。

母亲没有在那次病中倒下，一直又过了二十年，她才在一次春节全家大团圆后中风，平静地离开。病因还是二十年前的心脏病。最后为她切脉的是鼓浪屿著名的医生廖永廉先生，他听我介绍母亲多年的病历后，连声说："真是奇迹！"

工作与生活

从 1969 年到 1970 年，农场的"清队"是很残酷的。1970 年之后才平息下来，但直到 1973 年省里派工作组下来复查，我才得到了真正的解放。

1976 年，"文革"结束。那时我年纪也逐渐大了，开始考虑自己的前途，考虑结婚了。1979 年，我 36 岁，在永定结婚。

到 1981 年左右，我们几个朋友成立了一个木工组，到城里做家具。本来我想学木工，但木工不好学，我就学油漆，买了一大堆书自己学。家里这些桌椅都是我们自己做的。我当油漆工，一个月可以挣一百多块钱，比起当时农场每个月二三十元的收入，也很不错了。做油漆很多粉末、香蕉水什么的，污染很重，但我连口罩都没有戴，就这样过去了，也算老天爷照顾。干了不久，福建省的第一家独资企业到永定投资，是专门做藤器的企业。当时的永定县县长推荐我去那家藤器厂任副经理，我就在那里干了两年。这位县长姓戴，他出身好像也不好，以前是我们西溪农场的书记。在农场他对我不错，我种西红柿、种菜种得很好，他就看中了我。我在农场时，两次申请加入共青团都没通过，最后在他手里我才加入。

又过了几年，我发现有些藤材料国内可以买到，就组织了几个人出来开一家小小的藤椅厂。那时我在厂里贴了一副对联："山重水复疑无路，柳暗花明又一村。"有一次一个税务局的人来，看到对联，跟我说："郑师傅，看来你还是有点文化的啊。"

我在永定做藤椅，也做得很出名。20世纪90年代初，人们议论，说永定十大万元户，我也算一个。但当时我心里可能有文艺细胞在作怪，搞这些根本不是我的兴趣，这只是谋生的手段。20世纪90年代初，我已经攒了二三十万元。那时利息很高，一万块存银行，一个月就有100块。我想这些钱存在银行，利息就够花了，根本不想再发展什么事业了。

这个藤椅厂我经营了六七年，只停留在小打小闹的层面。这期间，做了一批亚运会某会议室的订货，因此上过《福建日报》，出了点小风头。办厂期间，我也经常带厂里的小伙子去游山玩水，甚至带他们一起去一个还没有开发的石灰岩溶洞探险。现在有些当年的伙计相聚，说起那段时间，都认为是他们青年时代最有意义最快乐的时光。

我当时心里想的是，第一要回厦门，第二要实现旅行的梦想。正好这时我在鼓浪屿的原住楼成了危房，业主在香港回不来，就委托我来负责重建。我就回厦门了，重建后一直住了下来。业主家还在厦门投资了一家经营快艇的公司，从厦门到龙海石码的快艇，我也就在这家公司做了9年，从1994年到2003年。

实现旅行梦想

一、父亲的地图册

我最早萌发旅行的梦想，是因为看了父亲的地图册。我父亲是个农村孩子，只读过几年私塾，以现在的学历算，他恐怕连小学都没毕业，却不知怎么给我留下一摞地图册，而他自己最远也只到过潮汕。小时候没有画书看，我常翻着地图册纳闷：这边到那边，到底有多远？白水是个小镇，地图上找不到它的位置，但我却突发奇想：有一天要走遍地图上的东南西北。

20世纪90年代我就开始旅行了，但一直到2003年退休，有了属于自己的时间，借助现代化的交通，才开始实现旅行的梦想。我把中国的地图划成了几个圈圈，东南、西南、西北、东北，一个一个地域走。

我这辈子做得最好的就是旅行了。《海峡都市报》采访过我两次，因为平时我没有讲过这些旅行的经历，报道一出来，我的一些同学甚至怀疑我吹牛。但我的旅行经历，实在比报上写的生动多了。

二、寻找杜甫之旅

1993年，三峡大坝开建之前，我做了一次告别的旅行。我从九江乘客轮上行到宜昌，经过葛洲坝船闸，沿着三峡到达巫县，再从巫县乘游船到奉节。登岸的时候已经是傍晚了，灯光照在老码头光溜溜的石板路上，抬头就看到一座石头城门，上面写着"依斗门"，这让我想起杜甫那句诗："夔府孤城落日斜，每依北斗望京华。"

当时想去奉节，就是因为杜甫的诗，还有他诗里对三峡的描绘。奉节古时候叫夔州，在瞿塘峡口，旁边就是李白"朝辞白帝城"里的白帝城。长江奉节这一段，两岸是白盐和赤甲两座山对峙，江水挤成一束，咆哮着向东流去，形成壮观的夔门景观，每个时代都吸引许多文人前来，因此奉节又叫"诗城"。杜甫传下来的诗1400多首，在奉节的两年里就写了400多首。

从奉节坐车去白帝城，终点站叫"草堂河"。下车以后，果然看到一条浑浊的小河，据说这里是杜甫当年建草堂的地方，但遗址已经不在了。我在城里城外到处寻找，却找不到纪念诗人的遗迹。在白帝城西厢廊边，总算看到一尊杜甫塑像，粗糙不堪，满脸都是尘土，像路边的乞丐。而白帝城里的永安宫，传说是刘备病逝的"托孤堂"，游客很多，香火兴旺，非常热闹。看到这两个地方形成那么鲜明的对比，我心里就有点愤愤不平，我们的文化传承一定有哪个环节出了错，对帝王将相这样崇拜，对民族文化脊梁却这样冷落。但我只是一个游客，看到的只是一个方面，也许当时的人们正忙着搬迁，顾不得过去的历史了。不管怎么样，杜甫在奉节的岁月，他在那里留下的诗，是值得人们永远怀念的。

杜甫在奉节的那两年，是他一生中最穷愁潦倒的时候，真的穷得只剩下诗了，却还坚守他的儒家信念，仍然挚爱他的家国天下，为我们这个民族留下了不朽的诗篇。

为了寻找杜甫，我也去了杜甫的家乡巩义。当时我住在汽车站附近的一家酒店，房间窗户正对着一尊杜甫雕像，双臂张开，意味着"开放的巩义欢迎你"，据说这是因为县领导要让杜甫给巩义当代言人。这就受到地方上文化人的调侃，说啥时老杜也这样浪漫，竟然学会了泰坦尼克号那对情侣的姿势。那天晚上正好下着大雪，看到窗外杜甫独立在苍茫的雪地上，好像还在振臂疾呼"安得广厦千万间，大庇天下寒士俱欢颜"，我心里实在不忍。

第二天早上雪停了，我本打算坐车去杜甫故里，但公交车因为路滑一直没开，我就在街上随意走，正巧遇到两个巩义电视台的女记者，大概见我是第一次来巩义的游客，缠着要我对着大雪在录像机前说点对巩义的感言。我当时难为着要怎么说，正好看到那尊杜甫塑像就在前头，就说："在这样的大雪天里，你们家乡的杜甫还在为无房户疾呼，实在令人感动！"她们高兴地大笑。

那天中午，交通逐渐恢复，我上了一班有经过杜甫故里南瑶湾村的公交车，但稀里糊涂坐过了站，折腾一番才终于找到。但那里是个工地，问了才知道，他们正在建一个旅游景区，名字就叫"杜甫故里纪念园"，而真正的杜甫故里就在这景区内。我看到一张景区的规划图，要建"唐诗大观园""杜甫文学院""大唐风情街"之类的。我往工地里面走，在后面找到了杜甫的故居，是一座有东西厢房的灰瓦砖墙的小院，背靠一座叫笔架山的小山冈。

下午，我走了3千米找到邙山上的杜甫陵园。770年，杜甫在湖南湘江水边的小舟上去世，家里很穷，家人甚至没办法安葬他，先寄在岳阳。43年后，杜甫的孙子才将他的灵柩迁回巩义。有说迁葬的陵园在巩义的邻县偃师首阳山下，另外湖南耒阳和平江也有杜甫墓。杜甫生前居无定所，死后却有那么多地方争着为他建陵墓，真是不知道该悲伤还是开心。

我不是研究杜甫的学者专家，连个文化人也谈不上，竟然在雪地里折腾半天寻找杜甫，要是遇个朋友熟人，真是要被当成"傻子"！其实，我这样做只是为了还债。在没有书可读的年代，我把一本《杜甫诗选》藏在箱底、藏在枕头下，它就像良师益友，伴随着我上山下乡的那些岁月。还记得，当时有个农场朋友借了这本书去，不小心让他的小孩子当玩物，撕破了几张让风吹走了，我气得差点跟他吵架，现在想想很可笑。所以我一直惦记着杜甫，去到他身边，也算了却一桩心愿。

三、徒步从澜沧江到怒江

2003年，我一个人从澜沧江徒步翻山到怒江。那是三江并流的地方，要从澜沧江跨到怒江，只能沿着公路走到底，到尽头再转过来。但听人家说，翻山过去走一天就够了。我保守一点，走两天吧。第一天在半山人家住；第二天，走到快天黑了，还没到达。我心想完蛋了，今天可能要在山上过夜，我就找找看有没有树洞之类的。听到底下有汽笛在响，以为快到了，往下一看，我还在海拔两三千米的山上。这时看到有三四头牛出现，心想附近肯定有村庄，我就喊，找到老乡后问有没有住宿，他说有啊有啊，要15块，还煮了东西给我吃。

四、文学让旅行更有趣味

从小的文学兴趣，给了我很多享受。比如出去旅行，为什么我玩得更有味道？我第一次旅行是1988年，跟我老婆一起，1000块钱玩了一个月。那时候，从厦门到上海的船票，四等舱27块。住旅社一个晚上最多十几块，景点最贵的是黄山，门票才2块，苏州园林5～7毛钱。从厦门到上海，然后到苏州、扬州、镇江、南京、芜湖、黄山、千岛湖、桐庐、杭州，再从杭州回来。这第一次旅游就是跟文学有关，是去寻找古迹。比如镇江、扬州，有多少诗人在那里写诗写词，还有郑板桥的遗迹、南京的莫愁湖等，这些都与文学有关，所以去那里有点发思古之幽情的味道。我很感激文学，读过的书让这些地方在我眼中变得很有意思。后来在海峡博客网写游记，我不喜欢写国外的旅游，因为在国外旅游，我们是作为观光者，个人的感情比较少，而在国内旅游，我们有历史感、文化感，写起来更能抒发内心的感受。在自己生长的土地，有一种自然的个人归属感，而在国外，我们毕竟只是过客而已。

重拾文学热情

一、参与创办知青文学沙龙

2003 年退休后，我就专心旅行了，也开始参与文学沙龙活动，恢复一点年轻时的兴趣爱好。

文学沙龙主要是谢春池鼓动的。我跟谢春池认识，最早是因为《厦门晚报》组织报道西溪农场，有一篇谢春池写西溪农场的文章有一定的反响，报社打算出后续报道，于是就叫我们这些到西溪下乡的人去座谈。当时我做了一件"扭转乾坤"的事情。座谈会上，首先发言的是我们农场的一个知青，原是农场的支部书记，会上他先是宣扬西溪知青的贡献有多大，有多光荣。我听后拍案而起，我更多诉说的是知青的不幸遭遇。当时报社的朱家麟和黄秋苇听了都沉默了，但最后的报道还是按我的线索来组织。这期晚报的报道反响不错，还发表了一篇我的文章《理想的火花为什么会熄灭》。后面又因为纪念黄美妙的活动，我跟春池有了进一步的接触。

2006 年中，由谢春池倡议，由林福海、许永惠、高仁婉、蔡祖锁、陈美瑟、蒋彩伟和我等几人共同组织了知青文学沙龙。李秋沉也是我们沙龙的第一批成员。据秋沉说，她后来写的一篇小说的素材，就是我提供给她的一篇回忆录。那是一个平凡妇人的自述，有关抗日战争后从漳浦佛坛来到鼓浪屿的经历。她看了后很感动，就根据这个写成了小说。

我参与了文学沙龙的创办，但我不喜欢主管什么事情，我是闲散惯了的人。文学沙龙的《文学报》和《读书报》一开始由我当主编，后来都辞掉了。有需要我做的，我尽量去做就是，负责的事就为难了。知青网站最早也是我发起的，最后我也辞掉了。把开头的事情做好后，由别人去接班好。

2017 年，因为我的《1949：小镇风云——白水营纪事》这篇散文获得辉选知青文学奖，文学沙龙的朋友们就起哄，说要去白水营看个究竟，于是沙龙就组织大家去白水营采风，因为控制人数一共去了60多人。在白水营，我带大家去走了老街，参观了杨氏民宅"继鳌堂"，还去看了当年伞兵部队驻扎的场所，他们游泳跳水的地方，还领着大家观赏南溪两岸的风景，看当年最大的六丰码头，中午品尝了海鲜宴，大家踊跃购买了白水的特产贡糖，还有当季的杨梅。快离开白水的时候，我们还看到了据说中断了60年的民间龙舟竞渡，大家玩得很开心。朋友们都说：这趟白水营来得真是值啊！根据这一趟采风，大家写了多篇文章。其中厦视原资深记者陈秀芹写的一篇报道文章迅速在自媒体传播，因此引出一个66年没见面的乡友陈先生，他经过多方联系找到了我，告诉我他还保留着我外祖父晚年为自家商号"章泰"撰写的一副楹联："章词凄厉，世道咸甜；泰不循环，人间花叶。"

联嵌店号"章"与"泰"。这件事我们后人一点都不知道，乡友把这副楹联送还我们，我像得到了宝贝，非常感慨。这位陈先生在微信里留言："儿时记忆，炯垣兄的外祖父是白水家学渊博的儒商，在其仙逝那年，似有预兆地以商号'章泰'撰联。这一先知性楹联，多年来为知情者津津乐道。"

二、成为"名博"

退休后，因为担心沦为"新文盲"，我就瞎打乱摸，学会了一点电脑的操作，学会上网。起初上的是厦门房地产网站的论坛，当时这个网站正在为实行鼓浪屿上岛一票制的事件争论。不管结果如何，我感到能为这个事自由发声真好，之后便一发不可收，还被推当过一回"版主"。我最先的一些旅行记录和照片，就是发布在这个网站的"游山玩水"栏目里。上网主要也只是为了学习和消遣，因为学习本身就是一种乐趣，并非为了达到什么目的。记得当时网站进行过一次评奖，我有一篇记游连载被推荐候选，但我自己居然不知道，自然不能也不会发动网友为我拉票投票，但竟然还得了奖，而且是"一等奖"，不过实际所得票数却比"二等奖"的少，后来是网站管理员悄悄告诉我，那"二等奖"使用的投票器做了手脚，他们内部知道，所以才不按票数定奖。其实，我把这类评奖当游戏，能不能获奖无所谓，自己乐乐就好。年纪大了，更该淡泊名利，活得自由自在，不为外物所累。再后来，有了博客，我才渐渐转到海峡博客网站。前后发布了以游记为主的各类文章数百篇，大多也只为一吐"胸中块垒"，别无所求。虽然在这小圈子里，我似乎也成为一个"名博"，但网站组织的集体采风之类的活动，我几乎都没参加，更喜欢独来独往。相比喧闹，我更爱清静。

真实的鼓浪屿

鼓浪屿最繁荣的时候是 20 世纪 30 年代，现在这些建筑大都是抗日战争以前建的。后来经历了抗日战争，很多著名的资本家出走海外，再后来解放战争，又走了一大批。20 世纪 50 年代我们搬来的时候，鼓浪屿其实已经停顿、没落了，住的大多是贫民。20 世纪 60 年代，我的同学当中，少有人家在鼓浪屿真有房产，都是租房子住的，真正的主人大多都走了。

20 世纪 50 年代以后的鼓浪屿，也并不像现在很多人讲的那样，有很多钢琴什么的。难得的有著名钢琴家殷承宗，他小学刚毕业时，被发现有音乐天分，即保送到上海音乐学校，后来又到苏联深造，在柴可夫斯基钢琴比赛上得奖，再后来就出名了，"文革"时他有个钢琴协奏曲《黄河颂》，还有钢琴伴唱《红灯记》，传诵一时。其实那时候的鼓浪屿，小孩子有这种钢琴水平的很少。在那个特殊年代，物以稀为贵，他得到了机会，得到了栽培。反观今天，像他这样的钢琴少年，应该说比那时多，但竞争大，出头露面脱颖而出的机会也少多了。

但鼓浪屿的文化环境确实比较宽松，这风气也传承了下来。比如宗教，在小岛上不仅有基督教、天主教，还有民间信仰保生大帝等，相处一直比较和谐，没有发生过宗教冲突。在一些历史的间歇期，鼓浪屿的文化也有所恢复。我记得即使是在 20 世纪 60 年代，在福音堂（现为老人院）还举办过《茶花女》唱片音乐欣赏会。我读高中时，经常可以在岛上的电影院看到外国电影，而且图书馆的藏书丰富，很多外国名著也都可以借到。至于音乐会，更是常有的，那时不是为旅馆做广告宣传，纯粹是民间的文化娱乐生活。但"文革"时期，这里又变成了文化沙漠。

20世纪50年代我们来此居住的时候，鼓浪屿还是比较文明的，邻里之间互帮互助、和睦相处。鼓浪屿很多人家都是抗日战争、解放战争之后搬来的，逃难来的。以前我们家对面住着一个单身母亲，她是北方人，原是被一个国民党军官抢来做小老婆的。解放后，她丈夫被抓去枪毙，她就成了反革命家属。一有批斗会，总有她的份。她从来不敢走进别人家，跟我妈妈也是在门口讲一下话就避开了，怕互相连累。我们关系很好，一直偷偷地互相帮助。

现在岛上唯一还有往来的鼓浪屿老邻居，在卖沙茶面。他的母亲是个虔诚的佛教徒，而我母亲是虔诚的基督徒，但我们两家人一直相处得很好。以前大家生活都很困难，月底前的两三天日子不好过，连买米、买油的钱都没有。所以他们家经常来向我祖母借点钱，熬过月底，等工资发了再来还。有一次，他们家叫女儿来向我祖母借钱，小女孩来到门口探头，看见我祖母家有客人在，不敢进来，便转头回去，但我祖母看到她了。等客人走后，我祖母说："刚才邻居的女儿过来，一定是有什么事情。"就叫我姐姐去她家问问看。得知原委后，祖母马上就叫姐姐送钱过去。这些事已过去几十年了，他们家一直记着，每次见面都要提起，还经常说我祖母太会体贴人了……

过去的邻居，剩下的已经不多了，正像过去的鼓浪屿已成为过去了，现在看到的多是在这个空的壳子里装进的新东西。当然，历史在前进，一代有一代的风貌，没有变化是不现实的。

青春之花在舞台绽放

——王丽娜口述实录

口述人：王丽娜

采访人：李天琦

采访时间：2021 年 8 月

采访地点：厦门市社科联社科之家

【口述人简介】

王丽娜，1954 年 10 月出生于鼓浪屿，1968—1970 年在厦门二中读初中。1970 年被福建省歌舞团选取为舞蹈演员，参加演出了大型芭蕾舞剧《红色娘子军》《白毛女》《沂蒙颂》《草原儿女》和古典舞剧《小刀会》。后又排练福建民间舞《走雨》《采茶扑蝶》《彩球舞》，民族舞蹈《难忘的泼水节》《雪中送炭》《黎家喜送爱国粮》《草原女民兵》《葡萄架下》《脚铃舞》《罐舞》《高原上的节日》等，为原创舞蹈《金溪女将》《雾山怒火》主要创作人员。中国舞蹈家协会福建分会首批会员。

一、我的家庭

我生长在一个温暖的家庭，有着父母亲及我们兄妹三人，祖籍福建晋江。

祖父那辈就出洋到菲律宾谋生了，我家是传统华侨家庭。我爸爸王纯流（别名王守岩）出生在菲律宾首都马尼拉，生长在异国他乡的小华侨却十分热爱祖国，接受进步思想，向往新社会。第二次世界大战爆发，日寇铁蹄践踏亚洲，数百名热血华侨青年在菲律宾组建了"菲律宾华侨抗日游击支队"（简称"华支"），爸爸就是这支英雄队伍的一员。当时他年仅十七岁。华支在菲律宾中吕和南吕参与抗击日军入侵的战斗，牺牲了几十名战士，做出勇敢无私的贡献，最后与祖国人民一起打败侵略者。抗战胜利后，爸爸回到商铺做职员，同时继续接受共产党领导，为党工作。那时他和同样在菲律宾谋生的我二舅是很好的朋友，二舅也是进步青年。他觉得爸爸善良正直又可靠，就把自己的妹妹介绍给他。

王纯流在菲律宾时

王纯流（左二）在菲律宾华侨抗日游击支队时

　　妈妈当时是鼓浪屿毓德女中的一名高中生。外婆家也是鼓浪屿传统的华侨家庭，外公带着大舅和二舅在南洋谋生，然后汇款给外婆养家，培养家里其他孩子。外公吴一枝名气很大，老一辈厦门人都知道他。他是厦门乃至东南亚地区华侨中最有名的星象学家，也是一名商人，留下许多传奇故事。20世纪30年代，曾担任鼓浪屿"中华电灯电器股份有限公司"总经理顾问，业余时间从事周易相学研究工作，亦曾在香港建华街和鼓浪屿龙头路开设"吴一枝占星馆"，据传因在香港给继位前的英国伊丽莎白二世看过运势而轰动全港。后来找外公求证，他只笑而不答。外公长得很帅，一米八几，大眼睛高鼻梁，人中非常深，双眼炯炯有神，让人一看就觉得很有气势。老年时他回乡，有次我陪他上街，遇见我同学，我同学对外公说："您外孙女鼓浪屿三十岁以下的人都认识她。"外公回："那五十岁以上的人也都认识我。"然后转头对我说："赢我的没几个，输我的大部分。"真是自负又好笑的老顽童。

　　外公祖籍是福建南安，也是贫苦人出身，他还有一个名字叫吴永调。其实我小时候和他接触很少，只闻传说不见人，他都在东南亚一带往来。回乡来家探望外婆的华侨朋友对我们说，外公在那里很受欢迎，每到一地都受到隆重的接待，外公给人的印象就是一个充满智慧的人。我长大后他回来过几次，每次回乡，家里都是宾客满堂，会来很多客人，吃饭都要分桌。外公很好客，我妈妈说他在社会上不管三教九流各阶层都有朋友。

　　因为外公常年交往众多，我们鼓浪屿的家在以前无意中也成为爸爸做地下工作的一个秘密联络点，当然外公他是不知道这些的。因为爸爸那些菲律宾的同事战友等，从海外回来都是住在鼓浪屿我外公家。其实在香港也一样，外公在香港的占星馆来来往往的人很多，爸爸和战友们也经常利用占星馆从事地下工作，为革命出生入死。

　　我妈妈叫吴淑芳，是个大美女，也是家里受宠的小女儿，她一生都是比较简单而单纯。她出生的时候，就受到家人的宠爱，因为家里男孩较多，虽然有个大姐姐，但年长她十几岁。从小到大她一直住在鼓浪屿，小学时上过鼓浪屿怀仁、养元两所学校，在她十多岁的时候，日本军队强行入侵当时的公共租界鼓浪屿，外公全家一起逃离迁到香港住了两年。妈妈现在还记得她在香港的生活，楼上他们一家人住，楼下是一家糖果店，因为从小在那个糖果店买椰子糖，进入老年了她每天还要吃个八粒十粒才可以，不然就追着你一直要。

　　二舅介绍爸爸妈妈认识的时候，妈妈还在鼓浪屿毓德女中读书。她们那一届女中同学是1951年毕业的，我妈妈还没毕业就结婚了，结婚那年正好二十岁。结婚生子后，就一直在家带孩子，是个全职妈妈。我妈妈对爸爸从事地下工作，是个坚定的共产党员一无所知。爸爸国内国外走南闯北，妈妈始终住在鼓浪屿，哪里也不去。在家除了带孩子外，她爱看书，也爱追剧追星追电影。妈妈结婚后依然住在外婆家，慈祥的外婆十分疼爱我们，后来舅舅要结婚，房间不够，我们才搬到隔壁泉州路29号，跟外婆家中华路30号仅是一墙之隔，白天依然在外婆家，吃过晚饭后才回去睡觉。外婆家是我幸福童年的念想，永远的中华路30号三楼！

王纯流和吴淑芳结婚照，时在1948年

王丽娜和哥哥、妹妹合影

由于妈妈是个全职母亲，再加上外婆的疼爱，我们的童年始终受到较好的照护。妈妈经常接触的人，除了家里人就是她在毓德女中的同学了，毓德女中同学会一直有活动，这几年因为同学也都是八九十岁的人了，活动逐步减少，只能打打电话互相问候，前几年的同学会，都由我陪着她去参加。毓德女中不愧是名满东南亚的著名女学，我妈妈那些同学很多都是厦门大学毕业的，国内其他著名大学毕业的也有好几位。20 世纪 40 年代文盲一大堆，受高等教育的女孩子更是凤毛麟角，鼓浪屿真是个领文明之先的宝地，生长于此我很幸运。

抗战胜利后，我爸爸急盼回国，他于 1948 年回到鼓浪屿和妈妈举办婚礼，但当时国共斗争激烈，中共华南局要安排一批干部继续在侨居地从事地下活动，我爸爸就是其中之一。新婚后的爸爸服从组织安排返回菲律宾，继续留守马尼拉工作。本来想带妈妈一起去菲律宾生活，但外公外婆都在鼓浪屿，妈妈一直没有离开父母，所以就没有去。我哥哥是 1950 年 1 月出生的，当时爸爸也不在厦门，我哥哥四岁的时候，爸爸才回来，也是党组织派他回来的。

菲律宾华侨抗日游击支队这批爱国华侨青年，在中华人民共和国成立前后通过各种渠道陆续回到热爱的祖国。由于形势紧张，大家都是分开走。我爸爸他们四个人冒着生命危险乘坐一条小舢板，在海上漂泊 4 个多月，历经艰辛九死一生。他们在经过印尼时，还被印尼政府监禁过一个多月，是由当地的华侨领袖保释出来的，终于活着抵达广州，1953年底回到祖国怀抱。回国后他们四人先在广州向中共华南局报到，组织关系由菲共转为中共，组织上对他们今后的工作进行了安排，由他们自己挑选愿意去的城市，因为妈妈在厦门，所以爸爸就选择回到了厦门，他的战友有的到了福州，有的留在了广州，有的去了北京等地。

爸爸回来后，组织上安排他在厦门市侨务局工作，在此期间，他被选送到厦门大学、市委党校参加了进修学习。受党组织信任培养，爸爸努力工作学习。回国后他在侨务系统兢兢业业工作，直到1959年、1960年，党组织一纸调令把爸爸从厦门侨务局调到省公安厅，妈妈眼含热泪送爸爸离开厦门上福州，那时妹妹刚出生几个月。省公安厅有一个五处，是负责涉外情报工作的，需要懂外文的人。因为爸爸生长在菲律宾，英文一直很好，而且爸爸对党对国家无限忠诚，工作能力也很强，或者还有其他原因，省公安厅就调他过去工作了。我们那时候虽然很小，不知道爸爸具体做什么工作，但知道爸爸每过一段时间就会被派出国。我一出生就在爸爸的陪伴下成长，他调到外地工作，我非常想念他，一直盼他回来，但他经常被派出国工作身不由己，不过在我印象中每当学校要开家长会，爸爸就会出现给我一份惊喜，在家长会上善发言的爸爸很受老师欢迎。

我很敬爱我爸爸。因为我觉得他人品很高尚，特别是他平时言行中表现出对祖国的赤子之心，真的是让我们后人望尘莫及。他确实是对党和人民、对国家、对他从事的事业无限忠诚。

我印象深刻的一点，就是爸爸"爱管闲事"，"路见不平拔刀相助"这句话可以用到他身上。他很同情弱小，对社会上不公平的事充满义愤，有一件事可以说明。他在任上时，有一个侨生因为在政治运动中被迫害，被发派到很远的乡下去劳动。爸爸经过调查了解了这一情况，没有任何犹豫，不存在利益交往，经过很多努力把他调回来了。这个人一家都很感谢我爸爸，来看他时感激涕零，那种感谢非常真诚，因为这件事，他一家人的命运都改变了。

在我小学三四年级时，有个"四清运动"，干部必须到农村和贫下中农同住同吃同劳动，爸爸参加后回来对我们说农民很苦，他住的那家有个女孩跟我一样大，没有衣服穿，所以再去的时候，爸爸带上我的一些衣服还有绑辫子的蝴蝶结送去给那家人。此后的岁月爸爸一直尽力帮助那户农民，"文革"时爸爸隔离审查两年，被解放时第一时间联系了那户农民。

爸爸也是一个诚实守信的人。他任厦门市侨办副主任的时候，1984年厦门和菲律宾的宿务结为友好城市，厦门市派出代表团到宿务访问，代表团团长是市里一位主要领导，爸爸是代表团成员之一。爸爸对当地情况很了解，年轻时和那里很多侨领都很熟悉，许多年轻时的伙伴都成了当地工商界的名人。但从他回国后就断了联系，其中一个华侨后来成为商界领袖，我爸爸回国时情急之下向他借过500元，没有机会归还，这次见到了，我爸爸赶紧还他钱，那个朋友还佯装生气，说："30多年了，你才还我钱。"他当然不是在乎这500元，而是在乎他们的友情，怪我爸爸这么多年不联系他，但这也是没有办法的事。厦门代表团这次到宿务访问，在当地还是轰动一时的。我爸爸年轻时的朋友都来看他，看他们以前的伙伴怎么变成了一个共产党的干部。当时的菲律宾总统夫人伊梅尔达接见厦门代表团时，听说代表团有一位成员是马尼拉出生，就亲手为我爸爸套上花环，感谢他为中菲友谊做出贡献。

约1964年初，组织上安排爸爸到香港工作。可能为了工作方便，也动员妈妈带着我们三个孩子全家一起去香港定居，但妈妈不愿意离开鼓浪屿，我们就没有去。一直到1966年"文革"，爸爸才被召回来。因为他有境外生活、工作的背景，所以也被冠以"里通外国"的不实罪名，遭到了不公平对待。这之后被隔离审查了两年多，一直没有回家。后来审查完，又被下放到在南平的福建生产建设兵团劳动改造，爸爸吃苦吃亏却从不抱怨，从来没有动摇过对党的信念，也并不后悔回国参加祖国建设。当时建设兵团由军代表领导，军代表也被爸爸的人格魅力所感动，和爸爸结下友谊，一直保持书信往来。

1973年，爸爸结束在生产建设兵团的劳动改造，调回厦门工作。爸爸在公安厅的同事对我们说，他在公安厅表现出色立了功，省公安厅领导对他前些年的工作十分肯定，将他调回厦门和家人团聚。调回厦门后是安排在中国旅行社的华侨大厦任领导，那时厦门只有华侨大厦是可以接待华侨的。两年后又调到厦门市人民政府侨务办公室，爸爸利用他在侨届的威望和人脉，在侨务工作这个平台勤勤恳恳、鞠躬尽瘁为党工作。离休前，他任厦门市侨务办公室副主任，离休那年他62岁，直到2010年因病去世。

爸爸离休后并没有离开工作。他一离休就参与创办了厦门菲律宾归侨联谊会，经常组织一些联谊活动，推动菲律宾华侨回国投资。那个阶段正是厦门改革开放大迈进的时候，爸爸在东南亚一带有很丰富的人脉，很多事都会找到他，他都尽心尽力帮忙，华侨朋友回来，他就到处去联系介绍。所以尽管离休了，他仍然很忙，停不下来。厦门老一辈的侨务工作者都认识他。

除了工作，爸爸离休后生活得很潇洒。他经常和妈妈出去旅游，也经常出国探亲访友，我陪他外出过几次。因为他非常挂念年轻时的这些战友，很重情意。他也经常参加捐款活动，在单位每次他都捐最多的。他自己平时很节俭，但每次遇到救灾救难的捐款，他都很大方。

爸爸是正直清廉，非常热爱国家的人。改革开放初期，很多有能力的家庭都把子女送到国外。我们家是有这个条件的，因为我外公、舅舅、伯父等很多亲人都在海外。我那时在省歌舞团工作，也动过这个心思。因为爸爸过去在海外的工作经历和在华侨社会的良好口碑，组织上也要求他推荐人选出国工作，他推荐了好几个年轻的同志出去。但他坚决不同意我们出国，不让我们利用权力沾这个边，他对我们三兄妹说："你们三人都别动这个念头。"

我哥哥为什么会到香港呢？是因为他在上大学的时候，认识了我嫂子，我嫂子是印尼归国侨生，成家后，嫂子一家已到香港定居了，后来嫂子就申请到香港与家人团聚，哥哥也顺理成章地去了香港。哥哥到香港后，通过自己不断努力，进入一家德国上市公司工作并被任命为远东地区总裁，取得骄人的成绩。哥哥经商的同时还不忘报效祖国，约1995年、1996年时，中央领导决定前往欧洲访问，打开我国外交空间，当时中央领导层对欧洲情况不是十分了解，对首访应该先到法国、英国还是德国拿不定主意。这是非常敏感的问题，会影响我国如何下好与欧洲关系这盘大棋。结果中联办找到我哥哥，由于哥哥在欧洲公司工作，对欧洲情况熟悉，经过分析，出具一份书面报告给中联办，建议首访德国，从德国入手打开外交空间，中央决策层采纳了哥哥的建议，结果那趟外访大获成功，取得预期效果。为此，中央有关部门还为哥哥记了一等功，奖励一万元。

二、我的少年时代

在我十六岁前，鼓浪屿是我的全世界。

我出生在鼓浪屿第二医院，幼年上的是鼓浪屿日光幼儿园、托儿所，小学上鼓浪屿鼓一中心小学（现在的人民小学），然后在鼓浪屿厦门二中上初中。十六岁前基本没离开过鼓浪屿。

王丽娜（左五）中学时代与同学合影

王丽娜（右一）与中学同学在厦门二中校门口留影

　　印象最深的记忆是从小学开始的。那时候鼓一中心小学是鼓浪屿最好的小学。我是 1961 年上的小学，一上小学就当班长，整个小学期间当了五年班长，年年都是三好生。只有最后一个学期没当，因为有一个同学家长去学校提意见了，说："五年为什么就叫她一个人当班长呢？也应该让别人锻炼一下。"因此最后一个学期别人当了，我是组织委员。这里还发生过一个笑话，五年级下学期我已经不是班长了，可开学上第一课的时候，老师说"上课"，我不由自主地站起来喊"起立"，喊了五年"起立"，早已喊顺口，忘记自己已经不是班长了。不过现在小学同学聚会，同学们依然只认我这个班长。

　　学校那个时候也有很多兴趣小组，一开始我就报了舞蹈组，不久就成了舞蹈组的主力队员。厦门市现在不是有鹭岛花朵文艺比赛吗？我上小学一年级时，厦门市第一届鹭岛花朵文艺比赛刚好举办，这个比赛每两年办一届，现在已经是 24 届了。那年我太小了，才 7 岁，老师给我们排练了一个节目，我们就用这个节目参加比赛，从那时起我的舞蹈生涯没有断过，一直到现在。后来三年级时，正好是第二届鹭岛花朵文艺比赛，学校新来了一位音乐老师，比较专业地培养我们这些孩子。她组织了一个舞蹈兴趣小组，经常在放学以后安排小组练习舞蹈。每当老师通知"今天放学后，舞蹈小组活动"时，我就会很兴奋，知道今天又可以跳舞了。老师会在训练课上教我们一些简单的基本舞蹈动作，因为我练得比较用心，所以学得比较快，老师经常会表扬我，说"这个跳得最好"。

我从小就热爱舞蹈，这是多年来我能坚持下来的原因。我外婆家以前有一台老式的留声机，用手摇的那种。我三四岁就会拿张小凳子，爬上去放音乐，也会随着音乐起舞，遇到大人表扬，我就更来劲了。其实我小时候算是一个文静内向的孩子，但一到音乐响起，就会大大方方地表演，这也是很奇怪的一件事。平时我不显山露水，也不多讲话，但听到音乐就想跳舞，从小就这样。

小学毕业那年 1966 年，正好遇到"文革"开始。小学毕业考试以后，形势开始有些不正常了。学校的老师很多都靠边站了，我敬爱的班主任王雪六老师、音乐老师谢嘉陵都被批斗，学校也没招新生，我们也不用去上学了，一切都乱了套。那时候社会上有许多文艺宣传队，都是属于哪个派或某个组织的，我家隔壁有喜欢文艺的姐姐，我就偶尔跟着去宣传队。我只有十三四岁，做不了其他事，就是跟着姐姐们去玩。有时宣传队组织表演，知道我会跳舞，就安排我去参加舞蹈排练活动，因为这是我兴趣所在，还是挺开心的。"文革"期间有两年没书读，蹉跎了岁月，一直到 1968 年开始复课闹革命，二中开始招新生了，就通知我们这些小学毕业的孩子全部进中学。

一到中学，学校就组织毛泽东思想文艺宣传队，在小学时有文艺方面基础的，都被邀请参加，我理所当然被邀加入。那时在学校也没读什么书，学习课程简单内容又少，但是经常要组织下乡下厂劳动，政治活动也多，必须紧跟形势排练节目，到处宣传演出。

中学时代时，宣传队舞蹈演员在鼓浪屿海边留影

三、走向舞蹈之路

　　1970 年，这一年 8 月学校放暑假后，有个远房亲戚到我家里来串门。他说他儿子考上了福建省歌舞团的小提琴手了，我听了这个消息后感到很奇怪，说："没听闻省歌舞团来招生呀。"他回："有啊，7 月省歌舞团就来厦门招生了。"他还说，是从中学生中招人，我跳舞那么好怎么不去考。我就去学校问，正好遇到殷承典老师，说是有这回事。原来省歌舞团的招生组 7 月就来厦门了，当时已经过去半个多月了，招生快结束了，他们在全市所有的中学招生，但一直没有招到合适的舞蹈人才。我奇怪怎么自己没收到通知，殷老师提醒我说，省歌舞团的报考条件太高了，很难考得上。老师还说厦门歌舞团也要招人，让我还是留在厦门吧。

　　我那时很好胜，一定要去试一下，就去找亲戚问省歌舞团来的人住哪里，他说住在厦门宾馆，就带我去了。我去了以后，省歌舞团招生组五位成员全面考察我，从身材比例到模仿能力，再要求跳个舞，观察舞蹈表现力、身体韧带的柔软度、弹跳旋转能力、脚背外表、胯的开度等。还让我跳了一支蒙古族舞蹈《赞歌》，唱了一首歌，最后考试结束，用招生组后来的话说，那就是"如获至宝"，我竟然考上了！

当时全省各个招生组还必须把招到的同学送到省歌舞团参加复试，陆续再淘汰，剩下合格的不多，招生组在厦门全市一直没有找到合格的人选，急啊！为什么这么急地招舞蹈演员呢？当时省歌舞团的老演员很多下放到各地农村了，像一个舞蹈队本来有80人，下放了30人，剩下部分演员无法承担大型舞剧需求，表演人才出现了断层。而这时福建省委给省歌舞团下达了紧急任务，要在当年国庆节上演芭蕾舞剧《红色娘子军》，接到任务离国庆节只有三个月不到的时间，大型芭蕾舞剧对一个非专业芭蕾舞团本来就是难啃的骨头，更何况合格的演员还不知在哪里。这下子歌舞团的领导急坏了，舞蹈演员严重不足，而《红色娘子军》需要80名舞蹈演员，紧急招收舞蹈学员成了唯一的办法。但想招收合格人才，绝非易事，因为想成为一名合格的舞蹈演员，除了自身条件具备，还必须经过长年的训练，一般在十二三岁开始正式进入训练。但当时是"文革"期间，很多舞蹈专业学校都停办了，最后决定从各地的中学宣传队招人，因为这些人正是十五六岁，有一定基础，经过紧急培训马上就可以上台。省歌舞团为此成立了一个学员班，派出招生小组到全省各地招收学员。

来厦门的招生小组就到各个学校去摸底，许多人参加考试，但一直没找到合格的。那时也没有人练过芭蕾舞，又要马上能上台，所以难找。我考试后招生组马上决定要人，迅速到二中去办调人手续。但二中当时不放我走，当然最重要的是我妈妈也不放我走。当年我差两个月才16岁，爸爸下放到南平的生产建设兵团，哥哥是知识青年下乡到永定了，家里就剩我和妈妈还有11岁的妹妹，我是家里的半个顶梁柱，已经可以帮家里做许多事了。突然间要我离开，妈妈无法接受。学校不让走，家里不让走，而舞蹈又是我的兴趣爱好，我心里十分纠结，太难受了！厦门歌舞团还天天派人到我家坐班，动员我留在厦门歌舞团，承诺只要我肯留下保证重点培养。

我考上省歌舞团这件事，在当时的小城市引起了很大的轰动，同学们奔走相告都羡慕得不得了。在当时的历史条件下，马上变得像个明星，吸引众多关注的目光。那时正放暑假，熟悉或者不熟悉的同学们、亲友们，天天都有一二十人到家里关心探望我。

因为不放人，招生组无奈地说先借用吧，借用一段时间就让她回来，妈妈才松口。招生组一共五个人，三人先回福州，上报说招到合格学员一人，另两人留在厦门等我。因为要求8月20日一定要报到，我和招生组两个人就在这个时间赶到了福州，到省歌舞团报到。我那时还会晕车，到福州是眼泪鼻涕一大把，很难受。

出发前还发生了一件事。气象预报说这几天厦门要发生台风，8月20日早上去福州，招生组的人19日下午就把我从鼓浪屿带到厦门宾馆住下，一是怕我改变主意不去了，二是担心台风来了我出不了鼓浪屿。出发前一天，妈妈和妹妹，还有和我要好的几个同学朋友、儿时玩伴都从鼓浪屿过来送我。

四、在省歌舞团的经历

福建省歌舞团舞蹈队学员班中，我是全省最后一个报到的。报到后，因为距离国庆节演出时间不多了，还没等我明白过来，立即就投入大运动量的训练。我们这一批学员以前基本上没人跳过芭蕾舞，所以就从芭蕾舞基本功训练开始，每天上午四个小时基本功训练，七点半开始上课，下午就排练节目，晚上继续排练，一天十多个小时汗水不停往下淌。夜晚躺在床上，思乡之情油然而生，想到突然离开的故乡鼓浪屿，想妈妈，想亲人同学，泪水悄然滑落枕头……

演出《红色娘子军》，真的是一个不小的奇迹。跳芭蕾舞一般要从十一二岁开始训练，起码练六年以后，才有能力走上舞台表演。虽然我们有一定的舞蹈基础，但终究是没有受过专业训练的普通中学生，训练两个月就参演大型芭蕾舞剧，感觉就是"天方夜谭"！不过当时我们很幸运，拥有一位最好的芭蕾舞老师孙培德，她是苏联专家培养的第一代中国学生。孙老师当年是福建省舞蹈界的权威，她倾尽全力培养我们，我们也吃苦流汗努力训练回报老师。许多学员脚上都受伤了，十个脚指头都缠着纱布血还往外渗。我的脚指甲也充血了，白指甲全部变成黑指甲。基训课上老师紧盯着我，连偷懒的机会都没有。其实我知道孙老师很喜欢我，因为我的专业条件很好，老师课堂上紧盯着你就是对你的重视。

王丽娜在省歌舞团时留影

王丽娜在练习现代舞剧《红色娘子军》时留影

每天十几个小时的汗水泪水，紧张训练排练了不到两个月，我们不负众望，终于穿上芭蕾舞鞋骄傲地挺立在舞台上！福建省歌舞团国庆晚会，首场演出全场芭蕾舞剧《红色娘子军》。当晚省市领导、福州军区首长们观看了我们首场演出后好评如潮，省文化局和我们团领导终于心里一块石头落地。这当中，我们这个新生的学员班起了很大的作用，虽然是老演员带着我们，但是我们这些年轻演员有初生牛犊不畏虎的劲头，什么节目都敢跳。当时训练时间不足，老师就教我们说，如果脚尖实在立不起来，那就不立，但动作一定要完整做出来。

虽然不完美，演出还是得到了社会各界肯定。那时福州军区文工团也想排练《红色娘子军》，但没排出来。省歌舞团就靠这个舞剧，一炮打响，接着我们很快就在全省普及教学，我们团就变成了福建省的样板团，一时风光无限。

那几年，排完《红色娘子军》，紧接着就排芭蕾舞剧《白毛女》，还排练演出了芭蕾舞剧《沂蒙颂》《草原儿女》，后来还上演了古典舞剧《小刀会》。我们每天上午基本功训练，接着排练节目，晚上演出，日复一日周而复始。当时跳过的舞数不清，福建民间舞就有《走雨》《采茶扑蝶》《彩球舞》，这三个是我们的镇团之宝，代代往下传。还有原创《金溪女将》，为了这个舞蹈两次到闽北放排地区体验生活。更有许多民族舞蹈《草原女民兵》《难忘的泼水节》《火车飞到大凉山》《雪中送炭》《黎家喜送爱国粮》《葡萄架下》《洗衣歌》《丰收歌》《养猪姑娘》等，还有异国舞蹈《脚铃舞》《罐舞》《高原上的节日》……青春岁月在不停的训练演出中燃烧。

当时我们演出任务繁重，每年春节我们组成"福建省春节慰问团"，由省委领导带团，代表福建省两千七百万人民慰问人民子弟兵。我们走遍全省所有海岛、哨所为解放军战士进行慰问演出。春节期间万家团圆，可我们不是在慰问演出的路上就是正在进行慰问演出。到歌舞团后与家人团圆过春节的愿望成了奢望，当时一年只有半个月探亲假可以回乡，每年我都翘首以盼等待团里放探亲假，等待回到我魂牵梦萦的家乡鼓浪屿！

那几年我渐渐安下心在歌舞团工作，因为训练生活很紧张，整天不停地排练、基训、演出，演出任务一个接着一个，没有太多时间想别的。家里呢，1973年爸爸调回厦门后，妈妈就不再说非要我回家不可，我也比较安心地从事自己喜欢的工作了。同年，我哥哥作为工农兵学员，被推荐到福建师范大学读书，也来到了福州，有一个亲人在身边，我自己就更安心了。

其实那时候很少对外公演，一般都是招待演出，普通老百姓平时看不到我们的节目，而中央领导到福建来视察我们都要演出，各个重大节日我们也要参与演出。

1979年春季，我们团到湖南、广东、广西三地巡回演出。抵达广西南宁时，我们国家对越自卫反击战打响，全团上下所有演职人员群情激愤，纷纷声讨越南"白眼狼"，我们组织到广西前线，为作战部队战士演出，并到战地医院为

省歌舞团学员班欢送芭蕾舞老师（二排左二为王丽娜）

王丽娜芭蕾舞剧照之一

1973 年王丽娜（前排右二）与省歌舞团演员在福州涌泉寺外合影

王丽娜（前排左五）在省歌舞团时与队友合影

受伤官兵进行慰问演出。当时部队总指挥是许世友将军，他观看了我们团的慰问演出，非常赞赏我们的演出和热情，上台接见我们和大家握手。

五、转业回到鼓浪屿

时光飞快，往事历历在目。我在福建省歌舞团前后十五年，尊敬前辈，与人为善，业务能力受到认可，自我感觉很好。1978 年改革开放后，有了电视机，各种娱乐节目也多了，我们这些只能在舞台上表演的文艺团体就不像以往那样受到极大关注。大家都感觉没有以前那种社会地位了。加上团里要改革，在形势变化情况下，我们也要搞商业演出，以前是招待演出，现在要卖票了。团里要求我们下基层，到农村工厂演出，像龙岩铅锌矿、三明钢铁厂等，还组织小分队赴全省的各个县去巡回演出，条件相对较差了。团里的人心开始不稳定，大家都想自谋出路。有的人突然不见了，后来才知道是出国了，有的人下海经商，总之随着改革开放各显神通。当时部分院校的艺术专业开始招生，我们团许多位老演员转业去做老师。而我们这个年龄段的，当时还是团里的主力，团里轻易不让我们转业。

下乡演出时，省歌舞团演员在古塔前留影

就我个人来说，想回家的念头从未断过。我深知舞蹈演员是吃青春饭的职业，都有一个年纪慢慢大了不再适合上台的时候。

1980 年我在歌舞团结婚了，我先生是团里舞蹈队的同事，我们不仅是生活上的好伙伴，也是业务上的好搭档。1981 年 11 月我生下女儿，是在厦门待产，因为舞蹈演员怀孕生育要有两年的恢复期，其间根本没办法上舞台，所以这两年我就基本待在厦门。1982 年底到 1983 年初，团里开始安排我恢复正常工作。经过慎重考虑，我向歌舞团领导提出要求：由于结婚生了孩子，希望能转业回厦门。当时我先生在团里承担较重的工作，团里就说我们两个不能一起走。经过一番努力，我带着女儿先于 1985 年 1 月正式调回厦门工作。此后每当看见有学子努力备考各文艺团体和艺术院校，我的脑子里就会蹦出《儒林外史》里的名句"有人辞官归故里，有人星夜赶科场"，我想这就是不同年龄段有不同的追求吧。

调回厦门后，我继续争取再回到鼓浪屿，总想弥补少年时骤然离乡的缺憾。旅游局有个下属单位观海园，就在鼓浪屿上，离我家只有七八分钟的路程，那时孩子还小，正好也可以照顾到孩子。这样的安排正合我意，我很高兴地去报到了。

回厦门后，朝九晚五，工作生活很有规律，我的心态也变得更加宁静平和，工作和带孩子之余我还抽空去补习英语和财务知识，希望拓宽自己的视野。

我的业余爱好就是看书听音乐，也喜欢旅游，每年安排外出看世界是我最开心的时候。我性格比较安静，既喜欢呼朋唤友，也不抗拒独处。在歌舞团时，除了练功演出，我就是找书来看。我们学员班当时 40 多人，大家都叫我书虫。那时候条件比较艰苦，但只要枕头下有压着一本小说，我一整天就很开心。经常演出回宿舍后很迟了，已经晚上十一二点了，卸妆、吃完夜宵后，我就亮着自己的一盏灯看书。

2009 年我 55 岁，退休了。退休后忙并快乐着，如今妈妈 93 周岁了依然健在，遗憾的是爸爸 2010 年因病离世。陪着父母慢慢变老，陪着女儿渐渐长大，是人生幸事，现在我已经有两个可爱的小孙子了，我很感恩生活！退休后我又捡起难以割舍的舞蹈，和舞友们相约习舞；在校庆舞台上，在学校音乐会上，在侨务系统联欢会上，依然可以看到我翩翩起舞的身姿。家人的陪伴，还有同学、同事等众多亲友来往让我的退休生活丰满又多彩，虽然不再年轻，但我对将来的生活依然充满渴望。

我的慈母与悍父

——苏钟文口述实录

口述人：苏钟文

采访人：陈秀芹

采访时间：2020 年 7 月

采访地点：苏钟文经常生活在建阳，多次通过电话、微信采访

【口述人简介】

苏钟文，1949 年 6 月出生于鼓浪屿李家庄。初中就读厦门二中，高中就读厦门一中。

父母亲都是厦门二中教师。母亲是全能型教师，周围人都知道她有海外关系，是"千金小姐"，但是在那特殊的岁月，母亲却没被批斗。苏钟文说，母亲人缘极好，热心公益，曾把外公留给她的股票捐出来建日光幼儿园游泳池。苏钟文父亲不无例外，一位"教研组长"被打成"反动学术权威"，被批斗、关牛棚、"拉嘭箱（粪车）"，但父亲坦然面对，依然乐观。

"文革"中担心惹事，苏钟文和哥哥把家中祖传名画和高祖的清朝官服等拿去交给学校，但他却鬼使神差藏下了美国发行的精美邮册，为日后爱好体育集邮埋下伏笔。

苏钟文身上传承了父母的基因、家族的烙印，通过足球和篮球，他与同伴架起二中与海外联谊的桥梁；通过集邮，他广交朋友，在世界许多场合宣传厦门、宣传鼓浪屿，被戏称为"民间外交家"。

苏钟文（苏钟文　供图）

在我母亲叶蓁蓁女士、父亲苏元川先生百岁诞辰之际，我静静地思考着父母在我身上留下了什么样的烙印，我又继承了什么。

苏钟文父母亲结婚照（苏钟文　供图）

母亲是全能型教师

母亲叶蓁蓁（1920—1993），1920年5月出生于马尼拉，外公叶天送是菲华翘楚叶清池的长孙，曾就读叶清池倡办的我市首个大专院校同文书院，受聘于菲华木材大王李清泉创办的中兴银行厦门分行，任总经理。

我外婆祖籍南安官桥，是著名菲侨蔡浅（资深）的第四个女儿，我舅舅叶克强身高185厘米，是著名菲华篮球名将，我身高187厘米，我弟身高183厘米，我们三人都遗传了蔡氏家族的高大身材。我和舅舅叶克强还有一个隔代传奇故事：同样参加三届奥运会和一届篮球世锦赛，不过他是以篮球运动员身份，而我是以篮球集邮者身份参加。

母亲高中时一个人去香港读真光女中，真光是一所英文中学，她为了学习英语每天要背二百个英文单词，把胃都搞坏了。去上海圣约翰读大学期间，日军来了，上海沦陷，菲律宾汇款寄不来了，母亲就去兼职做家教赚钱补贴生活费。她是高才生，四年的课程，她三年半就以优异的成绩毕业了。其深厚的功底，成为她往后几十年中不断变换工作的保障。母亲的业余爱好有弹钢琴、打排球和网球，我继承了父母的体育基因，体育最终成了我的事业。

母亲在师生中有很好的口碑，是个"全能型教师"，大学毕业后在毓德女中代过课，扫盲时期任过教。1954年，母亲进入厦门二中当教师。仅在二中期间，母亲就教过生物、数学和英语，有十分敬业的精神，她总是抱着一大捆作业簿或考卷，来回于校门和家门之间，她不会比别人少布置作业，也从不会没批改作业，几十年兢兢业业地从事教育事业；她秉承了叶家的乐善好施之德、礼让好客之风，对贫困的学生常予以经济上的帮助，对学习优良者总是及时给予激励，对调皮的学生给予思想上的引领。

父母同是二中教师，老教师中语文组长孙安达和一中教导处叶绂麟主任夫妇、英语老师吕良德（我们喜欢按他叫小孩的手势昵称他为"不动"）夫妇、叶贻宽和林梅英老师夫妇、陈占湘老师夫妇、颜译其老师（昵称"颜总理"）、王秀怀老师等，年轻教师中殷承典老师、傅孙颐和黄碧茜老师夫妇、林莲芳老师、郑南辉老师等，都是我家常客。他们有时是来茶聊，有时是拜访；有的是来集体备课，还有的是来请我父母当"红娘"……

苏钟文母亲叶蓁蓁（左）与李清泉夫人颜敕（中，爱国华侨妇女领袖）、著名儿科大夫林钟卿（右）（苏钟文　供图）

父母总是以茶点待客，这时也是我们小孩高兴的时刻，既有吃有喝，还能听大人聊天。

许一心学友、球友的母亲王双游老师也是我父母同事，他父亲许祖义先生曾任厦门市副市长，他爷爷许卓然和我爷爷苏天赐同是泉州同盟会创始人，我们也算世交。小时候，有一年夏天，他家把厦门市李文陵市长的三位"千金"推荐到我家度暑假，可见我家的教育和生活环境被认可。后来，市长夫人苏群部长成了我父母的好朋友。

20世纪80年代，外公已去世，母亲把外公留下的一点股票捐给日光幼儿园建一座幼儿游泳池。当年，按"文革"的"理"说，母亲绝对是"里通外国"

的"千金小姐"，可是她人缘好，没有被师生批斗。

母亲在家是贤妻良母，在外是良师益友。对待子女言传身教，"一碗水端平"，学习上严格要求，生活上百般照顾。妹妹钟宁6岁时，母亲就让她自己种丝瓜，每天要自己浇水观察什么时候开花，开几朵，雌性花要人工授粉，开花后几天可以收割，一条瓜有多重，一株瓜一共收多少条，什么时候施肥等等全部记录下来，从小学习观察分析能力，记录整理笔记等，她深深地感到：从小学习的态度和能力的培养，对她的人生起了十分重要的作用。

初二时，我已经长到1.8米以上，学校开运动会，母亲给我做了件运动短裤，我很兴奋，但却闹了个笑话。我头一天就早早穿上，第二天参加800米长跑，开始一马当先，可最后是捂着肚子跑完，原来是裤子松紧带太紧，造成肚子胀气，不过也首次站到领奖台，得了个丙组铅球第四。那年，八一游泳队来厦招兵，我的身材条件和水中姿态合格，父母也支持，可惜后来因海外关系，政审不合格，但从事体育的想法已在心里萌芽。初二下学期，我被选入校篮球队；初三上学期，开始参加少体校足球班（二中基层队）训练，后来一路走上奥林匹克之路。

20世纪70年代初开始，我母亲可以出国到菲律宾探亲，和阔别二十多年的亲人团聚。可她每次出国，在马尼拉停留时间都很短，总是顾念厦门这个家，迫不及待、不辞辛苦地为这个家充当"运输大队长"，每次返厦都带回不少生活用品。

20世纪80年代初，我女儿出生三个月后，就搬离李家庄。母亲总会在周末带点水果或点心来探望孙女，并且每个月给几十元的营养补贴。

1992年我参加奥运会邮展后，从西班牙返回途中，患带状疱疹，返厦后住第一医院，母亲当时已经身患癌症，仍然隔三岔五地从鼓浪屿来探我，时而送来凉茶等。

她考虑到子女中，只有我一人没有出国工作和生活，当时月工资只有几百元，她生前就立遗嘱把五万元留给我。这笔宝贵的财产让我购得起政府分配的统建房，后来房子转让，让我获得经济起飞的第一桶金。

苏钟文母亲叶蓁蓁（苏钟文　供图）

聪明贤惠的母亲在 73 岁时逝世。亲朋好友、学生们送来的花篮、花圈，两排密密地排了五六十米长，出殡那时，突然天降暴雨，人们说老天也在哀悼这位慈母良师。

父亲变成"反动学术权威"

父亲苏元川（1921—2021），1921 年农历六月三十日出生在鼓浪屿。爷爷苏天赐祖籍同安芦山，是同盟会泉州分会财务股长，国民党分裂后离党，20 世纪 30 年代时，到鼓浪屿行医，曾任过三届的工部局卫生委员，解放前返回泉州定居，也是位名医。父亲也算是个"干部子弟"吧，小时候调皮的他，受到爷爷严厉的管教，养成他的倔强性格和逆反精神；我们四个子女中最调皮的是我，我同样接受了苏家严厉的管教，也形成了倔强性格和逆反精神。

父亲在泉州培元中学读书时，和香港议员黄保欣先生，抗日战士、地质专家、省侨联委员王忠诗先生是挚友；在鼓浪屿就读英华中学时，是校足球队的骁将和合唱团的知音。中学毕业后投考福建协和大学园艺系（福建农学院前身），后来拜师著名的农艺专家李来荣教授。

1947 年父亲苏元川与母亲叶蓁蓁结婚，得一子苏钟人（我大哥）。婚后，父亲就在中兴银行任职，因银行欠职工钱，让我家搬进李清泉（著名爱国华侨领袖）的李家庄（漳州路 38 号）以抵债。1949 年 6 月，我就在李家庄二楼出生。

苏钟文出生地鼓浪屿李家庄（苏钟文　供图）

我外公在兴化路 1 号有处房产，占地面积 1000 平方米，建筑面积 600 平方米，解放后被征用，月租金 14 元多，用来抵租我家李家庄二楼这一层的租金。后来房改，李家庄租金提高到 29 元多，兴化路 1 号的租金也随之提高。"文革"期间，我父母和我舅舅商量后，主动把兴化路 1 号房产交出去。后来落实政策，房产归还我们，在我舅舅名下。

1952 年父亲进入厦门二中任生物老师，一直到"文革"前，他是个一专多能（农、工、商）的人才。他执教毕业班时，二中高考生物科成绩一直名列全省前茅，他也被评为"优秀教师"。

20世纪50年代中期，父亲受市里委派到海南岛引种亚热带植物，西番莲（现称百香果）、咖啡等就是当时引种到我市的，并在我家也成功种植。

20世纪60年代初经济困难时期，他为学校办养鸡场、养兔场和海沧鳌冠农场，让学生有课余的社会实践基地，又为学校创收。父母把家里养的多种种鸡全部交给学校，以一斤种鸡换回一斤老鸡、病鸡。母亲也夫唱妇随，前往山东培训、采购、押送种兔，在二中后山办起养兔场，母亲不怕苦、不怕累，起早摸黑地与学生们一同实践，师生们共同留下不少美好回忆；农场里的海蛎养殖更让师生们流连忘返，特别是那"黑耳蚝"收获的季节。

记得我上初中一年级的那年秋天，父母亲和哥哥都到学校农场劳动一星期，我要自个带弟弟妹妹。在空荡的李家庄二楼，每天晚上八九时左右，我们手持乒乓球拍作为"武器"，从室内来到门口给前来陪伴的二中生物老师苏国盛开门，每晚都是那么"惊心动魄"，但这都是父母给我们的锻炼。

解放前，外公全家随中兴银行撤回马尼拉，只有我母亲一人留在厦门。父母亲在自家院子建了三间鸡舍，创办养鸡场，引进优良种鸡，采用孵蛋机等先进设备和饲养方法。我家的经济来源便是出售种鸡蛋，父亲的绰号"红鸡苏"因此而来，鼓浪屿的原居民更是无人不晓，不过他不喜欢别人叫他绰号，有次他听见隔壁学校有学生在喊"红鸡苏"，立刻翻墙过去，凶悍地追赶呼喊者，吓得其不知所措。

弟妹陆续出生，单靠养鸡，经济上仍是入不敷出，母亲的一些嫁妆陆续被当出，母亲的钢琴也没了；不过，父亲仍可继续他的业余爱好踢足球，我记得有一次父亲和世豪叔（殷承典老师的二姐夫）去中山公园参加足球赛，还带我和哥哥同去。过后，父亲买了一双新的足球钉鞋，可惜还没能穿上就患肾炎。父亲曾风趣地说自己："我这辈子得过很多病，肾炎、胃割除三分之二、肺炎、心脏病、癌症，就是没有肝（闽南话肝与官同音）病。"暗指自己没有当官的命。

当年，父亲一个小小的二中生物教研组长，一下子变成"反动学术权威"，被批斗，关进"牛棚"，每天清晨要和其他"牛鬼蛇神"拖着粪车上街收集粪便。可他乐观的性格使他仍然有说有笑，他总是拉车头，从我们家门口漳州路的斜坡呼啸而下，让人佩服。

从"牛棚"解放后，学校就派父亲筹办酒精厂（校办厂），后来又筹建教职工宿舍，可他自己也没有要求分一套。父亲退休后，受街道办聘任当海涛百货商店经理，在改革开放初期就把商店办得风生水起，在鼓浪屿小有名气。几年后，他辞职了。

因为父亲有广泛的人际关系和很好的口才，二中校友会吸纳了他，他又开始奔走在香港和菲律宾英华毓德二中校友间，为学校教育事业筹款，他动员了好友香港议员黄保欣（其夫人是毓德女中校友）捐建了"保欣楼"。在此期间，他接触了菲侨周宗典先生和在港的吴建德、林佳良先生等原二中足球队的校友，1988年，他们共同创办了"英华校友足球俱乐部"，隶属校友会，父亲被推举为理事长（后为终身理事长）。从此，这些原二中足球队的球员和足球爱好者，每周有了一次聚集健身的好去处，我在20世纪90年代期间也加入其中。俱乐部还常与国内外元老队交流，经常派队出访菲律宾、马来西亚、新加坡等地，进行体育交流，所到之处，无不受到当地英华毓德二中校友和华侨热烈欢迎，我也曾随团访问过上述多地。

父亲一直倡导"以球会友、友谊第一、比赛第二"的口号，在指导比赛中，经常审时度势看待比分，常得到对手的欢迎和尊重。多年来，校友队也是二中校队的最好陪练，为其取得好成绩立下不可忽视的功劳。在英华校友足球俱乐部的经历，是父亲晚年的一段美好回忆。

父亲的做事风格和行走姿态是如此"彪悍"，到了92岁生病住院前，每个工作日仍然赶往厦门炒股，有时会小跑赶轮渡，有次船刚离岸，他赶紧跳上去，我称他"坐飞船"；他在各个不同的岗位上得心应手，都是"悍将"；他对我的管教也很"凶悍"，在我眼中，他就是位"悍父"，当然，在其他子孙眼里，应该还有"严父""慈父""亲爷爷"等另一面，在有些学生眼里或许还有"风流倜傥""以牌会友"等印象。

251 ·

父亲苏元川 93 岁时（苏钟文　供图）

童年的种养经历　少年的出生入死

我们的家庭条件还算不错，但父母从不对我们娇生惯养，而是十分重视培养劳动习惯、自立能力和业余爱好等。我从幼儿园开始，就在家养花种菜，我在花盆种的西红柿挂果累累，最大一颗十两（当时是十六两制），和另一盆豆荚满满的荷兰豆同时被送到在文化宫举办的市农业展览会展出。

小时候，李来荣教授也常来家里，会给我们带来蓖麻蚕和"二四滴"激素药水等，我常围坐在长辈间聆听园艺趣事。

我喜欢随父亲走街串巷，岛上哪里有鳄梨、波罗蜜、莲雾、薄壳核桃、人心果、金边仙桃、树葡萄、番荔枝、番石榴等，我都可如数家珍。

我们采摘了内厝沃一别墅内的一株灯泡形油梨，取其种子，在父亲的指导下栽种，等待八年后终于结果。因母株边还有一株圆形果（较大），花粉相互传播的原因，我家这棵有时也会长出一斤多重的圆果，高产时，年产三四百粒，树长到三四层楼高，可谓"厦门油梨王"。当年亚热带引种场曾以两斤水果换一粒种子，我们连续几年换得几百斤水果，也可以说此树也是"厦门油梨之母"，可惜 1998 年大台风，这株四十多年的大树被吹倒了。

母亲在院子里种的瓠瓜犹如大腿粗，小学期间，我们在院子里种上各种果蔬，有水蜜桃、葡萄、木瓜、香蕉、番荔枝、番石榴、西番莲，甜玉米、地瓜、牛皮菜、丝瓜等，还有咖啡（我还能焙炒咖啡）。

有一年春节初三，父亲指导我们兄弟二人移栽一棵薄壳核桃，他把手扶在树干上，哥哥在挖土时不小心把锄头碰到墙上，锄头弹回树干时把父亲的食指砍伤，从此他的食指就永远半弯曲着。

我们还在院子里养鸡，在阳台上养兔子。最为得意的是，我种的木瓜，其中一株有两颗特别大，一颗十三斤，另一颗十一斤，靠的是充足的肥料（鸡粪）。

苏元川和女儿与 13 斤重的木瓜（苏钟文　供图）

十二岁那年，小学五年级上学期，课余时间，我跟随班主任张纯青老师在学校边开垦的菜地种菜，或许因为我们用的都是臭水沟的积水，很脏，我不幸被传染脑膜炎。但在父母的精心照料和第二医院廖永廉主任医生的精准治疗下，我奇迹般的康复，而且没留下后遗症，是他们给了我第二次生命，我永生难忘。

五年级下学期，我在家休学，但没闲着，养了十几只火鸡，火鸡的食量很大，我每天要切很多菜养鸡。二中的一位工友"良阿"身体不好，我妈会帮他买药，他常送自己捕的鱼给我们，他教我杀鱼、煎鱼，打春饼皮，炸油条等，还有绝活烤火鸡（实际上是油炸）。我可以独立操作烤十三斤重的火鸡，与家人分享。

有一段时期，我们弟兄三人的劳动分工是：哥哥（已上初中）挑水、换煤砖等；我（小学五、六年级）负责养鸡、种菜等；弟弟（小学二、三年级）负责到食堂买饭和洗碗。记得有年暑假弟弟贪玩，没按时完成作业，开学前赶紧补日记，千篇一律的都是"今天我洗碗，洗得很高兴"。不过，这是确确实实的写照。我妹妹当时还小。1969年3月8日，父母同时送我们三兄弟首批上山下乡，以后的家务事就妹妹全包了。

十年浩劫期间，我们家分崩离析，虽然没被抄家，但是我和哥哥两个不懂事的孩子受极左思潮影响，自己在家里破"四旧"，把外公的成套百科全书、叶家祖传的字画、高祖叶清池的清朝官服、镀金座钟等上交学校。虽然父母对我们给予容忍，不予追究，但我至今仍很愧疚。

我自己也搞不清楚，当时为何会把外公留给母亲的20世纪30年代美国发行的"世界各国邮票"贴本以及母亲解放前的集邮品偷偷地藏在我的橱柜里，里面可是有不少"封、资、修"和"反动"的内容。当初自己抄家就是怕被红卫兵抄家落下口实，或许是因为邮票的美让我不顾一切；或许是我骨子里就遗传着叶家的集邮基因，它是我后来锲而不舍搞体育集邮的成功之源。

随着"文革"深入，派性发作，我和家人争吵，1967年元旦，我偷偷地离家出走，到有二中校友杨易同学等驻守的钢厂据点（位于将军祠），因那里有免费食宿。没几天，1月5日晚，大规模武斗发生，校友杨易被炸死，我躲在房子里，也被跳弹打中脖子（离动脉很近），一直到清晨，接到撤退命令，我在枪林弹雨中跑了几百米，才回到安全区域，而后被送进第一医院。父母摈弃前嫌，赶来把我接回鼓浪屿医院，赶紧请外科温绍杰主任把弹片从肩上取出，精心照顾我到伤愈出院。

常说"大难不死必有后福"，这"后福"应是家又"复合"了。可是这次大团圆的时间不长，1969年3月8日，我随一中同学到上杭古田公社插队，哥哥和弟弟一起随二中学生到永定堂堡公社插队，这不仅是我们兄弟自愿的，也是父母响应政府号召的决定。接下来就是他们省吃俭用，为我们储备粮票，晒制"干部鱼"（巴浪鱼），炒制"面茶"等，每当我收到一份干粮，心里就有一股家的温暖。

全家福（苏钟文　供图）

"幸运十三"的"民间外交家"

在少年时的种养经历中，我有种出十三斤木瓜，饲养并烤十三斤火鸡的成果；1963年，我得重病一年多后，仍以全区第十三名成绩考入厦门二中初中部，我的篮球之旅在此启航；同时，也接受足球启蒙训练，代表厦门二中获全省少年足球基层赛冠军，并获全国赛第十三名。高中就读厦门一中，"文革"中，曾随二中校友参加全市环鼓游泳活动，以第十三名到达的成绩，再显我的"传奇幸运数字"。退休后，我们又幸运地购得鼓浪屿虎巷13号这幢风貌建筑，再续鼓浪情缘；今日，还可返璞归真在闽北建阳青山绿水间的十三亩山野田园中，日出而作，日落而息，其乐无穷。

1979年省业余体校篮球赛冠军（苏钟文　供图）

2001—2004年度全国群众体育先进个人（苏钟文　供图）

1987年我获得中级篮球教练职称，之后多次带队参加多类省赛，荣获冠、亚军，曾获市"优秀教练"和国家体育总局授予"全国群众体育先进个人"称号。

我曾任厦门市体育总会副秘书长兼秘书处主任、福建省体育集邮协会副会长、中国拔河协会理事等。应国际篮联主席、国际大学生体育联合会主席乔治·基里安（George Killian）先生之邀和推荐，1991年加入国际体育集邮协会；应世界著名集邮家、国际评审员、奥林匹克集邮协会主席弗朗西斯女士之邀和推荐，加入其协会。1990年，我与菲律宾侨青体育会蒋青山会长沟通，促成"文革"后厦门市体育代表团首次外访（厦门男子篮球队访菲）；1995年，我与英国、马来西亚和中国体育的集邮协会等的集邮家沟通，促成"厦门国际体育集邮邀请展览"成功举办；2005年，与马来西亚足球公会联络，促成与厦门市电业局足球队互访；2010年，与印尼泗水群力社体育会联络，促成厦门广电篮球队应邀参加国际邀请赛等。

在职期间，我还多次被公派率队到台湾地区的台北、嘉义、高雄，以及新西兰、印尼等地访问，为两岸和国际体育交流做贡献。1996年亚特兰大奥运会期间，应厦门友城美国巴尔的摩援厦教师、民主党议员安女士的邀请，访问了巴尔的摩、大西洋城、华盛顿特区和新泽西州等。

　　我曾与20多个国家和地区近50名亲朋书信往来，交流邮品，其中，与已故国际奥委会萨马兰奇（Juan Samaranch）主席10多年交流中，共收到一封精致的奥委会主席新年贺卡，2本集邮和奥运会画册，萨马兰奇3次在封片上亲笔签名。我把"厦门经济特区"和"历史国际社区——鼓浪屿"这两张名片，用民间的渠道传播出去，被周围的人誉为"民间外交家"。

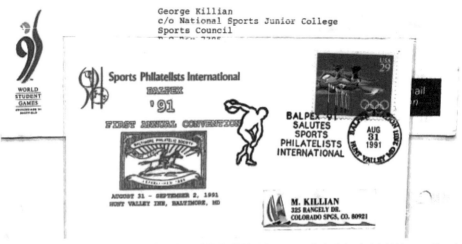

1991年，基里安邀请推荐苏钟文加入国际体育集邮协会（苏钟文　供图）

1999年1月5日，收到时任国际奥委会主席萨马兰奇寄来的新年贺卡（苏钟文　供图）

1990年《篮球》邮集获北京亚运会
国际体育集邮展金奖（苏钟文　供图）

2000 年悉尼奥运会邮展开幕式在电视塔顶举行，参加的三位中国人合影：中国奥委会主席何振梁（中）、中国台北奥委会主席吴经国（左）、苏钟文（右）（苏钟文　供图）

我的《篮球》邮集曾获北京亚运会国际体育集邮展金奖、东京世界邮展银奖、希腊世界篮球锦标赛篮球邮展银奖；我还亲自携带邮集，参加过 1992 年巴塞罗那、1996 年亚特兰大和 2000 年悉尼奥运会国际体育集邮收藏展，分别获得镀银奖、银奖和镀金奖；母校二中百年校庆之际，我也献上个人体育集邮展；2008 年北京奥运会之际，本人在家乡举办 88 框的"苏钟文个人体育集邮收藏展"；母校 120 周年庆典，我在母校网站上举办十部邮集的"苏钟文体育微信邮展"。不久前，二中《校友通讯》和菲律宾《商报》全文转载《我的慈母与悍父》。

2008 年厦门奥运体育集邮展览暨苏钟文体育集邮收藏展（苏钟文　供图）

从追述、反省和感悟中，我得到慰藉。从上山下乡磨炼到走上矿工工作岗位；从兵团打篮球再到部队踢足球；从以工代干到转中级篮球教练，先进修再函授学习取得大专文凭，从体育总会到转正公务员；从篮球运动员，到群众运动推广者，及至为两岸和国际体育交流做出贡献；从集邮爱好者，到以邮集架起桥梁，往来世界各地，广交朋友，宣传厦门，被誉为"民间外交家"以及退休后自办家庭旅馆、建农庄等等，一步一个脚印，农、工、兵、学、商等行业都实践了，多年来耳濡目染长辈们的各种优良品质，使得我的人生奋斗中映射出父母的品质、"家族的烙印"，也闪放出自己的亮点。

朱奖怀的"多彩"人生
——朱奖怀口述实录

口述人：朱奖怀

采访人：王秀玉

采访时间：2021 年 7 月

采访地点：朱奖怀家

【口述人简介】

朱奖怀，男，1957 年 6 月出生于上海；1959 年 10 月，随父母迁居厦门鼓浪屿；1964 年 9 月至 1969 年 12 月，在鼓浪屿笔山小学就读；1971 年 2 月至 1975 年 6 月，在厦门二中就读；1975 年 6—9 月在厦门皮革厂当临时工（同时在码头当装卸工）；1975 年 9 月至 1978 年 12 月在原同安县洪塘公社郭山大队务农（下乡知青）；1978 年 12 月至 1979 年 6 月在厦门工艺美术厂当临时工；1979 年 9 月至 1981 年 6 月在原厦门建筑大专班工业与民用建筑专业，学生；1981 年 7 月至 1984 年 5 月在鼓浪屿房管所，任土建施工员、技术员；1985 年 5 月至 1986 年 8 月在厦禾房管所，任维修队副队长、助理工程师；1986 年 8 月至 1993 年 2 月在厦门市房屋修建公司，任项目负责人、技术股长、工程师（其间，1986 年 2 月至 1986 年 10 月借调到原市房管局主持编制《厦门市房屋修缮定额手册》）；1988—1990 年调到原市房管局组建"危房鉴定办公室"，任负责人；1990 年 5 月至 1993 年 2 月，任原市房管局旧城改造工作小组负责人；1993 年 2 月至 2007 年 2 月在厦门市建委、厦门市建设与管理局，任建筑业处副处长、城市管理处处长，兼任第二和第三届厦门市建筑装饰协会会长、第二届厦门景观绿化建设行业协会会长 [1993 年 2 月至 1997 年 2 月抽调原厦门市厦禾路旧城改造指挥部，任指挥部办公室工程助理、工程处副处长（无行政级别）]；1997—2007 年兼任第九、十届市政协委员；1999 年 11 月至 2002 年 2 月抽调厦门市建筑市场整顿办公室，任常务副主任；2007 年 2 月至 2016 年 11 月，任民盟厦门市委会副主委、民盟福建省委常委，兼任十一届市政协常委，十四届市人大常委，第四、五届厦门市建筑装饰协会名誉会长，第一届厦门老字号协会荣誉会长。2017 年 6 月退休。

朱奖怀

艰苦的童年

1957 年 6 月，我出生在上海。1959 年 10 月，父母带着我与十个月大的弟弟奖思迁居厦门鼓浪屿，我们在美丽的景致、拍岸的浪涛中长大。抚育我的大自然是那么美好，可我的童年记忆却充满苦涩。在 3 岁多的时候，受大环境冲击，我的家庭破碎了。妈妈带着我和弟弟挤在 7.5 平方米的窄小空间里，艰难度日（这房子一住就是 20 年）。那时，妈妈在鼓浪屿鞋面加工厂当车工，每月工资仅有 15.8 元，以这样微薄的收入养活一家三口。

记得我上小学四五年级，十一二岁，妈妈到杏林湾参加劳动，家里只有我和弟弟两个人，生活的担子越来越多地压在我的肩上。年少的我只有靠自己了，在前后七年时光里，几乎每天都上山捡柴，近四年里，每天凌晨三四点到菜市场捡菜叶，运气好时能捡到摊位遗漏或丢弃的小鱼、碎肉末。好点的菜叶洗净了人吃，不好的菜叶养鸡（家里养着母鸡，鸡蛋舍不得吃，卖了贴补家用），捡来的小鱼和碎肉末当配菜。到水井提水，到离家几百米的地方挑自来水，到海里讨小海，想尽一切办法维持生计，过着有上顿没下顿的生活。有时家里没米下锅了，就到隔壁邻居去借。每次妈妈发工资了，第一件事就是把借的粮给还上，就这样不断地借—还—再借—再还，重复着困顿的日子。

在二中度过成长的重要时期

1971 年 2 月，逢春季招生，我从笔山小学升到二中读初一。那时初、高中都是两年制，上高二的时候，统一从春季招生改回秋季招生。因此到 1975 年 6 月高中毕业，我在二中学习的时间整四年半。多出的这一学期，差不多都在海沧（公社）石塘（大队）参加劳动，进行劳动技能训练。

我读初一的时候，年段编制是连，班级编制是排。我在三连五排，班主任王廷芳老师，初一下学期增加殷承典老师，一个班两位班主任。初二时，恢复班级建制，我在初二（2）班，班主任王秀怀老师；升高　时我在高一（5）班，班主任吴孔芳老师（他是厦大老师，"文革"时下到中学教书）；高二时在高二（2）班，班主任蔡淑卿老师。

或因社会和经济条件制约，那时学校流生很多。受"读书无用论"的影响，学校学习气氛并不太好，学科设置也不尽合理。我们初中入学时共有 395 人，编成 10 个班，高中毕业时仅剩下 169 人。

在二中我度过了重要的成长期，个头从不到一米五窜到一米七以上，学习成绩从普通到优秀，个人状态也从大家眼里的"差生"、经常跟人打架的"问题学生"，蜕变为一个上进青年。在那懵懂彷徨、困苦无依的日子里，我在母校二中非常幸运地遇到了马玉桦、傅孙颐和蔡淑卿三位恩师，他们帮助、爱护、鼓励、督促我，耐心地引导我，使我获得前进的力量，立下了人生的志向。

第一位"贵人"

初入二中，我便成了让老师头疼的"问题学生"。记得初一的后半段，我坐在最后一排，有人作弄我，没搞清楚青红皂白，在气头下我一拳打下去，没想到竟打趴了当时班级的"老大"，也不知为什么，这一拳竟打出了自己"混江湖的资本"。从此以后，欺负我的人明显少了。年少无知的我感觉"让拳头说话"挺爽，能给自己带来多一点的尊严和"话语权"，哪知道这样做带来严重的后果，我成为全年段仅有的四个不能升高中的学生之一。

这时，我在二中的第一位"贵人"出现了。当时教"农基"（农业基础科，偏向于化学）的科任老师马玉杵同情我的生活境况，一直帮着说好话。她说，我跟那些完全不想读书的孩子不同，表现虽不好，但学习成绩还挺不错的，主要因家庭状况太糟，缺少大人的爱护和管教，小小年纪承担了太多家事，希望学校区别对待，能让我升入高中继续就读。马老师是我的贵人，没有她的帮助，我的求学路或许在1973年初中毕业时就中断了。

第二位"贵人"

上了高中，大环境好转，1973—1975年间，学校教学比较规范。因需要挣钱为家里分忧，也为了自保，我仍然跟一些辍学青年混在一起，顽劣习性并没多少改变。马老师从初中跟上来，在我们高一教农基。马老师的话我还是听的，她保我上高中时跟我谈过话，要我集中精力学习，保证不要再有打架这类事情发生，尽量远离校外的同伴，我做过承诺。虽然叛逆，心里也有感恩的幼苗在冒芽吐绿，也有类似"弃暗投明"的心思在觉醒，做错事时会反思，至少对有恩于我的马老师有了忌惮。

这时，我又幸运地遇到了中学时期的第二位"贵人"，他就是我们的年段长傅孙颐老师。他教我们班数学，教学能力强，课堂组织有方，班级秩序也好。在这样的氛围下，我听课专心多了，成绩也有好转。数学比较好，其他科也不赖。

正当一切刚有起色向好的方向发展时，又发生了一件孬事。

倔强的我因被欺负要"争口气"，在校外又跟人打架，被人保组（相当于现在的派出所）扣走了。马老师知道了很是着急，找到了她往届的学生、当时的人保组副组长，强调我会读书，是初犯，恳请人保组放我一马。人保组同意由马老师将我带回学校处理。

刚开始学校的处理意见是，给我处分，并在全校范围内开批评会。傅孙颐老师了解我家的情况，当班主任蔡老师担心这样处理影响我刚调动起来的学习积极性，更担心影响我今后的发展，向段长求情时，富有爱心的傅老师立马同意并一起向学校求情。私下里他找我谈话："你母亲那么辛苦，抚养你们不容易，你是长子，如果不好好学习，以后怎么办？你有读书的天分，再努力一点，以后还是有希望的。"傅老师还鼓励我："你的数理化都读得不错，俗话不是说，学好数理化，走遍天下都不怕吗？你现在就要懂得为自己的未来着想，要用功，通过读书去改变自己的命运。"

傅老师循循善诱，他的鼓励给了我信心，也为我指出了"读书改变命运"的道路。

第三位"贵人"

我在二中遇到的第三位"贵人"，也是我生命中最重要的人，她就是我们高二（2）班的班主任，"不是亲人胜似亲人"的蔡淑卿老师。

2021年1月11日，恩师蔡淑卿猝然离世。听到噩耗，64岁的我心痛得无以复加。两天后，厦门二中为蔡老师开追悼会，王守琼校长做生平介绍，我写了怀念恩师的文章：

怀念恩师蔡淑卿

"人生有情泪沾臆，江水江花岂终极。"

2021年元月11日，一位将一生才华奉献给基础教育事业的先生，一位受到学生爱戴的老师，一位仁爱慈祥的长者，蔡淑卿老师猝然离世。

噩耗传来我很震惊，蔡老师是我的恩师，她为人师表的慈祥形象，她对我谆谆教诲的音容笑貌，一直在我的脑海里闪现，蔡老师是我人生道路上的导师。她一生热爱教育事业，辛勤耕耘，桃李天下。她在执教生涯中，非常爱惜学生，对学生的教育管理始终贯穿着人文关怀的精神，对贫穷体弱学子不看轻，对问题学子不言弃，她总是给失望学生阳光与希望，她让学生感受到母亲般的关怀。回想她对我的关心关爱，历历在目，恍若昨日。

我是厦门二中1975届高中（2）班毕业班学生。蔡老师是班主任，并任教语文。在校期间，我因家境贫困，要帮助家里维持生计，常与一些辍学的人混在一起，学习成绩不好，还是"问题学生"，学校老师普遍认为我是个包袱。蔡老师了解我的情况，她因人施教，对我不嫌弃不放弃，格外细致关心帮助和教诲，坚持不懈持之以恒，让我树立人生目标与信心。她的言传身教，使我学有所获；她的引领与教导，让我终身受益。

关心我的学习。我是1971年春季进入厦门二中学习，当时正处"文革"时期，学校时而停课闹革命，时而复课闹革命，经常是上午有课，下午没课。一个学年里，总是安排一段时间到工厂学工，一段时间到农村学农，又一段时间到部队学军，真正上文化课的时间很短。那时学习成绩好坏与就业无关，中学毕业了，也没机会考大学，年轻人前途渺茫。遇到班主任蔡老师，是我人生启蒙的转折点。蔡老师关心我的学习成绩，经常敦促我要多学点知识，以后才能自食其力。在我学习成绩不稳定时，她总是轻声细语地提醒，指出哪里不够认真，哪里不够细致，并总是勉励我再认真点，再努力点，再细心点，还要求我珍惜青春，不要荒废时间。在她的督导下，各科成绩都有了进步。

关心我的生活。我成长在单亲家庭，"文革"期间，母亲因信仰基督教，被定为"帝国主义走狗"，家庭受到冲击。母亲在工厂打工，靠每月的微薄收入，带领我和弟弟艰难生活。蔡老师了解我的家境后，深表同情。

她一方面，积极帮我申请助学金，但因家庭成分不好，学校不予批准；另一方面，提供力所能及的帮助，她让我每周到家里吃一顿饭，改善伙食，记得每次在她家吃饭都觉得饭菜特别好吃。她每月送给我20斤侨汇粮票和半斤油票，让我要么换钱或换蛋补身子，或买米做干饭吃，还特别交代不要告诉任何人，包括她的家人也不必告诉。这样的帮助持续至高中毕业，经历过那个年代的人都知道，每个人家庭生活都非常困难，她用自己微薄的能力帮助我，犹如慈母，真切希望我能转变成好学生。当年懵懂的我或许没能达到恩师的期望，但认真听从老师的指导确实是真。

关心我的成长。因我之前在学校是个"问题学生"，常有些出格的举动，与同学争吵，参与打架，上课不守纪律，常常翘课，身上存有许多不良习性，是很多老师认为的"头痛学生"。蔡老师看在眼里，急在心上，她常常带着忧愁的脸，不断劝导，要我改正，我有时也听，有时也没真正听进去。根据班上同学回忆，为了让我学习和表现能向好，蔡老师调整班级座位，让我与班长同桌，希望通过班长的影响，让我逐步地上进。我屡屡犯错，她总是不厌其烦地劝说、引导。每当我再犯错，她总是先"护着"，再进行说理教育。有一次，我在校外与同学发生了肢体冲突，人保组要求学校惩处，学校拟开批斗会，蔡老师出面向校领导求情，说明因缺少家长管教，受社会不良风气影响而犯错，只要好好引导是能够改正的。学校和年段领导在她"说情"下，没有采取严厉措施。蔡老师让我写了份"斗私批修"检讨书，要我记住教训，不许再犯事。我记住了教训，这类的错就没有再犯了。我在学校的不良表现屡屡给班主任蔡老师带来不少麻烦，但她从不嫌弃、不放弃，她相信通过"润物细无声"的教育引导与关怀，"问题学生"是可以转变的。这就是教育的真谛和精髓。

高中毕业后，我下乡到同安洪塘公社郭山大队，那年18岁。有一天下午3点钟左右，我在（同安）县汽车站偶遇蔡老师。我惊奇地问老师去哪，她说："到你下乡的村里看你，找不到人，正准备返回厦门。"顿时，我泪水夺眶而出。蔡老师到乡下看我，事先没打招呼（当时我们村没有电话，通信不方便），刚好当天我外出办事，办完事准备返厦，不在村里，老师到村里找不到我，返回时在车站不期而遇了。当年从鼓浪屿到我们村，路途遥远，蔡老师要早晨5点多就乘轮渡船到厦门，再坐公交车到美仁宫长途汽车站，转乘2个多小时长途汽车到同安县城，再转公交车到公社，估计就11点多了，还要再走1小时的崎岖山路，才能到村里。她到村里找不到我，又不知道我什么时候回村，只能原路返回。不知道那天她是怎么过来的，只知道遇见时，她还没吃午饭。在车站，她告诉我，向村里的农民了解了我在农村能不能适应，有没有遇上困难，得知我下乡一年后当上了生产队副队长，她非常高兴。

蔡老师教学不仅在于传授知识，更在于激励、唤醒和鼓舞学生的意志，通过母亲般的关爱教育，引导学生求真知、走正道。她在我们班的毕业照上，写下期盼："在三大革命中锻炼，做工农兵欢迎的人。"这是她的真话，希望学生都能成为工农兵欢迎的人，就是百姓喜欢的人。工作后，我常以"做百姓（工农兵）欢迎的人"提醒自己。

蔡老师有着直面生活的积极态度、从容淡定的坦荡胸襟、严谨踏实的治学理念、一丝不苟的工作作风、严以律己的品德修养，这是她留给后辈宝贵的财富。她的一生诠释了"教师"这个称谓：教，树人；师，表率。她的仓促离去，给相濡以沫的邱章开校长及家人带来巨大的悲痛，给尽责尽孝的儿女及孙辈带来无尽的悲伤，给曾经朝夕相处的同事及她的学生留下无限的惋惜！

蔡老师，您一路走好，天堂有您的位置。

蔡淑卿老师温暖了我的整个人生

我当时数理化学得好，语文成绩比较差，蔡淑卿老师悄悄帮我补课，开导我理科、文科都要学好。她提醒我学好语文，将来写个材料、打个报告，就算写封家信吧，都用得着。

在三大革命中锻炼 做工农兵欢迎的人
一九七五年二中高二(2)班毕业生合影

1975年二中高二(2)班毕业生合影(前排正中为蔡淑卿老师,后排右三为朱奖怀)

每周五晚去蔡老师家吃饭,蔡老师都会仔细询问我学习、生活方面面的情况。她先生邱老师、他们的两个孩子对我都非常友善热情,待我如家人。家里书香气息浓,家人儒雅有礼,家庭和睦温馨,这一切都潜移默化地感染着我。在蔡老师家,不仅改善伙食增加营养,更让当年生活困顿情感荒芜的我,真切感受到了家的温暖。

单亲家庭艰难的日子折磨着母亲,侵蚀着她的柔情。生活粗粝,母爱粗糙,过早地负起了家庭生计的我,备尝生活的辛酸,十六七岁的我性格叛逆倔强。在蔡老师身边,她母亲般的关爱,如丝丝甘露滋润抚慰着我的心田。

直到今天,想起蔡老师去我插队的同安洪塘乡郭山村看我那一幕,想起她拖着胖胖的身体,饿着肚子走那么远山路还不觉辛苦,想起她得知我干得出色,当上了生产队副队长时那种高兴劲儿,还不禁泪目。

蔡老师用爱唤醒我内心美好的向往,萌发我的上进心。蔡老师的教育如春风化雨，润物无声，引领我走向光明。

毕业后回二中看望老师（前排左五为蔡淑卿老师，前排右五为傅孙颐老师，后排左六为朱奖怀）

追悼会后，我把悼文发在同学群里，同学们看了无不见文生情，有的还为我的悼文做了补充。之后几次同学聚会，大家围坐在一起，追思忆念蔡老师爱生如子、严慈结合、化人育才的往事，一桩桩一件件……有位同学感慨：现在，这样的老师越来越少了。

可我何其幸运，在二中四年多遇到了三位恩师，马老师发现和发掘了我的亮点，傅老师为我指明努力的方向，蔡老师则用母亲般的关爱，牵着我的手，一点一点，改变不良习气，一步一步，走出生活泥沼。她用无私的关爱，融去我心里的坚冰，破土而出的是一天比一天更强的信念和克服困难的决心。

蔡老师对我的影响是深远的。在农村插队也好，在房管局、建设局工作也罢，始终把老师寄予希望的"做百姓欢迎的人"作为人生的信条。后来我参与民盟、政协、人大的履职工作，任何的场合，只要能为社会奉献，能把我得到的这份温暖和爱播撒出去，我都会以恩师为榜样，去身体力行。

蔡老师母亲般的关爱，温暖了我的整个人生。

朱奖怀给青少年讲"我爱厦门"专题教育课

在二中我读了不少名著

在老师们的帮助下，高二这一年，我的变化比较大。上了蔡老师的语文课，受到他们家庭的感化，我慢慢地喜欢看书了，可整个高中阶段，我跟体育老师还在闹别扭。当时我们体育课做操、做各种运动都是男生在前女生在后。为维持家里的生计，我上体育课常迟到，迟到了得站在女生后面。我心里特别不愿意，自觉不自觉地就站到男生的队伍里去，体育老师硬把我拉出来，于是我就跟老师发生了肢体冲突。我被请到了二楼办公室，老师说要处理我，要进行"斗私批修"，倔强的我竟然再也不上体育课了。

本来在厦门工艺美术学校任教的林懋义老师，因成分不好挨批斗，那段时间到我们二中来管理图书。后来他成为民进厦门市委副主委，我们偶尔一起参加统战部召开的会议。当时他每天整理报纸、杂志，将其上架。我体育课上不了了，就利用这个时间到图书馆去找林老师借书看。图书馆前面摆着《金光大道》《艳阳天》等当时的时尚书籍，后面则藏着很多宝贝。林老师见我爱读书很喜欢，跟我约法三章：每次只能借两本，每次借期一星期；有借有还，还旧借新；只能自己看绝不外传。因为信誉好，所以在相当长的时间里，我享受了多数同学没有的待遇，可从校图书馆借出许多市面上看不到的好书。

这个时期，我读了《聊斋志异》《西游记》《红楼梦》《三国演义》等名著，也读了奥斯特洛夫斯基《钢铁是怎样炼成的》，托尔斯泰《战争与和平》《复活》《安娜·卡列尼娜》，肖洛霍夫《静静的顿河》《一个人的遭遇》，还有雨果《悲惨世界》，美国优秀文学作品《飘》《老人与海》《汤姆叔叔的小屋》英国诗人拜伦的长诗《唐璜》，以及其他感兴趣的科普读物，等等。

我如饥似渴地阅读，沉浸在这些经典名著和感兴趣的书籍里。周围也有酷爱读书的同学，那时的我最不缺少的就是肝胆义气，为了保证我最要好的柯同学、许同学都能读到这些好书，三个好友约好每人须在两天内看完再轮换，这样既让三人都读到经典，又能遵守如期还书的约定。好多书学校里不能看，回家每晚挑灯，津津有味地品读，贪婪地汲取着其间的养分，在那个年代，这是多么奢侈的享受啊！

从"问题学生"到几乎全优

高中阶段尤其是高二这一年，在几位老师的敦促、帮助、教导下，我有了很大的变化，各科成绩稳步提升，可以往形成的"问题学生"这个灰色印记岂能一抹而去？

说一个笑话。工作后有一次回到二中，找爱人的表妹办事。表妹在二中上班，办公室在校办公楼二楼，许多老师都好奇地从窗户张望，看到我时，一位老师满脸惊讶，脱口第一句话竟是："你表姐怎么认识这个人呀！"表妹回家问我怎么让人有奇怪的感觉。那时我已大专毕业分配在鼓浪屿房管所上班，爱人是我大专班的同学。在大专班，我可是她表姐眼里刻苦上进的青年呐。可是，在二中的部分老师眼里，表妹是厦大教授的千金，表姐的家境、家教也不错，怎么会找一个曾在二中出了名的"问题学生"呢？

表妹不知道的是，在恩师的感化下，高二时我从内在的思想情感到外在的行为表现已有所改变。如果有某一周我的表现不好，或者某一科测试的成绩不理想，心里会非常不好意思，会自然想道：周五的晚上要去蔡老师家吃饭，老师询问起来，那怎么办？因此我远离了那班"损友"，学会了控制自己的情绪和拳头，打架斗殴这样的事慢慢杜绝了，我把精力都投到学习上，成绩也就上来了。

那段时间，我脱颖而出，有些科目成绩在班里十分靠前，心里也有了底气和自信，觉得只要努力，自己也是能够把书读好的，是可以成为一个好学生的。

记得有次上化学课，老师提问："在铁壳货轮上都绑着一个大锌块，这是为什么？"提问了三四位同学都没答对，老师指着我："朱奖怀，你起来说一下。"我回答道：锌比铁活泼，容易与海水发生化学反应形成氧化锌，氧化锌会形成一个保护层，对铁壳船起保护作用，在锌块融化之前，可以有效避免铁壳轮的船壳不被海水侵蚀。

我的回答得到了老师的肯定，课外读书相对多的我牛了一把，这种感觉真好！老师说得对，要立足社会被人尊重，得有知识有本领啊。

我有一个要好的同学，他学习好，年年当班干部，我心里非常羡慕这位同学，从小到大他都是我心中的标杆。他父亲是我们的老师，姓洪，对我也挺好的。毕业考后我到洪老师家玩，赞叹洪同学品学兼优，洪老师说："你谦虚了，你的成绩比他好多了。"我说这不可能。洪老师说："全校的成绩都是我管的，我能不清楚吗？你们毕业考，考试总科目有十一科，你九科全优。其他的两科，一是政治，二是体育。政治你也考了九十二分，政治科成绩与表现挂钩，你因表现被降为良。体育科则因缺课，打分不及格。"

洪老师说我的成绩好，高二下学期的表现也不错，在他心目中，我也是不差的学生。当时听到洪老师这样的评价，真是感慨万千。

朱奖怀（右三）与厦门二中 1975 届高二（2）班同班同学

穷人的孩子早当家

1975 年 6 月，高中毕业后，我到厦门皮革厂当临时工，工资十分微薄，为了多帮家里分担一点，同时到厦门鹭江道麦仔埕码头当装卸工。这么重的体力活，大夏天的个个汗流浃背，许多人吃不消，都在喊累，可对做小工长大的我来说，是稀松平常的事。

同年 9 月，响应国家号召，我跟许多知识青年一样上山下乡，成为一名知青。我被分配到同安洪塘公社郭山大队。身强体壮的我，耙田、插秧、割稻、挑谷，种地瓜，养猪，村里的农活样样能拿得起，很受当地农民的欢迎。因表现出色，不到一年，就当上了生产队的副队长。

每当夜深人静，我便思考自己的人生。二中给了我知识的滋养和人生的启蒙，在单调劳作的日子里，我没有忘记自己的人生理想，要通过读书提升自己改变命运。在郭山大队，我拼着命干，也是想能够闯出一条上工农兵大学的路来。自己表现虽好，但出身不好，上大学仍是奢望。

1977年恢复高考，好政策送来新的曙光。当生产队副队长，我样样带头，全天劳动，几乎无休，没有时间复习准备，第一次参加高考落选了。1978年也没考好，当年12月，我回到厦门工艺美术厂当临时工。

那时候学习条件太差了，没房子住，下乡回城，20多岁的我还跟母亲住在7平方米多的房子，挤在一张床上。

从记事起到考上大专班，打过各种各样的小工，从事不同的体力劳动，吃过这样那样的苦头，用一句话来概括就是，穷人的孩子早当家。今天回头来看，艰苦的成长历程磨砺了我的意志，使我拥有与基层百姓相同的思想情感。

考上建筑大专班

直到1979年夏，我被扩招上了厦门建筑大专班，才开启学知识、用知识服务社会的人生阶段。我很珍惜这个来之不易的机会，沉下心狠读了两年，打下了建筑基础，也与建筑行业结下了不解之缘。

读建筑大专班时，朱奖怀遇到了终身伴侣

在大专班里，我遇到了相爱的人。这辈子，不论求知识，干工作，还是建言履职，我常常是忘我般的投入，没有她这个贤内助的默默支持，家里的事会怎么样，真难以想象。

在建筑行业里摸爬滚打

1981年6月，我从建筑大专班毕业，随即分配到原市房管局鼓浪屿房管所工作。知道自己书读得不多，背景又不好，工作安排不怎么理想，在意料之中。虽如此，领导交代的任何工作，我从未推脱。分配不好没关系，我就从修厕所、补瓦片做起。现场施工不管是维修还是基建，随便做哪块，都有预算、监理、水暖、电、土建、结构、建筑、装修等环节，所有的技术问题都要想办法解决。房管系统事情特别多，也特别能锻炼人。

从1981年毕业至1984年，我一直任土建施工员、技术员。每天都努力干活，尽量把所学用到工作上，很快便发现知识不够用，需要学的领域很广，得不断补充新知识。所有的活都边干边学，每个月发工资都会买书。在行业里摸爬滚打二十多年，积累了许多经验，也积攒了不少专业书籍。很快，我便成为样样拿得起的多面手，领着一帮人干活。

1985年6月开始，我到厦禾房管所工作，任维修队副队长、助理工程师。领导交代什么任务，就钻研什么，向能干的前辈学习，买相关的书来啃。工作中我发现偌大一个市房管部门，居然没有拆迁的法律法规和补偿办法，没有房屋安全鉴定的标准，这些都引发了我的思考，促进我不断买书、请教、学习、探索。所有的功夫都没有白费，为我主编《厦门市房屋修缮定额手册》、任"危房鉴定办公室"负责人、任片区改造小组负责人、接受市建筑市场整顿任务、参与厦禾路旧城改造工程等后来各方面工作打下了基础。

1993年2月至2007年2月，我在厦门市建委、厦门市建设与管理局任建筑业处副处长、城市管理处处长，同时兼任厦门建筑业协会常务副秘书长、厦门市建筑装饰协会会长（第二、三两届）、第二届厦门景观绿化建设行业协会会长。

从1981年毕业至2007年，我在建筑领域摸打滚爬，二十六年里，算上借调、抽调，平均每三年换一个岗位。专、兼职工作都算上的话，与盖房子有关的事几乎都做了一遍。

一、主编《厦门市房屋修缮定额手册》

生于风云变幻的1957年，度过艰难的童年少年，经历上山下乡的磨炼，心怀"为老百姓做事"的理想，我珍惜各种机会。实践中我认识到，"没有规矩不成方圆"，只有行业的标准和规矩先行，工作才能稳步有序高效。这不，机会来了，1983年10月和1986年2月，我两度被借调到原市房管局主持编撰1984年版、1986年版《厦门市房屋修缮定额手册》。

房屋修缮涉及的工程很多，包括拆除工程，土石方、灰土工程，砌筑工程，钢筋混凝土及模板工程，金属结构工程，木架构及屋面木基层工程，屋面、保温及防水工程，白铁及庭院工程，脚手架工程，楼地面工程，墙柱面工程，门窗工程，顶棚工程，油漆、涂料、裱糊工程，等等。我能主持编制工作，基于平时注意资料收集，认真参考外省定额标准，善于结合现场工作经验。

我主编的定额手册出来后，因实用性强，颇受欢迎，后来又再版了一次，直到1996年全国统一的房屋修缮定额标准出台后才停止使用。

二、任片区改造小组负责人

厦门经济特区建设前十年，受到财力限制，旧城改造一直也无法真正实施。1990年后，随着鹭江道等一系列改造工程陆续上马，全市旧城改造全面启动。

由于业务能力被领导认可，1990年5月，已有将近十年工作经验的我再次被抽调到市房管局，任旧城改造办负责人。负责定安小区、霞溪小区片区改造规划工作。当时，小组成员里，清华大学、复旦大学、同济大学建筑系毕业，科班出身者比比皆是，为什么旧城改造这么重要的工作要由我这个建筑大专班毕业生来统筹规划和安排？每个人受教育机会是不均等的，个人天资有高有低，碰到的机遇也不尽相同，但是，勤奋好学、真抓实干、敢于承担，这些应该才是一个人能成事的品质，远比学历来得重要。

在不同的工地上，面对各种各样不同的问题，我从不推诿，困难时刻总是挺身而出。我的好学勤奋每个人都看得见，包括反对者、冷眼旁观者。解决问题的能力就是在干事情中逐步提升的。在工地干活，最多的时候我要管七八个建筑班组，工作量可想而知，尽管这样，我总是要求自己干得再多也要力求质量。愿意学，努力干，不怕多做事多付出，我相信这样的人终归不会吃亏。

功夫不负有心人，定安小区、霞溪小区片区改造规划工作于1992年底告一段落。1993年2月我也因参加旧城改造规划，进入了时任市建委总建筑师陈永欣老师的视野，为后来参加厦禾路旧城改造，从市房管局调到市建设与管理局工作做好了铺垫。

三、参与厦禾路旧城改造工程

厦禾路旧城改造工程两次获评厦门年度十大新闻事件之一，2011年还被列为厦门改革开放以来的三十件大事之一。回望20多年前，随着经济特区建设步伐加快，厦禾路越来越不适应发展的需要。道路狭窄，交通拥堵；工厂和住宅混杂在一起，工厂发展受制约，废气和噪音终日不绝，居民不得安生；两侧65%的房屋为危房，70%的住户是住房困难户。

1993年，厦门市委、市政府将厦禾路旧城改造列为当年为民办实事的重点工程，抽调各路人马成立厦禾路旧城改造指挥部。时任市长洪永世亲任总指挥，市政协主席蔡望怀（曾任分管城建的副市长）担任常务副总指挥，主持日常工作。经市建委副主任、总建筑师陈永欣老师推荐，我于1993年2月借调至厦禾路旧城改造指挥部，任指挥部办公室工程助理、工程处副处长（无行政级别）。

1993年7月1日，厦禾路道路施工前，厦禾路旧城改造指挥部主要领导视察工地现场，我作为指挥部工程助理随同参加。下面这张照片前排左起为张益河（市政工程管理局局长、指挥部工程处处长）、陈永欣（市建委副主任、指挥部办公室主任）、洪田中（市政工程管理局总工程师、指挥部工程处副处长）、洪永世（厦门市市长、指挥部总指挥）、蔡望怀（市政协主席、指挥部常务副总指挥）、王建英（市房管局宣传干事、指挥部办公室宣传干事），后排左起为李荣柱（市征地拆迁办副主任、指挥部拆迁处副处长）、李杰（电视台记者）、

1993年7月1日，厦门市厦禾路旧城改造指挥部主要领导到工地视察

朱奖怀（市建委村镇规划建设管理站工程师、指挥部办公室工程助理）、苗金美（市政一公司书记）、陈志成（市政一公司总经理）（以上均为时任职务）。

厦禾路旧城改造工程前期工作很多，2.4平方千米的项目范围要拿出整体规划，政府得尽快出台拆迁办法和规章制度，还要在短时间里拿出总施工设计图、总工程概算等。环顾四周，建筑行业高学历者不少，实践经验丰富，但对上述几大块都比较熟悉的人才实在不多。到厦禾路旧城改造指挥部工作，我迎来了事业发展的又一次转机。

整个厦禾路旧城改造项目，第一年道路拓宽工程，就拆了近5000户。全项目范围内拆掉了47家工厂，关联企事业单位500多家，动迁10700户，涉及居民31500人，从头到尾没有大的上访。指挥部办事效率高，底层反映的问题一般都及时协调解决了，更主要的是整个项目建设的指导思想对头。项目上马伊始，市委、市政府就把旧城改造和安居工程紧密结合起来，确立了"以民为本"的指导思想，把改善市民的居住条件放在首位。

在厦禾路旧城改造指挥部工作的四年多里，我经手了大量拆迁工作，涉及的安置房工程，既有仙岳、浦南一带的多层拆迁安置房工程，也有希望大厦、金祥大厦、城市花园等高层安置房工程。项目运营速度快，时间紧，任务重，工地上的施工队伍不分昼夜地干活，我负责各代建单位协调工作，加班加点，不知疲倦，在大家共同努力下，保质保量如期完成了指挥部下达的各项任务。

到了1997年，指挥部工作进入了收尾阶段，其中有一项工作很重要，就是测算房租。因为厦门历史以来没有高层建筑住宅出租，计算房租没有标准可循，负责测算工作的人员缺乏具体工作经验，用教科书的方法来算租金，结果很难施行。因在房管部门工作过，编过《厦门市房屋修缮定额手册》，我知道关键得抓住租金与造价的关联性。我建议，依据政府公布的信息，当时多层公房平均月租金为每平方米0.8元，多层建筑的平均造价是每平方米1250元，高层建筑的平均造价是每平方米2500元。按这个比值，用简易方法很快算出了高层建筑的平均月租。大家都认为很难的问题，我用简单的方法解决了。整个厦禾路旧城改造工程中，类似的事件多了，我得到了市政协主席、指挥部常务副总指挥蔡望怀和服务对象的双重好评。

四、任市建筑市场整顿办常务副主任

1997年，我正式调到市建委任建筑业处副处长，主要分管执法监察日常事务，处理建设工程突发事件。2000年11月，又被抽调到由市政府组织的，由计委、建委、财政、工商、监察等部门参加的厦门市整顿建筑市场领导小组办公室，负责日常工作。2001年5月，被任命为整顿和规范建筑市场专项办常务副主任。

接手建筑劳务市场管理工作时，面对的是一片乱象：市场没有规则，乱招乱雇现象普遍，工地上侵权事件不断，建筑民工上访、闹事、围堵交通、打砸抢，什么事都有……怎么办？首先要懂行。我买来一大堆书，对《建筑法》《合同法》《招标投标法》《城市规划法》《建设工程质量管理条例》《劳动法》以及新出台的有关建筑市场、劳动与社会保障的法律法规进行一顿"恶补"。

在较好掌握法律法规的基础上，我组织开展调研，集思广益，拟出《厦门市建筑劳务管理办法》，又根据建设部和厦门市有关文件，汇编出《办公室人员工作手册》，从市场准入到企业年审，规范了各个环节的流程、准则。随着上述文件的出台实施，开展对全市5万名建筑民工的大规模培训，合格后发证上岗。随着行业用工制度建立健全，企业用工行为日益规范。

　　着手成立队伍，依法对120多家施工企业、50多家勘察设计单位、10多家监理单位进行执法检查；对40多家不合规企业通报批评，责成其完成自查自纠；对103个有问题的项目下达整改通知书，对20多个违法违规项目进行行政处罚；通过与物价、税务部门沟通，营造了较好的建筑市场环境。

　　在方方面面的帮助支持下，劳动纠纷陆续得到处理，追回的拖欠工资逐步依序发放。5年多时间里，在上级的指导和同事们的共同努力下，共解决近4万人（次）民工约3亿元的工资问题。上访、投诉、各种突发事件明显减少。"饮水思源""人民公仆"多面锦旗上墙，那是社会和百姓的肯定；"省整顿和规范市场经济秩序工作先进个人"荣誉，那是组织的嘉奖与鼓励。我的工作得到建设部、省建设厅、厦门市领导的高度评价，自己的付出非常值得。

鼓浪屿走出的"佳丽"

——贺迎芳口述实录

口述人：贺迎芳

采访人：朱志凌

采访时间：2021 年 7 月 10 日下午

采访地点：贺迎芳家

【口述人简介】

贺迎芳，厦门佳丽餐饮管理有限公司董事长、厦门市餐饮行业协会会长、厦门众乐联企业管理有限公司董事长。

获得荣誉有"中国最具影响力企业家"、"全国饭店业优秀企业家"、"全国食品安全优秀管理企业家"、"中国餐饮业年度十大人物"之一、"全国关爱员工优秀民营企业家"、"全国餐饮业优秀企业家"、"厦门市十大慈善之星"之一、"厦门市优秀中国特色社会主义事业建设者"、"2021 年厦门市十佳食安卫士"之一等，是一位充满大爱的领导者。

贺迎芳

我的家庭背景和熏陶

我出生在军人家庭。父亲祖籍山东，早年参加革命，是南下干部，参加解放厦门鼓浪屿的战斗，成为解放厦门的一名军人。由于他浑身是伤，解放后，部队上级就安排他住在鼓浪屿的部队疗养院（"六九疗养院"）疗养。1965年退休后，他一直住在疗养院，1980年后转为离休干部。父亲一直都是军人身份，也一直保持着军人的气质与作风。

我的父母生了我们五个女儿，我排行老二。姐姐从小参加体育运动，14岁就被选拔到省运动队，后来又被选送到北京国家体育队。姐姐从小就离开家，留在家里的我则挑起了老大的担子。那个时候我们家孩子多，全家只靠父亲的退休工资，家庭经济情况也不宽裕。我也比较懂事，能帮着妈妈做家务，是一个非常乖巧的女孩。

就这样，我们在鼓浪屿读了小学、中学。读小学时我还懵懵懂懂，到了中学，进入历史悠久的厦门二中，就渐渐地懂事了，尤其是母亲希望我们要努力读书，学好知识，好好做人。

我的中学教育与感悟

我小学毕业后进入鼓浪屿厦门二中上中学。那个年代，正是"文化大革命"的动乱阶段，学校教育受到冲击。初中给我最深的印象，就是和老师的互动，以及与同学们的友情。中学的学习也给我打下了知识和文化的基础。

我写过一本书，回忆了我的学生时代。厦门二中是有百年历史的学校，师资水平很高。在"文革"中，有些很优秀的老师尽管被批斗、被打成"右派"，但还是兢兢业业地把知识传授给我们。包括我们的黄杜光老师，虽然有时候对学生严格一点，但是很认真。男同学很调皮，有时候会恶作剧，一进教室门，就把扫帚和垃圾桶放在门上边，老师一推门进来就哗啦啦落下来，可是老师也没有责怪他们。黄老师经常在一个本子上记录，因为我们期末都有总结，老师要写评语。黄老师很认真地记录平时学生的学习和表现，期末写评语就是靠那个本子。男同学调皮，就千方百计想把小本子偷走。

中学时代，除了学文化知识，还有学一些其他的，像体育啦，美术啦，音乐啦等等。这些也为我后来人生路上，提高自己的人格，发展企业文化奠定了非常好的基础。还有就是在学校跟老师互动，积极参与班级活动，担任班干部，对我锻炼很大。我那个时候当生活委员，虽然觉得很难，但是乐在其中，也很开心。后来我的事业就是做为人服务的事情，我想我走这条路，跟我在学校的经历是有很大的关系。

人生第二甲子，回望大半辈子，我深深感到中学时期是一个人学习知识和树立三观的打地基阶段，对一生有不可替代的影响。

体会一，中学的所有课程，不论喜不喜欢，都要硬着头皮学下去，因为知识是个系统，各门学科之间是互相促进的，中学时候不认真学，过了之后就不可能再回头学了。

体会二，艺术课、体育课、美术课、音乐课一定不能轻视，这些涉及美育、体育、人文的课程，起到塑造人格、促进人全面发展的重要作用。

体会三，中学时期，如能更多参与到老师同学间的互动，以及班级学校的活动，对培养一个人的情商与今后的人际交往能力很有好处。

体会四，中学学习一定要融入大教育的氛围和方向，就是要爱国爱党爱社会，培养家国情怀和服务奉献精神与能力，培养积极向上的阳光心态和吃苦耐劳的精神。

我的创业之路

我这辈子最遗憾的就是书读得太少，在后来的事业发展中，我也在不断"恶补"。

我没有读大学，只读到高中。那个时候我家的经济情况并不宽裕，而且大环境就是早早地去工作，我也比较懂事，想为家里挑担子，于是我进了原来的国营企业厦门鼓浪屿灯泡厂当工人，跟舒婷是一个工厂，而且是正式工，要知道那个时候铁饭碗是非常难得的。

在工厂，我一直很认真地工作。做了一段时间，发现收入太低，没办法解决家里的经济困难，于是坚决地扔掉了铁饭碗，想出来创业。这在那个时候是很有勇气的，很多人百思不得其解，这么难得的铁饭碗，怎么说扔就扔掉了？其实我也没想太多，就想着，大不了创业不成，再回去做铁饭碗的工作嘛。

那是 1982—1983 年间，我们就开始策划、筹备，选择项目。当时已经改革开放了，我们遇到了这个良好的机遇。这个好的条件下，为什么不能做点什么？我们看到鼓浪屿有这么多的游客，就想着做一个小生意，来迎接鼓浪屿越来越多的游客。我母亲就说："要不然我们开个咖啡厅？"于是我们开始行动了。我们的第一个咖啡厅就在鼓浪屿龙头路 113 号，鼓浪屿音乐厅的斜坡下面。因为我们家女孩子多，我母亲便为我们的第一个创业小店起名为佳丽咖啡厅。"佳丽"这个名字从此诞生，也伴随着我们的企业走过几十年的历程。

一开始，佳丽咖啡厅都没有现在住房客厅的面积大。因为是鼓浪屿的第一家咖啡厅，一开业，生意好得不得了，单咖啡一天就能卖三百多杯。我母亲虽然没什么文化，却挺有眼光，很有远见。她在我们咖啡店生意兴隆的时候，就看到了中餐的潜力。想想鼓浪屿这么多游客，他们除了喝咖啡，也要吃饭啊，而我们店的咖啡和小点心已经满足不了需求了。于是我们开始由咖啡厅转型为餐厅，转型以后，生意更好了。我母亲在每一次佳丽的转折点上都起到了非常重要的作用，她的眼光、她的远见为佳丽把控了战略性的方向。

我们的佳丽咖啡厅从 1983 年创业到 1992 年，生意一直很好。1992 年我们看到形势这么好，原来的地方已经容纳不下我们的客人了，就搬到音乐厅院子里去经营。音乐厅面积大，而且那个地点非常好，所有的游客都会路过。就在音乐厅边上的榕树下，在大台阶旁边，很显眼。在那里，我们从 1992 年做到 1994 年。

1993 年，有一次我跟母亲到厦门去参加一个晚会，回来的时候经过轮渡码头，无意中看到停靠的一艘趸船，空荡荡的。那时我母亲就萌生了一个念头，

佳丽餐厅开业

扩大了的佳丽餐厅

她说："哎呀，佳丽如果能搬到这个趸船上，让我们的客人少走这么一趟岂不是更好？"因为那时候很多人专程去鼓浪屿到我们的餐厅吃饭。

说做就做。佳丽轮渡店1994年开张，生意照样很火爆，那个时候真是我们的黄金时代。到了 1997 年，母亲走完了她的人生，享年 62 岁。母亲临走前有一个愿望，就是希望我们能拥有自己的酒楼。

轮渡的佳丽餐厅

五姐妹与母亲在一起

　　1998年，我们五姐妹买下了湖滨南路813号的宝福大厦四楼整层，真正实现了母亲的愿望。

五姐妹实现了母亲的愿望——"拥有自己的酒楼"

　　佳丽最初发育生长在鼓浪屿，尽管38年来从小岛出发走向跨国发展，成为享誉八方的著名餐饮品牌，但是一直没有失去浓浓的鼓浪屿情怀、鼓浪屿人缘、鼓浪屿文化底蕴。在38年发展历程中形成的佳丽企业文化中，鼓浪屿文化是重要底色。

五姐妹依然携手

佳丽企业文化

　　企业的发展，关键在人，而一个人的发展和成长，跟他小时候周遭的地理环境和生活环境是息息相关的；企业的发展，还需要有好的时代机遇。我们既有鼓浪屿的区位优势和良好家教的成长环境，又遇到了改革开放的好时代，所以一开始就是顺风顺水。当然了，中间也有很多的挫折。一个企业能够走到将近40年，一定有它的坚固根基。佳丽企业有一种坚韧不拔的精神，有一种在困难面前不低头的毅力。几十年来每一次重大风险和挑战，我们都挺过来了，包括1997年的金融危机，2003年的非典，2013年的H7N9禽流感，还有这次的新冠病毒。我们在困难面前不低头，带着团队，勇往直前。生存是企业最大的一个挑战，只要活着就有希望了。

　　企业在长期发展中形成的好传统和规则，是企业的宝贵精神财富和灵魂。母亲在我们的事业发展中就给我们立下了很多的规则，比如她要求我们要对员工好，员工才会对我们好。这虽然是句简单的话，但是含意深刻，太重要了。你对员工好，他就会对客户好，客户又会对企业好，这样循环起来，企业就能更好。

　　我母亲就是特别地"舍"，总是把好吃的东西给邻居东送一份，西送一盘。邻里的孩子们来到家里，都跟自家孩子一样有吃的，大家都喜欢到我们家。我们有时候也会想不通，为什么别人都不带东西来我们家，我们却要把自己的东西给人家吃？母亲太有胸怀了，说福要大家一起享才是真福。我还记得有一次到月底，父亲工资还没有发，母亲口袋只有五块钱。这时候一个姨妈来我们家借钱，母亲还拿了两块钱给她，我们就剩下三块钱。后来我在生活、工作中，都自然而然地觉得我们有，就要分享给别人，可见母亲的言行举止影响了我们。

　　有一次我到大别山的一所学校去，在那里给学生做了一个励志演讲。孩子们都很喜欢我，纷纷让我签名。我就跟他们说："你们挑班级里学习成绩最好的，让老师带你们到厦门去，看看我的企业，看看其他的地方。"老师真的带他们来了，校长和四位老师带了二十几位学校最优秀的学生在暑假的时候来了。于是，我带他们参观我的企业，参观厦门大学，参观美丽的厦门。这将近三十人的行程食宿全部由我安排，我也拨出时间全程陪同，陪他们坐大巴出去参观，在车上给他们讲我的创业史，讲厦门的建设，相信这趟旅行会给这些很少出门的孩子留下深刻的印象。

这次疫情太突如其来了，对餐饮业更是重创。我们在及时做出许多业务调整的同时，强调企业上下树立与企业共生存的意识。现在企业有困难，我带头不拿工资，跟企业同甘苦，先保住企业，因为有了企业才有我们。所以我们的很多高管，还有优秀员工都提出倡议说疫情来了，我们不拿工资，太令人感动了。这些都是因为不断在企业文化建设上用心用力，让员工感觉到自己与企业是一体的。

企业的学习能力和与时俱进能力也是一种重要竞争力。我一直在学习，加上自己的人生经历，所以经常有人请我去演讲。有一次我去参加一个毕业典礼，三百多名学员毕业。主持人一看我来了，直接把我拉到台上要我讲几句，我也能马上就学员情况给他们一些激励。有时候市里一些部门也请我去做演讲，我也都能得到热烈的掌声。我也曾回母校厦门二中去做演讲。校长邀请我去给两千多名师生讲讲自己的故事，以激励学弟学妹们。因为讲的是自己的亲身经历，所以讲起来特别起劲。

我一直觉得趁现在身子骨还能动，走得动挪得开，要多分享一些文化给员工们，给企业留下一些东西，告诉后代我们是怎么走过来的，希望他们继承前辈的优良传统。我们企业也在转型，原来只开门店，现在开始为企业服务，有配送，也有整个团队输出。不管是配送产品，还是团队输出，我们都要坚持保质保量，保证佳丽的品牌。

企业的社会责任感是佳丽企业文化的重要组成部分。我们一直以来强调企业的正能量和大情怀，就是爱党、爱国、爱社会。

2021年，我被评为厦门市十佳食安卫士之一。十个人里，有八个是体制内的，律师、公安、消防、疾控人员，另外两个，一个是我，佳丽餐饮管理有限公司的，另一个是元初的。太不容易了，我是食品安全的守护者！我个人认为这是我这一生最高的荣誉。

其实人最重要的，还是身体健康。不管是硕士、博士，如果没有一个好的身体，也难以发挥人才的作用。现在流行一句话，未来最重要的三件事就是：我很健康，我能给别人健康，我正在传播健康的路上！佳丽人要在新时代里，努力为实现人们对健康美好生活的向往做出更大贡献！

生活与创作，情怀很重要

——冯鹭口述实录

口述人：冯鹭

采访人：陈秀芹

采访时间：2021 年 6 月 16 日

采访地点：厦门海关大楼 501 海关文联书画室

【口述人简介】

冯鹭，女，1960 年 3 月出生于鼓浪屿，厦门二中 1978 届高中毕业生；1979 年 10 月参加工作，历任厦门海关新闻干事、综合科长、《海关人》杂志执行主编、海关总署《金钥匙》杂志特约记者 / 专栏作者、海关总署海关文化工作室主任、厦门海关文联主席 / 学会副会长、中国作协会员、福建省文联 / 厦门市文联全委会委员、鲁迅文学院福建中青年作家班学员、厦门民盟文化委员会委员、《民俗报》特约记者，创作有《儿时的鼓浪屿》《爷爷的家传宝典》《给我撑着》《眼泪比鲜血更灼热》《厦门远华大案》《冰山上又有来客》《中国缉私警》等作品。其中，《陷阱，出现在热带雨林》《西藏关区万里行》分别获得"蓝盾优秀作品奖"；《圣土不老——走读红其拉甫》一书被中国社科院文学研究所专家评为"2007 年最值得阅读的十部书"之一。近年来数次参与策划海关总署赴边关慰问演出活动、厦门海关宣讲演出等文艺活动，创作诗文朗诵作品《天风海涛颂国门》《朗读者：天下有家国、山水有知音》《边关，永远的家国情怀》《今天，我又回来了》《我们都是这样的人》等，荣立个人二等功一次、三等功两次。

冯　鹭（冯鹭　供图）

陈秀芹：口述历史的采访，一般都找年纪比较大的，你相对比较年轻，我看这次厦门二中推荐名单上有你，这引起了我的兴趣，知道母校为什么会推荐你吗？

冯　鹭：英国《口述史》杂志创编人保尔·汤普逊（Paul Thompson）说过："口述史是第一种类型的历史。"这句话让我印象深刻。还有我国著名史学家、文学家梁启超在《中国历史研究法》中也说过："采访而得其口说，此即口碑性质之史料也。"这或许就是口述史的价值所在吧。

乾坤太大，个体太渺小；历史有如浩瀚的海洋，而我们每个人如同一滴水，发出属于自己的滴答作响的声音。用自己独特的视角，讲述属于自己、家族以及同代人的经历，这种以第一人称的讲述、归整成文，既属于个体，但又同属于周遭的历史境遇与时代语境。

二中之所以把我列入推荐的采访名单中，可能因为我们家与鼓浪屿，与二中的缘分不浅吧。从外公外婆，到父母亲，再到女儿这一代，近两个甲子岁月的沉淀，我们家已是名副其实的鼓浪屿原居民，因此我总喜欢以"鼓浪屿孩儿"或"岛民一枚"自居，给自己贴上这样的地域标签，也足以彰显我是正港的鼓浪屿人，对小岛有着历久弥坚的不老情怀。

二中有着 150 年的历史，其前身包括毓德女中、怀仁女中、英华中学、厦大校友中学、鼓浪屿侨办中学等。百年老校，历史底蕴深厚，人文气息丰饶。这所学校很特殊，中西文教的百般浸润，天风海涛的千般涤荡，它始终与小岛根系相连，荣辱兴衰相牵。这所学校，与大部分鼓浪屿人都有着关联，如小岛曲巷幽长、曲径通幽的关联。我母亲小时候就读毓德女学，我二舅就读英华书院，我小舅在二中担任英语教师；还有，我父亲在二中任党总支书记七年半直至退休；再有，我们姐弟仨也都是二中的学生、校友。不仅仅只是我家，许多鼓浪屿家庭，甭管是名门望族还是普通人家，都有与生俱来的小岛情结和难以忘怀的二中情缘。

"一切真历史，都是当代史。"我常在想，过去与现在，历史与当下，这不仅只是一个时间轴的概念，还包含着历史的维度、文化的宽度、思考的厚度、人文的温度。我今年 61 岁了，我理解的"花甲之年"应该是到了可以写回忆录的年龄了。从我的角度去解读鼓浪屿，去体察岛上人，去盘点祖辈、父辈以及我们这一代人的人生境遇和心路历程，这是一件既有意思又有意义的事情。

陈秀芹：一听你们就是典型的鼓浪屿人家。很想听你聊聊父母家人、街坊邻居，分享一些成长的故事，鼓浪屿的故事。

冯　鹭：我 1960 年出生，赶上国民经济最困难的时期。听我母亲说，她生我坐月子时，政府只给供应了一只冰冻的鸡，还有半斤的白糖，而且是凭票的。当时的我先天不足，缺钙少营养，瘦骨嶙峋，有气无力。不像现在的孩子，营养结构和智力发育都好，三五个月可以昂首伸眉，两岁半会背儿歌什么的。我快两岁时双脚站不起来不说，一颗小脑袋也常常耷拉着。

尽管岁月蹉跎，但激情燃烧。那时候父亲在集美中学任教，周末才能回趟家；母亲怀我时粗茶淡饭、清汤寡水，生我时除了吃那只政府凭票供应的冻鸡外，还吃了一只学校教职员工自养送来的活兔。当时人民小学被指定为深化语文识字教学试点单位，赶上省教委陪同中国文字改革委员会领导小组组长许世龙来视察、听课，母亲产假还没休完就到学校接待，并上了一堂别开生面的语文识字课。省教委下达任务，学校指定厦师毕业刚参加工作的郭老师来协助我母亲继续深化语文识字教学试验课的内容，母亲索性让郭老师住到家里来，两个大人挑灯补充课件内容，不知咋的襁褓中的我居然滚下床去，吓出母亲一身冷汗。她把我抱上床，我像只可怜的小猫咪般，只哼唧了一声，又呼呼睡着了。

我一岁多时被寄养到市工人文化宫斜坡下面的姨嬷家三楼一户平常人家。姨嬷是食杂店营业员，每天忙里偷闲地熬粥，盛上一碗且浇几滴酱油或撒几粒白糖，就端到三楼让保姆喂我吃粥。那家保姆可好，先给她孩子喂一口，尔后喂我一口，接着她自己也吃上一口，一碗粥三人吃，到我嘴里自然非常有限。邻居实在看不下去了，就偷偷地告诉我姨嬷，她火冒三丈地跑上去跟人家理论、吵架，骂保姆太缺德。保姆哭了，说对不起，他们家没米了，可她和儿子实在是饿得够呛。

母亲得知消息后，从鼓浪屿赶到姨嬷家，可快两岁的我趴在保姆家旧竹椅轿（以前闽南人带孩子惯用的）上，任我母亲千呼万唤，小脑袋勉强抬起，白了她一眼，小脑袋又耷拉下来。母亲很心疼，抱着我回家，后来就把我寄托在鼓浪屿龙头路邮电局对面的"福州嬷"家。福州嬷是我外婆的老乡，人很好，每天用海蛎干熬粥给我吃，说这样最补钙。我天天吃，吃了有大半年的海蛎干粥，不仅可以抬头，还会走路了。但海蛎干真吃多了，以至长大后我一闻海蛎干便想呕，实在不喜欢那股腥腥的味道。

记得2006年我到海关总署交流，当时厦门文友泓莹到北京联系有关她长篇小说的出版事宜，住在我那，北京诗人兼摄影家莫非带泓莹和我一起去京都西郊的潭柘寺参观、拍照。莫非长得清瘦，充满"骨感"，聊天时才得知他也是"瓜菜代"的产儿。莫非调侃，说冯鹭咱俩可得同病相怜，当时没得吃没得喝，我们的父母真够能耐，艰苦卓绝中把我们不傻不呆地抚养成人，不容易，够伟大。我笑着说，那是那是，所以要感恩父母，"瓜菜代"生来诚可贵，你我生命价更高……

三岁时的冯鹭（冯鹭　供图）

　　"文革"停课闹革命，停了三年没招生，1969年秋季我9岁那年，才与7岁、8岁的孩子一揽子招生，开始上学。我小学一、二年级就读红卫小学（笔山小学），当时班上有位同学妙安，她家离我家很近，我们又刚好同一个学习小组，所以放学后我常去她家玩，她母亲是位盲人，但钢琴弹得好，我们都亲切地称呼她"丽霞姨"，她今年88岁了，但仍常去鼓浪屿三一堂弹琴伴奏。记得小学二年级，有一回我陪妙安同学去龙头路买面包，妙安把找回的零钱递给她母亲，丽霞姨接过钱时问一句："这是多少钱？"我随口来一句"一块钱啦"。当时我估摸，反正盲人也看不见、认不清，所以就恶作剧一下。岂料，丽霞姨一边摩挲着纸币，一边生气地说："明明是五毛钱，你为什么要说是一块钱？说谎的孩子没人喜欢，要诚实，凡事都要诚实，知道吗？"当时我脸红耳刺，恨不得地上有条缝，好赶紧钻进去。这件事对我触动很大，虽说盲人眼睛看不见，但心里明镜似的；不能说谎，否则盲人都能识破你的谎言。无论何时何地，都要"诚"字当头。所以说真话、写真文、抒真情，以诚待人、以诚做事，一直是我奉行的人生准则。

　　20世纪70年代初，我母亲不再戴着尖顶高帽被拉出去批斗、游街，她不再是"走资本主义道路的当权派"，而重新当回人民小学的副校长，这样小学三年级时我就从红卫小学转到人民小学读书。我们年段有好几个教师子弟，每天上午课间操休息时，老师的孩子们就雀跃般的跑到办公室分享父母的点心，或豆浆馒头，或油条面线糊什么的，但我母亲是校领导，以身作则，很是严厉，她是绝不允许我享用"特权"的。

母亲教我们班的思品课，第一次上课，我紧张得很，把头压得很低，不敢看讲台。课讲得差不多时母亲开始提问，班级许多同学纷纷举手，可她偏偏点名我这个没举手的起来回答问题，这让我很尴尬。更尴尬的还有，回家后母亲居然对我说："以后你在学校碰见我，不要叫我妈。"我说："不叫你妈叫什么？"母亲说："你就叫我叶老师。"不让叫妈，叶老师我又叫不出口，所以在学校见到我母亲，我总是落荒而逃……但母亲的事业心和敬业精神，包括工作严谨、严以律己，这些品格从小就潜移默化地影响了我。

小学四年级，有一次班级大扫除，我穿着人字拖鞋，上厕所不走正道，抄近道且从一米多高的墙头直接跳了下去，没想到被丢弃、横卧在乱草丛中的废旧木板上的一枚铁钉直接从拖鞋穿过右脚，钉在了一起，我自己用左手都难以拔出。还是丽婉同学猛一起劲，才把木板铁钉拔了出来，血一下子喷出，染红了脚和拖鞋。丽婉搀扶着我，走到教学楼，她惊慌失措地大叫："叶老师，你们家冯鹭脚受伤了，流了很多血！"母亲当时在给五年级的同学上课，她兼当那个班级的班主任且教语文，她捧着课本走到廊道，让丽婉同学带我去医务室找傅老师，只记得当时傅老师用棉签蘸一种药水涂抹在我被扎伤的右脚上，涂了十几回了还会起很多泡沫，当时不知道那就叫"双氧水"（过氧化氢溶液），是消毒用的。等到第二天右脚肿得像面包，母亲带我上医院，医生说昨天第一时间就应该来医院打破伤风针，现在打有点迟了。我在家休学了一个多月，右脚不能沾地，上厕得双手抱右脚，脚心不能朝下，否则就钻心般的疼痛。铁钉扎得太深，出现感染、肿胀，后来还用了民间偏方，慢慢地，受伤的脚才好起来。

我一直认为，母亲可敬，但不可亲，威严有余、温情不够。有一度我甚至为自己是教师的孩子感到有点憋屈。直到有一天，不经意中听到一个比我高一个年级，当年母亲当他班主任的陈同学说："叶老师极为疼爱我们这帮孩子。记得有一次我在操场滑倒磕破了脑袋，流血不止，叶老师冒雨背着我到福建路二院缝针，一晃40多年过去了，那情景还历历在目。刚摸了一把左脑门，伤疤还在……"陈同学还说，等这轮疫情过后，他要登门来探访他当年的班主任，我87岁的老母亲。刹那间我被感动到了，看来母亲严以律己、严以待女，但对学生却关爱有加、温情满满。父母那代人大多是这样，"个人的事再大也是小事，公家的事再小也是大事"。

6岁时与父母、姐姐的合影（冯鹭 供图）

讲讲我外婆的故事。我外婆不是亲的，她是我母亲的继母，我的亲外婆在我母亲6岁那年，举家从厦门逃难到鼓浪屿，劳累过度，染上肺痨而死。外婆是福州人，大家闺秀，原先嫁给一位比她大好几岁的杜姓大律师，过着锦衣玉食的生活。杜大律师是龙岩人，在闽南一带名声很响，他带着外婆走香港下南洋，夫唱妇随，好生羡慕。外婆年轻时个头高挑、气质不凡，穿着旗袍抽着烟，喝着美式咖啡打着麻将，吃香喝辣、优哉游哉，唯一缺憾就是不能生育。于是杜大律师就跟外婆商量，希望同意他纳妾，好帮杜家传宗接代。外婆性格刚烈，不同意，最后只好选择离婚。

杜大律师给了外婆一捆钞票，还有好些金银首饰等。离婚后的外婆，在鼓浪屿认识了已经丧偶两年多的外公，俩人喜结连理，外婆拿出杜大律师补偿她的钱款，资助外公做生意。岂料好景不长，1944年9月外公乘坐小舢板船回鼓浪屿（航空警报，厦鼓渡船停航），突遭盟军飞机轰炸，把舢板船炸沉，外公不幸遇难。外婆再没有改嫁，她拉扯着母亲，直到她长大成人。再后来她又帮着带大我们姐弟仨。外婆一直跟着我们生活在一起，可惜 1984 年 6 月她哮喘病发作，呼吸受阻，在 72 岁那年永远离开了我们。

小时候我喜欢跟外婆睡一张床上，听她讲与杜大律师的故事，与外公的故事，讲着讲着，外婆难免叹气，说："你外婆我呀，原本可以过好日子，可杜律师太没良心，居然要娶小老婆，我一气之下，离了。后来跟了你外公，可没过上两年多安稳的日子，你外公又被飞机给炸死了……"

外婆总说她命苦，提起杜大律师当年想娶小老婆一事，她仍耿耿于怀、咬牙切齿。我听说杜大律师后来正式娶妻而非纳妾，生了好几个小孩。他是民国著名的法学家，离开厦门后就去了上海，做过杜月笙的常年法律顾问，出任过上海高等法院首席检察官，1948 年后随蒋介石去往台湾，老蒋曾行书题词"志业长昭"相赠，也算是国民党的高级要员。杜大律师著有《健庐随笔》一书，以亲历者叙述国民党政府朝令夕改，损害司法的独立精神。据说这本书在孔夫子旧书网被炒到七八百元，可见其史料价值。有关杜大律师的这些逸闻趣事，是外婆去世多年后我从杜大律师的亲外孙那里听来的，这难免让我有些唏嘘，若是当年外婆不那么较真，留在杜大律师身边当大老婆，她的人生又会是怎样的光景呢。

外婆在鼓浪屿小有名气，大家亲切地唤她"文秀姨"。20 世纪五六十年代乃至 70 年代，她在鼓浪屿当居委会副主任，帮着房管所挨家挨户收取公房租金，印象中好像也没拿报酬，纯属为人民服务。外婆曾告诉我，1959 年厦门遭遇了一场 12 级的特大台风，当时她与居委会主任等人，手挽手，走街串巷，小喇叭广播，通知各家各户做好防台准备，把搁在阳台的花盆等全都收起来，以免掉落砸伤路人。

小时候常遇见左邻右舍来找外婆借钱，外婆钱不多但她很热心，乐施好善，于是就把自己收藏的金戒指、玉手环等拿给人家，人家就给她写一张或 30 元或 50 元的借条。有时候外婆也会从皮箱里掏出几件质地上等、做工考究的漂亮旗袍，让我帮她拿去龙头路当铺行当了，换些钱回来，一来她有抽烟、喝咖啡、吃点心的习惯，需要一些花费；二来有人开口喊贫叫穷时她会拿些钱给人家应急。小学四五年级时，我几次帮外婆写讨钱的信，并跟着她上门讨债，刚开始人家还给她五元八元的，并承诺逐月还钱，但后来都没兑现。外婆很生气，但也没办法，慢慢地这些事也不了了之了。

外婆去世后，有一回我还真梦见了她，我问她后悔不。外婆用略带福州口音的闽南话说要是后悔，怎么能成为你们的外婆呢？外婆骂我没良心，尽往她伤口撒盐巴，她还操起一根竹条想打我……醒来后我惊出一身冷汗，发现眼角有些湿润，我想这是想念外婆了。

8 岁时与外婆在鼓浪屿菽庄花园合影（冯鹭　供图）

二舅叶福超 20 世纪 50 年代
初穿军装留影（叶光荣　供图）

小舅叶光荣 20 世纪 50 年代中期考
入华东师范大学留影（叶光荣　供图）

我二舅叶福超当年就读英华中学，20世纪50年代初期他去参军，回家探亲时就带些土特产去交换，后来被当成"投机倒把"，被部队开除，还关进监狱一年半，但二舅依然潇洒、慷慨大方。他家住厦门，自己有三个孩子，可每次来鼓浪屿我们家，却总是右手抱颗大西瓜，左手提几袋饼干、果脯等零食，他不仅叫自家的孩子吃，还招呼邻居的孩子们都来吃。所以小时候我们就特别盼着二舅来串门，因为他一来我们总有零食、水果吃。二舅还会拉手风琴，边拉边唱，唱《三套车》《海港之夜》《纺织姑娘》。

再有就是我小舅叶光荣，他更厉害，大学读教育学，英语、俄语顶呱呱，如今82岁了还在编汉英辞典。前几年厦门大学出版社出版了他的《汉英心理学分类辞典》，今年他又在弄《汉英教育学分类辞典》，这本体量更大，现已进入三校，很快就要出版了。小舅老当益壮，除了编译字典，还热衷写诗赋词作曲，翻译外国诗歌，人老，精神不老，令人很是佩服。

陈秀芹：我常年在厦门电视台专题部工作，20世纪90年代中期曾采访过冯龙土老师，当时他刚从二中书记任上退休，担任厦门市教育系统关心下一代工作委员会副主任兼讲师团团长，常受邀去讲课。他儒雅，知识渊博，很有亲和力，给我留下很深的印象，才知道他是令尊，很想听你谈谈你的父亲，他的教育理念，还有他在你成长道路上给予的教诲与引领。

冯　鹭：先说说我的爷爷冯业清。他是海南人，18岁背井离乡乘坐火轮船在海上漂泊五六个昼夜，去马来西亚学习炊事，学做西式糕点，同时日工夜读，在马六甲侨南夜校听课，接受进步思想，先是参加地下工会组织、共青团。1926年6月，爷爷24岁那年正式加入中国共产党，介绍人是琼州革命老前辈、新加坡总工会代表曹俊升。爷爷先是被推荐到黄埔军官学校读书，属第4期学员，后来又接受组织的委派，重返马六甲，拿起笔做刀枪，主办《青年旗帜》，给马六甲地委刊物《红潮》写专稿、特稿。再以后，他在新加坡被捕入狱、驱逐出境、颠沛流离，辗转厦门，利用海滨咖啡西餐馆做掩护，脖子搭条毛巾，腰间扎条围裙，卧薪尝胆地烤着面包，煮着咖啡，点着钞票，同时对着各种暗号，传递各种情报信息。

中共厦门地下组织工作，更是险象环生。1935年4月，厦门中心市委组织部部长严壮真被捕，因不堪忍受惨无人道的严刑拷打，不到半小时后招供、公开叛变，他出卖组织，把上百份党员的入党资料交了出去，国民党连夜大搜捕，一直捕到天明。爷爷一看不妙，拔腿就跑，他逃往南安洪濑，躲在妻家也就是我外婆农村老家，在那里住了两个多月，待风声过后重新归来，才闻知包括海滨西餐馆等在内的许多地下联络站都惨遭破坏，大家跑的跑，捕的捕，枪毙的枪毙，党籍丢了，他赖以维系的党组织也找不到了。

革命胜利了，厦门解放了，可爷爷也失业了。他拖家带口回到南安洪濑，开始新一轮面朝黄土背朝天的农耕生活。1956年9月，爷爷给厦门市委写了一封长信，希望组织上落实政策，尽快恢复他的党籍，同时请求组织在厦门给他安置一份工作。

市委组织部便开始调查爷爷的党籍问题，可早期入党介绍人曹俊升死了，早年在西餐咖啡馆碰头开会研究对策的同道人死的死，活着的也星散八方，一个都找不着了。没有证人证词来证明爷爷是货真价实的共产党员，也就谈不上党籍的恢复问题。当时赶上厦门餐饮业国营单位绿岛餐厅开办，组织给爷爷写信，安排他来厦门工作，当西餐大厨。爷爷高兴得很，也知足得很，他在绿岛餐厅做长方形俄式面包，蒸各式各样的西式蛋糕，还热情有加地为来闽指导修建鹰厦铁路的苏联专家煮可口好吃的西餐……

20世纪五六十年代，台湾海峡剑拔弩张，厦门海防前线抓紧修战壕、挖防空洞，各家各户也都会将报纸剪成粗条状，放在窗玻璃上贴成米字形。1958年5月，我爷爷由厦门支援前线委员会介绍到空军惠安机场站工作，临出发前他特地去照相馆拍了一张有"国营绿岛"印迹的照片。这期间他接到龙溪地委革命史料办公室来信，让他忙里偷闲写一写有关中共厦门海滨食室地下组织的情况。省革命文物展览会到厦巡回展，也请我爷爷去当解说员，他跟随老照片追忆、讲述有关革命遗址以及海滨食室地下组织的惊险故事。这些故事在爷爷留在笔记本上，用蝌蚪般密密麻麻的钢笔小字写下的两万多字的《冯业清小传》里都有记载。他在小传里坦陈心迹：冯业清起初对申请恢复党籍这个问题是很急的，后来处在这样一个条件不够的环境之下，也就不再去着急了，办也好不办也罢，一样地工作，一样地为人民服务。而海滨食室同其他革命史实一样重要，能够把这段历史写出来，留给后人做参考，能为党留下革命史料，干这样一件对子孙后代有意义的事情，怎能不感到愉悦和宽慰呢……

1958 年爷爷穿着"国营绿岛"围裙拍照，以及《冯业清小传》部分手稿（冯鹭 供图）

1959 年 8 月爷爷重返厦门，继续在绿岛餐厅当"火头军师"，演奏锅碗瓢盆交响曲。可惜好景不长，1962 年春天，爷爷烹调时不小心被炉火烧秃了眉毛，烧伤了脸颊和手臂。他缠着纱布、吊着胳膊，回到南安洪濑养伤。因那时候厦门风声很紧，随时准备开战，解放台湾，所以建议老弱病残者尽量撤退到后方。同年 8 月，洪濑发生了一场罕见的特大洪灾，爷爷不幸溺亡，享年 60 岁。

爷爷去世后，长兄如父，我父亲就用自己微薄的工资，资助弟妹们读书。我们家是典型的教师之家，父母当老师，大姑、大姑丈、二姑、二姑丈，还有鼓浪屿的小舅，台湾高雄的表舅，全都当老师。父母把教育当事业，一种需要呕心沥血的崇高事业。20 世纪 50 年代，父亲在集美中学当语文老师，兼任校长办公室秘书、校团委书记。他是个"文青"，创作了《走向生活》《集美是江南一朵红花》等歌曲，主演话剧《年青一代》，主讲《红岩》《欧阳海之歌》

等多场文学报告；他强调语文作为中华民族母语的思想内涵和独特魅力，常在清晨或黄昏带领学生对着大海高声朗读，训练对阅读、朗读、语感、语速的感知与把控、理解与领悟，以期更好地爱上语文、写好作文。

1976年，父亲从集美中学调至厦门六中当教导主任，那时候六中历史教师洪卜仁正靠边站，当仓库保管员，有时还要打扫公厕。父亲认为不应该，他力挺洪卜仁老师重新上讲台教书，洪师感激但也有顾虑，父亲就鼓励说："洪师你就安心给学生上课，有事我来顶。"洪卜仁后来成为厦门知名文史研究专家，我俩又是民盟文化支部的盟友，提起我父亲，洪老由衷赞叹道："你父亲冯师对我有恩，当年他仗义执言，有胆有魄力，直接安排我这个'臭老九'重上讲坛……"

20世纪80年代初期冯龙土（右）与洪卜仁（左）
去香港学习考察时合影（冯鹭　供图）

父亲这一生还帮过许多人。他有个同学叫陈清君，厦师毕业后又考到厦大历史系，上大学时口无遮拦，喜欢"放炮"，1957年被划为"右派"，下放闽北山区几十年，等到"脱帽"时都过了50岁。父亲帮他从山区调回厦门，推荐他去教师进修学院当老师。父亲热于助人，但从没有提起这些事，这些都是洪老、清君叔叔后来告诉我的。

1986年，父亲从厦门教育学院副院长任上，调至厦门二中担任党总支书记。上任伊始，他集中精力全面复查历史遗留问题，对冤假错案进行平反，改写对一些老教师的不当结论，营造政治清明、风清气正的人文气氛。有件事我印象特别深，当时二中组织福利分房，父亲是书记、校领导，按行政级别和教龄，他能拿到三房一厅，可父亲居然在全校教职工大会上郑重宣布，他决定弃权，不参加此次评房。这件事一度引起家人的不快与不解，我也吐槽过。父亲很生气，差点跟我急了，他说："二中历史遗留问题多，就说这次评房，房源有限，僧多粥少，我这当书记的，不以身作则，不主动带头，怎能服众？"

在"分数为先"还是"育人为重"的问题上，父亲坚持后者，他还倡导挫折教育、脊梁教育。他始终认为，教育的宗旨和愿景是对学生性格的培养、道德的修炼、价值观的树立、潜能的开发，以及综合素养和创造力的提升。由此看来，只关注分数高低的应试教育，只是一种面子工程。他对教育充满神圣的忧思，提出：面对独生子女教育，倘若一个学校出了几个问题学生，那是百分之零点几的问题；但如果一个家庭出了问题孩子，则是百分之百的问题。他在二中担任党总支书记的七年半时间，倾注心血，坚持抓师资队伍建设以及全面教育，把学生阅读经典、爱好文艺、辩证思维、心理健康、内心强大等看作不可或缺的综合素质加以引导和培养，他撰写总结性长文《齐心协力办好二中，努力全面提高质量》；他与前后两任校长密切配合，积极调动二中广大教职员工的积极性和创造性，传承百年老校的历史文脉，发扬二中原有的足球、音乐、英语等特色教育，并撰写了《母校情思》《厦门经济特区家庭教育调查之思考与对策》《家庭爱国主义精神应内化到孩子心灵中去》等文章，在报纸杂志上发表，分别获评全国家庭教育理论研讨一等奖、二等奖，并被教育部关工委指定为全国书面交流材料。

1993年，60岁的父亲从二中书记任上退休，但他依然没闲着。他作为厦门市教育系统关心下一代工作委员会副主任兼讲师团团长，经常受邀去学校、妇联、机关、街道、社区等开展讲座，做心理咨询和辅导。他讲课议题很广，包括"首要学会做人""教育的本质与教师的情怀""思想道德教育面临新挑战""人的心理健康与生存发展"等，旨在为老师指点迷津，为家长排忧解难，为深受题海战术困扰的中小学生减压解压。父亲的授课方式真诚朴实、娓娓道来，深入浅出、出神入情，通过事例诠释道理，通过情感引发共鸣。有的家长听不过瘾，打电话来咨询，还有的直接找上门来，父亲总是热情接待、耐心倾听、诚恳交流，提出他对亲子关系和家庭教育的一些看法，通过具象的个案分析，晓之以理、动之以情地开一些处方，提一些行之有效的意见和建议。他退休十几年，先后做专题报告近 500 场，听众达 12 余万人次。他还应邀到市电视台、广播电台做有关"家庭教育""家庭关系""心理辅导""专家热线咨询"等系列讲座，同时组织策划并编写《家庭教育常识》《家庭素质教育》等相关图书和印刷材料，先后获评省市关心下一代先进工作者、全国家庭教育工作园丁奖等多种荣誉。

父亲退而不休，经常应邀去做有关家庭教育和心理辅导的讲座（冯鹭　供图）

2009 年 5 月，我父亲在体检中发现肝硬化，家人已联系好上海最好的医院准备带他去做介入化疗。起程前一天，父亲做了两件事：一是上午去银行取 3 万元现金，说是给家住同安乡镇的小弟修缮房屋之用；二是下午两点半去五缘湾二中新校区给老师讲课做报告。母亲劝他别去了，但父亲说这是早就约定好的，怎么能不去呢。张承志老校长刚好从加拿大回来，那天他陪父亲一起去的二中。张校长曾告诉我："你父亲、孙颐兄（副校长）和我组成的是一个非常团结的班子。你父亲是'班长'。全市各兄弟学校的领导班子里面，很少有这样团结和谐的班子……"张校长后来还告诉我："那天你父亲在二中的讲座特别好，讲到五点半了他还意犹未尽，或许他已经意识到这是最后一堂课了。"直到讲座结束前，父亲这才轻描淡写地说，他最近身体不好，明天就要去上海做治疗，所以以后可能没机会再来给大家讲课了……

我们家姐弟仨，姐和弟都在外地工作，我跟父母待在一起的时间比较长，交流也比较多。工作、生活上碰到不顺心的事，或人际关系上遇到困扰，我总喜欢跟父亲诉说，一吐为快。父亲听了后总是不紧不慢地说："其实有些事、有些人，真不必太在意，你拿起来千斤重，但放回去不过二两轻……"父亲不说"举重若轻"，而是说"千斤重与二两轻"，这是一种辩证关系，一种处事哲理，一种人生的开悟与智慧。

我挺佩服父亲的，他有思想、有风骨，个性鲜明，极具人文情怀。父亲与癌魔抗衡了整整两年，还是驾鹤西去。记得当时《厦门晚报》记者蒋怡丹来采访我，随后在《逝者》栏目登出她采写的专题报道《教育没有"退休"一说——冯龙土，一位老教师的忠诚执着》。父亲这回终于正式"退休"了，但他的离去，于我而言不仅是痛失亲人的伤悲，还有精神上的极度失衡，因为他一直是我人生的导师和诤友。前些天整理书房，翻阅父亲留下的讲稿、论文、读书摘抄、教育笔记等，不经意发现一大沓资料中滑出一张 A4 纸，上面有父亲用钢笔写的自画诗《人到老年》："过花甲仍须扶老顾小，儿女多理解吾品诸味。书写文演讲自得乐慰，赐铁骨净心尚可作为。"睹物思人，瞬间红了眼眶，感觉父亲又回来了，其实他一直都在，他在定格的照片中微笑，在天堂里注视着我们，此时无声胜有声地跟我聊天、交流、娓娓道来、指点迷津……

陈秀芹：你是民盟文化委员会委员，听说前几年你撰写了市政协重点提案，为鼓浪屿的申遗鼓与呼。能说说提案的具体内容吗？

冯　鹭：我曾写过一篇散文《仰望星空》，在杂志上发表，厦广电台播音主持人李晶在《晶姐有约·陪你夜读》栏目中也诵读过，还有"鹭客社"公众号也转发过那篇文章，追忆儿时鼓浪屿——

夜幕降临，晚风拂吹，那时候没有华灯初上，没有扑朔迷离的夜景工程，只有微弱的路灯。吃罢晚饭，前街后巷的小伙伴们便邀约一起来到鼓浪屿好八连营地，这里每周固定有一场露天电影，军民一起观看，既热闹又欢愉。记得那回播放的是电影《闪闪的红星》，潘冬子、郭芽子半夜不睡觉，俩人偷偷爬起来扶窗远眺，看天上的北斗星，遥想伟大领袖毛主席。那场景很感人，且颇具煽惑性，于是我将视线从投影的大幕布移开，投向更为宽宏、深邃的宝蓝色天幕，我看到了繁星密布，看到了显然是比电影里潘冬子和郭芽子看到的还要闪烁晶亮的北斗星。电影播毕，人群散尽，我们不过瘾，都不想回家，于是结伴来到了港仔后海滩，四仰八叉地躺在松软舒适的沙滩上，大伙都扳着指头，开始对着天宇数星星，可星星太多，指头不够用，怎么数也数不清，满天繁星，繁星闪烁，闪得眼睛幻花，闪得灵魂出窍。

回家后我追问外婆：天上哪来那么多的星星？星星又为何会像人的眼睛一样明亮？外婆解释说：天上的星星与地上的人儿应该是成正比的，也就是说，天上有多少颗星星，地上就有多少双眼睛，它们遥相呼应，天人合一……

现在的港仔后沙滩，人工填进去好多沙，沙滩似乎拓宽了，但看海观潮的视野变小了，星星也大都隐退，躲进厚厚的云层。不仅是鼓浪屿，现在哪都看不到星星，城市被钢筋混凝土堆砌的巍峨高楼和富丽大厦仄逼了视野，美酒加咖啡加网络切断了人与自然的那种天然的联系。或许天空不再清朗，星星也不会眨眼，这才殃及都市人的眼睛，看上去或游离迷惘，或浑浊不清……记得那年我去西藏关区采访，在海拔 4600 多米的阿里，白天，瓦蓝的天空顶在头上，白云就像刚弹出的棉花，伸手可及；夜晚，深蓝色的天幕低垂，繁星有如孩子般清纯透亮的眼睛，在眼前闪烁、跳荡。这让我又想起了儿时的鼓浪屿，仰望宝蓝色的夜空，看到这么多一闪一闪亮晶晶的星星。

鼓浪屿教会我仰望星空，这是一种很怀旧的心情。但儿时的记忆，也只剩下记忆了。因为回不去，再也回不去了，小岛原有的那种清幽与宁静，那份优雅与浪漫。我有个邻居，定居海外的老华侨，三十多年后寻根追梦般的重返鼓浪屿，老华侨惊呆了，游客蜂拥而至，"野导"拉客，店主吆喝，商家宰客；还有，以前鼓浪屿老人休闲聚会、啦呱攀谈的街心公园，一度变成"烧烤公园"，烟熏火燎，油渍满地。喧嚣与嘈杂着实败坏了的鼓浪屿的情调和品位，"怎么会变成这样了呢？"老华侨反复追问，伤心之泪滑出眼眶，"早知这样还不如不回来呢，留些美好的念想，聊以自慰。"还有一位我中学同学的父亲，他们家虽已搬到厦门岛上，但鼓浪屿的祖屋还在，久不回来难免会想，可每次回来住又不得安宁，同学父亲一声叹息，说鼓浪屿怎么越来越像一枚干核桃，弃之可惜，嚼之无味。

记得是 2002 年 10 月吧，当时我还在岛上居住，半夜女儿发高烧，又拉又吐，赶紧送到鼓浪屿二院，医生居然拒收，说二院已取消儿科，让我们送厦门的医院，连夜雇了一艘舢板船过渡，打的直奔中山医院，医生诊断"急性肠胃炎"，说孩子吐得都快脱水了，太危险了。8 岁的女儿住院点滴，我一宿没合眼，守护到天明。越想越来气，二院居然连儿科都取消了，那鼓浪屿的孩子生病咋办？当时鼓浪屿正举办柴可夫斯基国际青少年音乐比赛，万一有参赛孩子生病了咋办？想想都感到后怕，第二天一早给《厦门晚报》新闻中心部的卢主任打电话，反映情况，诉说原委。卢主任马上安排记者电话采访，同时到鼓浪屿二院核实情况，还采访了医院周边的几个鼓浪屿老人，他们都在抱怨，说学校搬离，医院萎缩，小孩老人看病很不方便，这岛上怕是没法住了。第二天，记者采写的上千字报道《鼓浪屿的孩子晚上不生病？》标题套红，在《厦门晚报》登出，引发好一阵热议。

由于众所周知的原因，相当长一段时间，鼓浪屿旅游景区的说法强过了人文社区的功能。鼓浪屿被商品经济、旅游狂热裹挟着，显然已不太适合居住，致使许多原居民"胜利出逃"或"落荒而逃"，人口数量锐减近 2/3，据说从 20 世纪 70 年代的 4 万多人减至现在的约 1.4 万人，本地居民才剩下 8000 人左右，还有 6000 人左右是岛上经商做买卖或从事旅游业的外来人口。我是那 1/8000，因为户口一直在岛上，岛上至今留有一套海关宿舍公寓，儿时的玩伴，海外的同学回来，或是外地的朋友、文友上岛，我总乐意以岛民的身份带他们在岛上散步、溜达，参观老别墅，然后带他们到我岛上的小屋喝茶、聊天，很休闲惬意，我喜欢，大伙也都喜欢。

鼓浪屿申遗，是当红的公众话题，市政府高度重视，鼓浪屿管委会筹谋规划，民主党派参议献策，各路学者专家把脉支着。我是鼓浪屿人，厦门民盟文化委员会委员，当然得为鼓浪屿申遗建言献策。那是2012年，厦门民盟委员会常务副主委朱奖怀召集我们几人开会，成立了重点课题组，由我执笔。我查阅相关资料，走访、倾听，关键也是有话想说，我认为，所谓"申遗"，当指申请参评世界非物质文化遗产名录，这里有两个参数至关重要：一是"非物质"（前提），二是"文化"（实质内容）。也就是说，申遗，"遗"指的是卓越的历史遗产、杰出的文化遗产和宝贵的精神财富，而非物质层面和经济领域的东西。因此把鼓浪屿定位于"风景名胜区"显然与申遗的宗旨、人类的终极关怀等精神领域的诉求不相适应。我撰写了题为《再寻鼓浪屿文化定位，重塑艺术岛魅力形象》的调研报告，6000多字，分4部分：一是鼓浪屿文史教育大盘点；二是鼓浪屿旅游经济大写照；三是文化定位与申遗诉求；四是重塑"艺术岛"形象的8点建议。希望鼓浪屿以"申遗"为契机、良机，慢慢走出旅游商业的误区，回归传统人文社区的良性状态，提升鼓浪屿历史价值、文化品位和国际知名度，用文化声张厦门乃至中国的对外影响力，确保申遗尽早成功……

调研报告出来后，民盟课题组成员之一、地方文史研究专家洪卜仁说："冯鹭，你的这篇调研报告写得好，有理有节、夹叙夹议，一看就是对鼓浪屿怀有深厚感情的人写的。"后来民盟让我把这篇调研报告改写成政协提案《关于鼓浪屿文化定位与申遗诉求的若干建议》，这篇由民盟报送市政协的重点提案，得到市政府领导的高度重视，厦门市人民政府办公厅还以"厦府办函〔2013〕69号"函件的形式，对民盟厦门市委提出的《关于鼓浪屿文化定位与申遗诉求的若干建议》（第20131017号）等民主党派所报送的相关政协提案办理情况进行答复。

这以后，我还参加了"鼓浪屿发展论坛"，相继接受厦门电视台、《厦门晚报》、《海峡导报》、《海西晨报》等媒体的采访，提出：鼓浪屿历史风貌建筑、名人故居藏埋着历史，蕴含着文化，记录着鲜为人知的故事，希望能将其打造成一家家各具特色的小型博物馆、展览厅，让其"活"起来，更具文化价值和观瞻意义。同时要想方设法把鼓浪屿原居民"请回家"，把一些有影响力的作家、摄影家、书画家、音乐家、艺术家吸引上岛，让"钢琴之岛""艺术之岛"等美誉名实相符。

2015年12月，我应邀参加厦视二套"TV透"节目——"思明政协讲谈：鼓浪屿的人文气韵如何回归？"这是个很有意思且值得探讨的热点焦点问题，晚上8:30开始，除了我，还有厦门文化局原局长、特邀研究员彭一万，思明区政协常委吕韶风、委员丁建南，前后做了2期，直播现场讨论，4位"透客"各抒己见，为鼓浪屿申遗鼓与呼，为如何回归小岛人文气韵发声和建言。

2017年7月8日，波兰历史文化名城克拉科夫举办第41届世界遗产大会，记得那天晚上我和几位老鼓浪屿人聚在一起聊天、喝酒，静候佳音，当地时间下午5点多，也就是北京时间晚上11点多，宣布"鼓浪屿：国际历史社区"终获申遗成功，鼓浪欢腾，我们几人直接举起啤酒瓶，碰瓶干杯，实在是太激动了！

与厦视二套"TV透"节目主持人雄志（左二）
及彭一万（左三）、吕韶风（左一）两位"透客"
合影（冯鹭 供图）

鼓浪扬波——厦门二中口述往事

陈秀芹：我对海关不太了解，一直感觉很神秘、威严。你是什么时候到厦门海关工作的，你对这份职业怀有怎样的特殊情怀和理解感悟？

冯　鹭：我 1978 年高中毕业，高考差 6 分还是 8 分被刷下来。1979 年改革开放的第一缕春风吹进厦门海关。我们那批一共招收 52 人，我们的到来才使得厦门海关人数突破百人。海后路 34 号那幢年代久远的古旧西式三层楼房，楼正面镶有报时链钟，寂静、沉闷、神秘，空气中透出一股霉味，走起路来脚下木地板嘎吱作响，尘土飘浮。所以进关时就组织我们这些年轻人去洗墙、擦窗、刷地，整整打扫了两天，旧貌换新颜，老关展生机。

19 岁风华正茂，美好的青春，激情的岁月，就这样别无选择、义无反顾地献给海关。厦门往返香港的客轮准备恢复通航，所以我跟大部分年轻关员一样都被分配到旅检科。当时关服是土黄色的咔叽布，没现在的帅气、威风，但一群年轻关员头戴国徽，胸前别着一枚红底金字的"中国海关"徽章，抬腿摇臂，雄赳赳气昂昂地从海关钟楼出发，跨过鹭江道，走向和平码头，多少人行注目礼，心里美得不得了，为国把关的自豪感油然而生。

1980 年元旦，"鼓浪屿号"客轮从香港启航，穿越台湾海峡的"火炮走廊"，顺利抵达厦门港和平码头。首航成功，尽管只载来 8 名乘客，但客轮拢岸，高亢的汽笛声鸣响，似乎向世界庄严地宣告：华夏东南大门开放啦！

站在乍开的国门前，面对熙熙攘攘的进境旅客，还有他们或用手提或用扁担挑的五花八门的行李物品，喜悦中带着惊诧，亢奋中夹杂惶惑。那时候总有长辈或同学朋友带着羡慕的口吻说："你在海关工作真好，那可是'金饭碗'啊！"可我真的不知道什么叫"金饭碗"，就是感觉累，招架不住的累。刚参加工作时我才 80 斤左右，旅检通道一站七八个小时，有时甚至十几个小时，真是吃不消呀，双腿都站麻、站肿了，回家趴在床上起不来。有时候赶上春运，回乡旅客多，我们从上午一直忙到半夜 12 点钟，厦鼓渡船都赶不上了，海关就派关艇来接载，把我们几位家住鼓浪屿的直接用关艇载回岛上。

防范意识、监管从严。海关关员每人手中一把亮闪闪的螺丝刀、一根硬邦邦的细铁条，脸上一副硬邦邦的表情，虎视眈眈、翻箱倒袋，螺丝刀划开饼干盒、糖果盒，坚硬的铁条插入罐装的奶粉、咖啡粉、麦片，再使劲往里捅，偶尔也能捅到并挑出一两只藏匿的手表。这下铁条更威猛带劲，好像不这么捅，这么细查细验，愧对身上笔挺的制服，愧对祖国和人民的期望。总之，铁面无私、一丝不苟的作风在关员们身上得到充分体现，所以客轮一清早抵达码头，等待查验的旅客队伍如长蛇巨龙般蜿蜒起伏，尽管我们手忙脚乱、不亦乐乎、苦不堪言，但手续烦琐，检查速度缓慢，旅客躁动、叹气、发牢骚。当时海关规定，港澳旅客进境只准带入 35 件衣服，但内部掌握可放宽至 42 件，剩下的全都得退运。可面对旅客的苦苦哀求，我难免会有恻隐之心，于是把权限用到极致，大多都给 42 件，有时还会睁只眼闭只眼地多给个三件五件的。

记得有一回检查一位南安籍旅客，他穿得像臃肿的大肉粽出现在我面前，头上冒着豆大的汗珠，全身上下散发出一股刺鼻难闻的汗臭味。我正寻思着他咋穿成这样？这时科长过来了，责令这位南安籍旅客当场宽衣解带，不脱不知道，一脱吓一跳，他居然上身穿了六件毛衣，外加三件大衣，下身套着七件尼龙拉链裤，还真不怕把自己捂出热伤风。

20 世纪 80 年代身穿关服
留影，为自己是"国门卫士"
而自豪（冯骥 供图）

在和平码头客运站，我还遇见一位年近七十的新加坡华侨。他入境时西装革履、风度翩翩，出境时却穿件破旧的还沾点油渍的灰夹克衫，脚上趿着一双

313·

人字拖鞋，边防审核护照看照片，怀疑不是他本人。老华侨急了，指着站在海关通道上忙乎的我，对边防战士说："我入境时是这位海关小姐检查的，她可以为我作证。"虚惊一场后，老华侨走到海关检查台，我问他怎么穿成这样。老华侨摇头叹气，说当年穷，出去海外打拼时也没见什么亲戚相送，这次回安溪老家探亲，突然冒出许多亲戚，带回来的东西根本不够分，吵吵闹闹惹他烦，所以决定提前返程，近亲远亲送他到码头，他掏出剩下的面额不等的美金、港币给亲戚们派发。其中一位表外甥提出，想要表舅身上的西装和脚上的皮鞋留做纪念，于是俩人对换穿着，这才有了差点被边防拦截的不尴不尬的一幕……

海关旅检通道，从最初带进的服装、丝巾丝袜、洋伞、墨镜、大头美人挂历，到计算器、电饭煲、手表、自行车、缝纫机，再到三用机、黑白电视机、彩色电视机、手机，纵观旅客所携带进境行李物品的变化，可从一个侧面看到我国社会经济的变化和发展。

海关是社会历史变革的温度计，是国家经济的晴雨表，41 年的海关职业生涯，正好与改革开放、与厦门经济特区建设同步，所以我是亲历者、见证者，透过海关这个对外开放的桥头堡，透过"国门"这个制高点，去领略社会的转型，去俯瞰这个奔腾时代的变革与发展，有许多的体会、感触和思考。我觉得人的道德标准不需要随意拔高，但职业道德是最基本的。也就是说，既然你选择了某种职业，那么就得为它努力与付出。这好比你参加一个合唱团，就得认真地张嘴、投入地练唱，尽可能把握好音准，别跑调，发出属于自己真实而又清亮的声音……

陈秀芹：写作需要天分，即便中文系毕业也未必能够成为作家，况且你是自学成才。写作非常耗神，吃力不讨好，而你这么多年一直在坚守，一门心思地写海关，这让人钦佩。应该有许多的生活阅历和写作体会吧？

冯　鹭：从小学到中学，作文一直是我的强项。记得在二中读初中时，当时的语文老师是林懋义，他给大家布置作文题，许多同学愁眉苦脸，我却很兴奋，林老师常把我写的作文当范文在课堂上念，这是我最得意的时候。写作文写出兴趣来，以至当时我可根据老师布置的作文题写上两三篇，最多写到四篇，自认为最好的留给自己，其余几篇就"施舍"给那些与我要好的同学。当时觉得自己挺"侠肝义胆"，岂不知害人不浅，但得以练笔倒是真的。

我们家以前有一些藏书，"文革"时破"四旧"，把一些书给烧了。初中时我曾一度痴迷张扬的手抄小说读本《归来》，这部书稿1979年解禁后正式出版，书名改为《第二次握手》。还有《青春之歌》《野火春风斗古城》，不仅读，还把好词好句摘抄到笔记本上。那年头文学报刊如繁星闪烁，耀眼迷人，单厦门就有《鹭涛》《三角梅》《杏林湾》《厦门文学》《厦门采风》《厦门特区工人报》等，还有闽北的《武夷山》、省会的《福建文学》，以及《长城》《蓝盾》《中国海关》期刊，我从20世纪80年代开始就在这些报刊发表诗、散文、小说、报告文学。

那个年代清苦，不像现在有这么多诱惑，所以文学是生命中的晶盐，不可或缺。年轻时喜欢读顾城的"黑夜给了我黑色的眼睛，我却用它来寻找光明"，读北岛的"卑鄙是卑鄙者的通行证，高尚是高尚者的墓志铭"，还有舒婷的《致橡树》《祖国，我亲爱的祖国》。当时说他们是朦胧派诗人，可我认为他们的诗并不朦胧啊，点睛传神、思想深邃，诗意浩荡、朗朗上口。那时候还喜欢读张洁的《爱，是不能忘记的》、张贤亮的《绿化树》、张承志的《心灵史》，感觉这些作品都是从作家心灵、胸腔喷涌而出的琼浆玉液，充满了古典的理想主义与浪漫主义，那么富有感染力和穿透力。

那时候，如璇、阮霞、泓莹、晓雯，还有我，五位"文青""侠女"常聚在一起谈文学、谈创作，五位中我年龄最小。1983年中秋节前后，我们五人相约鼓浪屿赏月，因我和阮霞都住在岛上。那时候的鼓浪屿宁静得像一首诗，浪漫得似一幅画，我们先是到海边漫步，在港仔后沙滩望月，后来感觉风有点大，吹得脑门疼、手脚冰，于是就一起走到番仔球埔（人民体育场），先是席地而坐，后来干脆躺下，反正也没人，只有浑圆的月亮，还有几颗会眨眼睛的星星在天上窥视着我们。我提议每人要为今晚的月亮写一篇诗或文，大家都说好，没问题，可后来估计忙忘了，只有我写了一篇散文诗《月夜思绪》，豆腐块似的登在1983年12月《鹭涛》报上："裹一缕清爽的海风，轻盈地迈着步伐，我们来到绿草如茵的球埔草坪，邀聚、畅聊。天空幽邃，只有皎洁的月亮超然地凝视着我们。看得见你脸颊的酡红，看得见她脸颊的酡红，看得见我们每个人脸颊的酡红，是我们唤醒了月亮洒下神秘的光波，是月亮给予我们温柔絮语般的爱的光泽。目光与目光对视，每一双眸子都溢满炽热，每一颗心都敞开一片天空……"

那晚，我们几人沐浴在如水的月光下，心潮荡漾，山侃海聊，竟忘记时间，直到深夜12点已过，这才起身，一起到我家，床上横躺三人，地上铺草席又静卧两人，似睡非睡、似聊非聊。想想蛮有意思。但后来有经商的、出国的，五缺二，直到有一年阮霞从澳大利亚回来，五女才又聚全一回。

20世纪80年代中期五位女"文青"在集美附近宝珠屿合影（前排左起：泓莹、冯鹭、阮霞；后排左起：晓雯、如璇）（冯鹭 供图）

记得大约是1986年夏天吧，海关举办诗歌朗诵、唱歌比赛，我跳上台去，抑扬顿挫、声情并茂地朗诵诗人梁小斌写的一首内涵丰富、寓意深远的抒情诗《中国，我的钥匙丢了》："中国，我的钥匙丢了／那是十多年前／我沿着红色大街疯狂地奔跑／我跑到了郊外的荒野上欢叫／后来，我的钥匙丢了／心灵，苦难的心灵／不愿再流浪了／我想回家／打开抽屉，翻一翻我儿童时代的画片／还看一看那夹在书页里的翠绿的三叶草／而且，我还想打开书橱，取出一本《海涅歌谣》／我要去约会，我向她举起这本书，作为我向蓝天发出的爱情的信号／这一切，这美好的一切都无法办到／中国，我的钥匙丢了／天，又开始下雨／我的钥匙啊／你躺在哪里／我想风雨腐蚀了你／你已经锈迹斑斑了／不，我不那样认为／我要顽强地寻找／希望能把你重新找到／太阳啊／你看见了我的钥匙了吗／愿你的光芒／为它热烈地照耀……"

海关被称作"国门"，海关关徽由一把金钥匙与一柄商神杖交叉而成，显然这不是一把普通的钥匙，你我他家的钥匙，而是中华国门的钥匙。关徽有故事，金钥匙承载着国家的历史与记忆，昭示着中国敞开国门、改革开放的大国气度。而梁小斌这首诗的核心意象也是"钥匙"，不谋而合，钥匙有光、有神韵，它还应该是文学的意象、心灵的物语、精神的家园和灵魂的归属。

那时候厦门海关已升格为厅局级海关，秦惠中从厦门市政府秘书长的位子调任厦门海关当关长。他是个大秀才，重视海关的对外宣传，刚好我在关里组织的演讲比赛中获奖，这样秦关长就把我从和平码头（旅检科）调到总关办公室，从事宣传报道工作，以后关里成立了宣传科，创办了海关系统第一份报纸《厦门海关报》，采访、写报道，与厦门、福建乃至全国各大媒体、各路记者热线联络，传真各种通讯报道稿件。那时候年轻气盛，抱负很大，不把宣传报道当工作，而当一项倾心的事业。写脚本，联系电视台拍摄《海上缉私队》，把自己当男人使，跟着出海，在台湾海峡劈波斩浪，吐得稀里哗啦，把胃液、胆汁、血丝全都吐出来了。正是有了这样的身临其境和切身感受，《海上缉私队》在厦视、央视播出，并在1993年海关总署和中央电视台联合举办的首届全国海关优秀电视专题片中获得二等奖。

那时候常跟着秦关长出去调研，为企业排忧解难，为当地政府献计献策。秦关长总这么介绍我："这是我们海关记者、随军记者。"当时的我状态特别饱满，脑子里琢磨的尽是写文章，出成果，兴奋点全是这个，以至于秦关长想提拔我当宣传科副科长，我还正经八百地婉拒，倾吐心声，说千万别给我一官半职，成天应付文山会海，那多耽误事呀。我就当海关记者，无冕之王，挺合适的。现在回想起来都觉得不可思议，可当初就这么天真、犯傻，大有一根木桩似的钉在海关对外宣传战线的决心，钉一辈子无怨无悔。

写报道、搞创作。20世纪90年代初期，当时国内法制文学和社会纪实的权威刊物《蓝盾》在秦皇岛北戴河举办笔会，邀我参会，因我创作的中篇小说《陷阱，出现在热带雨林》获得第五届"蓝盾优秀作品奖"。在笔会上，我第一次见到了作家张扬，我告诉他，当年我是如何彻夜未眠、目光炯炯，躲进被窝，一手握着手电筒（不敢开灯，担心被家长发现），一手翻阅他写的那本厚厚的手抄本，同时被书稿中的丁洁琼、苏冠兰之间的凄美爱情故事撩拨得泪光盈盈。张扬笑着说："当年的手抄本可真是害人不浅呀。"他还告诉我，因为那本手抄本，他进过监狱，历尽磨难……

1993年北戴河"蓝盾"创作笔会与作家张扬合影（冯鹭 供图）

陈秀芹：作为海关文化人，我知道你参加过"四二〇"专案，采写创作长篇纪实文学《厦门远华大案》。能否谈谈当年这起惊天大案，谈谈写书、出书的经历和感受。还有，远华案都过去22年了，如今重新回望、审视，会有什么样的思考和感悟？

冯 鹭：对于"文化"，西方哲学家有一种精辟的说法："人是文化的沉淀。"

这句话含义深刻，底蕴丰饶。中国人崇尚"人之初，性本善"，西方人强调"人既生，原罪已在"。一个从"本善处"着眼，一个从"本恶处"切入，从而导致方法论的不同。

我受中国"喜鹊文化"影响很深，喜鹊报喜不报忧。况且我在海关一直从事"拿起笔，作刀枪"的营生，干了十多年的新闻宣传，乐此不疲地传递缉私捷报，讴歌国门形象，直到厦门远华大案案发。1999年1月17日，海关总署走私犯罪侦查局（缉私警察）挂牌成立；十二天后的1月29日，朱镕基总理视察厦门海关，当时陪同的有国务委员吴仪、海关总署副署长牟新生等。厦门海关杨前线关长给总理汇报，举了这么一个例子，说是有一回海关缉私艇出海，缉获一艘台轮走私船，因海上刮大风，缉私艇没能如期返航，艇上的食品早已吃光，还有缉私队员自带的香烟也都已抽光，而抓获的走私船上堆满了走私香烟，但就是没人拿上一包，抽上一根。因为他们知道，一粒老鼠屎，可以坏了一锅粥。同理，一根走私香烟，可以损害一艘缉私艇的声誉，损害海关的形象。这是我曾发表在《蓝盾》杂志上的报告文学《海上有雄关》提到的一个场景和细节，当时办公室秘书帮杨关长整理汇报材料，觉得这个例子很不错，所以就给用上了。朱总理听到这，原先拧紧的眉毛有所舒展，他插话道："杨关长，你这样抓队伍很好，'常在河边走，就是不湿鞋'。"朱总理接着说："前不久，我去江西九江考察，看到他们做的堤坝，很漂亮、很有气势。可回到北京不久，九江那边修得很漂亮的堤坝就决堤了，当时气得我大骂，好看不中用，简直就是个'豆腐渣'工程……"朱总理情绪高涨，语气铿锵有力："我想强调的是，希望海关这个大门，是个牢固的铁门，是共和国的钢铁长城，而不是一个'豆腐渣'的门……"

披星戴月、连夜赶稿，我撰写了题为《"希望海关是钢铁长城"——朱总理视察厦门海关》的通讯稿，送国办审查同意后，配发报社记者拍的照片，并先后在《厦门日报》、《国际商报》、人民日报《大地》月刊上发表。

可谁能想得到，就在朱总理视察厦门海关，表扬杨前线关长后不到一个月，也就是1999年2月10日，署名为"一群伸张正义的人"将一封检举信直接寄往北京，抬头写着："致：江总书记、朱镕基总理；举报厦门远华集团董事长赖昌星等人长期独霸一方，从事香烟、成品油、食用油、汽车等走私行为，走私金额高达500亿人民币以上。"举报信为繁体字，密密麻麻、洋洋洒洒，正文16页，1万多字，附加62页的报关单据、相关数据等证据材料，这封沉甸甸的举报信是20世纪末国家的最高机密，是掀起共和国惊天大案的飓风，搅动了世纪之交乃至21世纪相当长一段时间内影响中国民众视听变化的巨大风向，一度成为举世关注的热点话题。

我是案子有了基本眉目后才被召去中央"四二○"专案组的，刚开始不想去，有些抵触，或许是"厦门地缘"和"海关情结"的影响吧。后来有人提醒我说："机会多难得，况且你是写东西的，体验生活、掌握素材最重要。"我是带着多少有些复杂的心情踏进金雁酒店的，这个酒店是专案驻地，当时戒备森严，24小时都有武警站岗把守。全封闭，不能回家，安排了个单间，听专案查私组负责人介绍情况、分析案情，讲了有两天两夜，听得我脑袋发麻、神志恍惚，以至于失眠，甚至失语。

酒店床头堆满了一尺多高的卷宗、笔录、自述材料、分析报告等，脑袋像一个巨大的黑洞，里头塞满庞杂如麻的走私脉络与腐败潜网。信息量太大，感觉有点懵。惊天大案，拔出萝卜带出一连串的泥，从关长杨前线，到副关长、纪检组组长、缉私大队长、情报处处长，还有一些业务部门的处长、科长乃至一般关员，海关涉案153人，追究刑事责任70多人，几乎可以用"惨烈"一词来形容。

刚开始只是分门别类，帮忙整理案例，说写书也只能是写小说，写纪实太敏感了。记得有一回晚饭后，我与章局，还有几个查私办案人员一起，沿着金雁酒店后面的白鹭洲筼筜湖畔散步，有人问我："你长期搞对外宣传，为海关歌功颂德。现在让你来写远华案，是否感觉有点滑稽？"沉默片刻，我发表感言："从某种意义上说，这起惊天大案给一个家庭、一个单位乃至一个地区所带来的损失，绝不逊色于一场灾难，而这场灾难的始作俑者，仅仅是赖昌星走私集团吗？"

那个闷热异常的夜晚，我跟南通海关的老张也聊了不少。老张一直鼓励我说，他给自己的定位就是一位民工，头扎一条毛巾，手拉一辆板车，板车上装满各种水泥、沙土、小石子，尽可能地给我输送建筑材料，希望我以最快的速度砌墙盖房。现实的蒺藜划破了惯于高唱赞歌的喉管，喜鹊变成了一只带血啼叫的杜鹃。当然，远华大案的盘根错节，以及芜杂枝节背后的深层关联和结构性矛盾，对我原本相对单纯的思维定式确实是一种脱胎换骨的历练。但不管是脓包还是肿瘤，我们自己不操刀，难道让外头的游医任意宰割？

采写《厦门远华大案》，纯粹是为了"报仇"，为了释放心中的块垒，想告诉人们，海关人是涉了案受了审，但同样是海关人、缉私警，如履薄冰、如临深渊，手持双刃剑，一边对走私者宣战，一边与自身腐败交战，这是怎样一种爱恨情仇的复杂情感和艰难搏击？记得有人曾问为什么用"海韵"做笔名。笔名是我跟此书另一作者老张一拍即合的产物，用意相当明确：传递海关的主流声音。当然，除了海关总署，中纪委、公安部、高检、高法、税务总局等国家八部委联合办案，动用国家机器之庞大，办案历时一年半，跨越新旧两个世纪，实属历史罕见。

《厦门远华大案》一版再版，前后印刷 6 次，发行 15.6 万册，还有盗版书据说二三十万册，社会一片骚动、一片哗然。我却感到从未有过的元气大伤、身心俱疲，心路历程沧桑得可以写回忆录了。

我在想，在历史的过渡阶段，社会是个大转盘，太多的无序与无奈，使得这本身就是一个悲剧地带，所以许多人不可避免地误入歧途，包括赖昌星，注定要成为一个悲剧性人物。

我还在想，人性的可悲，以及人与制度的关系。好的制度，是否会对人性的弱点起制约和监督作用，而不是这么多链条生锈，大面积"塌方"，呼啦啦一大群人被拉出去受审、判刑、枪毙，这确实让人心生悲凉。

远华案过去 22 年了，赖昌星也已被引渡回国、判刑。可这些年来，各路苍蝇依然嗡嗡作响，还有各地老虎也都没有停止过疯狂，受贿金额行情见长，动辄几百万元、几千万元，乃至上亿元、几十亿元。我甚至在想，窗外的树病了死了，看得见的是满地的枯枝败叶，看不见的呢？或许是土壤的板结以及树根的腐烂。

陈秀芹：我知道你采写了许多海关人物，还创作了长篇报告文学《圣土不老——走读红其拉甫》（以下简称《圣土不老》），那么从写远华大案，到写海关人，再到写边关精神，这中间有什么关联吗？你是怎样完成采访与写作的又一次突围？

冯　鹭：2002年，海关总署创办了一份关爱我们自己的杂志《金钥匙》，主编刘巍是《厦门远华大案》的特约编辑，亦是我的好友，他聘我当刊物的特约记者，让我帮着策划纪实板块。我对刘主编坦陈心迹，说亲历远华大案，神经受到某种刺激，生命中不可承受之重，我已厌倦了任何事件、案件的报道，我对海关人感兴趣，我想做一个叫《海关人访谈实录》的专栏。锁定的第一个访谈对象刘晓辉，他原先是"四二○"专案抓捕组的组长，眼睛总是布满血丝，手里总攥着一大串布控名单，每天神出鬼没。记得那晚侦捕组逮回来一个重量级嫌犯，刘晓辉等人在驻地餐厅畅饮凯旋酒，这是我第一次与缉私警喝酒，豪情万丈，山侃海聊。晓辉说，现在播放的警匪片，里头的刑警大多是在作秀，假的成分太多。晓辉还说，一位警察见义勇为，跳入冰冷的水库抢救落水孩童，电视台赶去做现场采访，问一个关键性问题："你连衣服裤子都不脱便跳水救人，怎么想的？"记者等着听豪言壮语，没想到这位老兄来这么一句："我没穿裤衩呢。"笑声迭起，我与他碰杯，直觉告诉我，这是个有意思的警察，一个值得结交的朋友。

我与晓辉因专案结缘、认识，他文笔好口才好。专案结束后他从海关总署调到天津海关缉私局当局长。我跑去天津采访刘晓辉，他说了这样两件事。一次去加拿大执行特殊任务，正巧碰上女儿生日，十几个小时的空中飞行，思绪翻滚，感慨万千。他在飞机上给女儿写信，算是当父亲的以另一种方式庆祝她的生日。"女儿：今天是你11岁的生日，可爸爸不能参加你用压岁钱举办的生日聚会，此刻爸爸正在飞往一个遥远、寒冷的国家。有些事个人无从选择，何况爸爸是警察。"写着写着，他发觉眼里竟有一股热乎乎、潮湿湿的东西往外涌……还有就是那次出国办专案，与逃往境外的主犯秘密接触，一边听到对方用方言说干脆把他们"做掉"，一边继续谈笑风生地与人家喝酒。采访时我吓出一身冷汗，可他却说："选择这种职业，该死就死呗，死不了就赚。上前一步是应该，后退一步是耻辱，是王八蛋……"《刘晓辉：从刑警到缉私警的人生选择》一文刊发后，当时海关出版社的左社长以及《金钥匙》杂志的刘主编分别打来祝贺电话，说这"第一炮"反响不错，把人写得很有个性和味道。我说是刘晓辉成全了我的"访谈"，是他的个性、特质、传奇经历、思想波涛使我的文章摇曳生姿。

好的访谈是极富个性声音、传奇经历和人格魅力的，这样的人足以感染你的情绪，偾张你的血脉，激发你的灵感。这以后，我还采写了《吴兵：为世纪伟人拍照》（1992 年 1 月，邓小平"南方视察"，乘坐海关"902 艇"从深圳到珠海，吴兵随艇拍照，几十张照片真实地记录了这段难忘的历史航程。他抢拍小平同志扳手指头阐述观点的"四点方针"被印成纪念邮票）、《陈继虔：割舍不了的西藏情缘》（上海海关老关长，20 世纪 50 年代到西藏建关创业，在高原待了 26 年，感人的故事实在太多）、《王志华：时代风流多国士》（黄埔海关调查局办公室主任，业余时间研读马克思《资本论》，呕心沥血的专著《大系统价值学说——政治经济学的变革》在香港出版后被一家国家级研究所剽窃，"剪刀加糨糊"，官方剽窃民间、集体剽窃个人、专业剽窃业余，为了维护自己的人格和尊严，王志华对这一重大侵权行为提起诉讼）等十几篇海关人物访谈。能够分享他人的生活，他人的内心世界，他人的苦乐冷暖、阴晴圆缺，感觉自己很幸运、很富足。当然，我所做的《海关人物访谈实录》不是简单的录音、单纯的记录，而是我与访谈对象的一种侃谈与交流、碰撞与共鸣，它融入了我的视角与观察，以及对人物的感知和文学表达，讲究时代背景和故事情节细节。这个专栏成为《金钥匙》的品牌栏目，在海关系统有一定的影响力。按刘晓辉在《金钥匙》创刊 5 周年时写的一篇文章中的说法：冯骥长期活跃在海关的文坛上，是"钥匙"最高产的作者，名头颇响，没准儿也有一批"粉丝"。文字是有魔力的，"钥匙"有约，冯骥不憩。

2003 年《金钥匙》杂志三亚评刊会，与刘巍主编（左）、
刘晓辉局长（右）合影（单城新　拍摄）

深藏一份对海关文化的忠诚与热爱，也怀揣海关总署政治部领导的信任与期待，2006 年 1 月，我离开美丽的厦门，到海关总署交流，筹备创办海关文化工作室并担任主任一职。我自称是"北漂"一族，甘苦参半，冷暖自知。

《圣土不老》应该是海关文化工作室推出的第一个重点选题作品，只准成功，不许失败。当时压力很人，许多人都不看好，认为红其拉甫被国务院授予"艰苦奋斗模范海关"的荣誉称号，这种表扬稿、典型事迹很难写，不容易出彩。

刚开始接手这一创作选题时，我非常困惑。"红其拉甫"一度成为心中积雪不化的"达坂"，挥之难去的块垒。2005 年 11 月第一次上帕米尔高原，我们在山上待了有十多天，摄影记者王国林突发心脏病，连夜被送下山。在雪域高原，采访本身就是一种历险、一种历练。尽管受了许多苦，但红其拉甫边关满足了我的精神诉求和情感体验，我在高原找到了我们这个民族还没有失传的高洁精神，找到了中国海关的关魂，这或许就是我采写这部书稿的精神动力和情感支撑吧。

第一次采访选择冬天去，就是想体验帕米尔高原的萧瑟与苍凉。去了才知道，原来唐僧西天取经，从印度返回，就走过"葱岭"（帕米尔高原），路过塔什库尔干，他在《大唐西域记》一书中有过描述，"故寒风凄劲，春夏飞雪，昼夜飘风……草木稀少，遂至空荒，绝无人止"。唐僧行五百余里，见到揭盘陀国国王，好奇他的长相，国王就告诉唐僧，"母则汉土之人，父乃日天之种，故其自称汉日天种……"

传说西域三十六国中的波斯国王有天做梦，梦见从遥远的东方飘来一位仙女，国王寝食难安，写信给中国皇帝，说他想迎娶一位汉族公主。皇帝决定送一位汉族公主过去，派出随从，驼铃马背，浩浩荡荡，但帕米尔是兵家必争之地，走到塔什库尔干附近，战争又爆发了，路也断了，怎么办？就地建个城堡，让公主休息，等战争结束后再继续上路去波斯国。可随从发现，每天中午12点，会有一道光直接射进公主的房间。三个月后，战争结束，天下恢复太平，正准备继续上路时才发现公主已怀孕，原来是太阳神阿波罗每天中午12点准时来跟公主幽会，导致公主怀孕了。随从就地将公主堡扩建，公主生下了可爱的儿子，这个儿子就是塔吉克族的先祖，揭盘陀国的国王。这是一个传说故事，但富有浪漫色彩。传说与现实，就这么吻合。塔吉克族，深目、鹰钩鼻，典型的欧罗巴人种，他们头戴刺绣精美的"王冠帽"，其服饰色彩艳丽，美轮美奂。

采访塔什库尔干自治县副县长拉力汗，我了解到，鹰是塔吉克的民族图腾，因为鹰是百禽之首，是坚韧、勇敢、忠诚、正义的象征。塔吉克人还崇拜太阳，因为太阳是世间万物最温暖、最寄寓人梦想与希望的，况且他们认为自己是太阳的子民。太阳滚落、夕阳西下，整个草场呈金色的，美得让人心醉，让人灵魂出窍。

采访塔什库尔干自治县副县长拉力汗（王国林　拍摄）

塔吉克的风俗有意思，像欧洲人那样，母子间、恋人间行吻唇礼，上下辈或朋友间行吻手礼。塔吉克还有一个习俗，生了男孩就要朝着家里的天窗放枪，表示希望这个男孩长大之后成为勇敢的英雄。

塔吉克是一个热情好客的民族，他们的生存环境不好，生活条件有限，平时就是酥油茶配馕，但一旦有客人来，就像过大年似的要杀羊宰牛，家里所有的东西都拿出来招待客人。吹鹰笛、跳鹰舞，我们的到来似乎成为这个族群的盛典。塔吉克孩子非常可爱，笑得阳光灿烂，尤其那一双双眼睛像蓝宝石，这是高原最靓丽迷人的风景。我跟他们学跳鹰舞，感觉自己也已融入这方水土。

在帕米尔高原体验生活，跟塔吉克小孩学跳鹰舞（黄惠英　拍摄）

我们在帕米尔高原还参加了一场塔吉克族的婚礼。这个民族至今推行"路不拾遗，夜不闭户"，太神奇了，我的神经一直处于一种兴奋状态。我喜欢上这片高原土地，还有塔吉克民族，当时还差点抱养一个刚生下来的塔吉克女婴……

红其拉甫是波斯语，意为"流血的沟"，也有的说是"死亡之谷"。这里是一个相当古老的山口，被称为险关绝隘的"悬度岭"，也被叫作缺氧窒息的"头痛山"，曾令无数使者商旅闻而生畏、望而却步。我采访了红其拉甫海关第一任关长刘敬华，听他讲述"帐篷海关"的故事——

刘敬华是江苏人，20世纪60年代初在繁华大上海当兵，他的战友因与住在淮海路上老别墅的资本家女儿谈恋爱，就留在了大上海。刘敬华因是学"毛选"积极分子，所以被分配到新疆，到祖国最边远、最艰苦的地方去。那是1965年的事了，当时他已经结婚，孩子刚两岁。他带着老婆儿子坐火车、转汽车，用了八天时间。到了喀什，他把老婆孩子安顿好，然后就带着六位关员上帕米尔高原了。这里除了风和雪，就只剩下满地的碎石了。高原缺氧，头疼欲裂，脸呈酱紫色，小心脏狂跳，好像要从胸腔跳出来。海拔已超过了五千米，就连驮着帐篷的牦牛也大口喘着粗气，你若不拿鞭子抽它，它就罢工不走了。

刘敬华带着六位关员在帕米尔茫茫雪谷中搭起了一顶"帐篷海关"，狂风把帐篷吹倒，他们把帐篷扶起，重新撑开架好，重新举行升旗仪式，当高原粗粝的山风伴随五星红旗冉冉升起、高高飘扬时，刘老关长说，当年他们七个人，全都哭了……这是怎样动人的画面，怎样炽热如火的爱国心和边疆情。

一顶"帐篷海关"，就这样书写着老一辈海关人激情燃烧的岁月。在这里，刘敬华遭遇四次"大难不死"的车祸，遭遇五岁儿子急性心肌炎，高烧不止，等他骑着牦牛，坐着解放牌大卡车，日夜兼程赶回喀什时，儿子口吐白沫，躺在爸爸怀中，永远不再醒来。

刘敬华在红其拉甫海关守国门守了整整二十二年，后因呼吸不畅、胸口刺痛，被查出患有严重的心脏病，他是被上级领导以"行政命令"硬拽下山的，临走时依依不舍、双眼润湿，说了这样一句话："同志们，我走了，国门交给你们，你们一定要守护好！"

采访红其拉甫海关第一任关长刘敬华，听他讲述"帐篷海关"的故事（冯骥　供图）

采访进行时，其实也是感动进行时。米里干，维吾尔语"美丽公主"的意思。米里干是当年上海海关学院的"校花"，20世纪80年代中期第一个被分配到红其拉甫海关的女关员，第一次上山，高原缺氧，头疼欲裂，她把头顶在墙上来回倒腾，以缓解头痛。还有，第一次下山看到树，飞奔过去，扯下一把树叶就往嘴里塞，因为太久没看到一点绿色，没吃过一片青菜。米里干守边关一守十九年，皮肤黑了，嘴唇裂了，头发掉了，眉毛断了，美丽的校花变成粗糙的核桃……

但采访时我感受到的并不仅仅是艰苦，还有边关人的理想主义和革命浪漫主义精神。当年海关与边防紧挨着，边防战士每天都要进行操练，连长喊口号："稍息、立正，向右看！"可战士们居然没按连长的指令"向右看"，为什么呢？原来美女关员米里干正从左边海关院子走出来，所有人的目光齐刷刷地投向左边，都只顾着看米里干了。边防指导员就找到刘敬华关长，说："你们怎么弄来个女关员，连长的口号都不管用了，喊向右转，战士们齐刷刷地向左转，这样很动摇我们的军心呐。"刘关长说："这样吧，我们海关跟边防来一次联欢，让战士们看个够。"红其拉甫海关只有米里干一位女关员，刘关长干脆从喀什调了部队文工团，用大卡车把她们送上山，大家一起联欢。在联检大厅粗糙的水泥地上撒些润滑粉，没有电灯，就举着手电筒照明；没有三用机可播放音乐伴奏带，就操起铁瓢敲脸盆打拍子当伴奏，又唱又跳、载歌载舞，好不开心。

红其拉甫是亚洲腹地的中心，西域古国的核心，是古丝绸之路的南北交汇点，是电影《冰山上的来客》故事的发生地。我在山上还意外地采访到一个凄美的爱情故事，新加坡女画家白雪到帕米尔高原采风、画画，爱上了维吾尔族男关员瓦尔特，爱得死去活来，她希望瓦尔特跟她私奔去国外，瓦尔特拒绝了。他说妻子生女儿时，他刚好在红其拉甫山上当班，分娩提前了，妻子也没通知他，说是怕影响他的工作。"她忍受着巨大的痛苦，拼命喊着我的名字，最后剖腹才生下胎位不正的女儿。"瓦尔特说，"人要有良心，就凭这个，我都不能对不起她。"瓦尔特还说："红其拉甫海关一代接一代，三四十年的历史，可没听说过有谁离婚，而我同样不能坏了这个规矩。"这原本是一个出轨的爱，但处理得很好，从一个侧面反映了红其拉甫海关人的道德观。我把这个爱情故事写进书的章节中，标题就叫《冰山上又有来客》，很多人看了都蛮感动的。这以后，中国散文家协会举办首届"中国最浪漫感人的爱情故事"征文比赛，我把《冰山上又有来客》这个故事投稿了，一等奖空缺，我这篇文章获得了三等奖，我还去贵州参加了盛大的颁奖典礼。

2009 年参加中国散文家协会举办"中国最浪漫感人的爱情故事"征文颁奖典礼，所创作的《冰山上又有来客》荣获三等奖（右二为冯鹭）（冯鹭　供图）

我自认为还是比较坚强的，不擅于落泪，可在红其拉甫我哭过两次。一次是参观海关旧址，在海拔 4200 多米的水布浪沟旧址平房穿梭，在残垣断壁中寻觅，不经意看见当年不知是哪位关员刻写下的："想家！孤独！！寂寞！！！"这六个字、六个感叹号，竟使我的心触电般痉挛，泪水不由自主地盈满眼眶，这是怎样一种坚忍的孤独和寂寞的奉献。

还有一个画面非常动人，让我久久不能忘怀。星期一，太阳照例冉冉升起，国旗照例缓缓地爬上旗杆，关员们照例整装列队在海关大院门前，巍峨的群山做舞台背景，呼啸的山风当口哨伴奏，关员们目光炯炯、眼含深情、齐声高唱关歌《我们守卫在红其拉甫》："把关我们来到红其拉甫 / 建关的帐篷扎在茫茫雪谷 / 高寒缺氧何所惧 / 生命禁区青春永驻 / 一年三百六十五 / 冰峰相伴风雪为伍 / 为了国门坚如铁 / 爬冰卧雪咱心里不觉苦 / 啊，海关！啊，国门！啊，祖国！"望着远处那白雪皑皑、如剑似戟、直刺云天的冰山，再看看眼前这些被高原强烈紫外线雕刻出的粗糙面容，一张张庄严而神圣的面容，我的眼泪瞬间涌出，怎么也止不住。这是何等炽热的家国情怀，何等忠诚守约的嘹亮。

　　第一现场，实地调查，还有大量艰苦、细致的采访工作，这是非虚构文学创作者的素养和基本功，但如何架构、谋篇布局，写得生动巧妙、可读耐读，具有思想性、感染力和启迪作用，确实是一种挑战，确实需要费一番功夫。墙上挂着喀什地区手绘地图，桌上堆放着各种文献资料、参考书，还有四本厚厚的采访本，半年多来，每天只听两首乐曲，一首是日本喜多郎的《丝绸之路》，还有一首是我国小提琴家吕思清演奏的《阳光照耀在塔什库尔干》，创作本身就是一个情感磨砺与认知提升的过程。

　　脚步跟随眼睛，眼睛牵引心灵，心灵触摸红其拉甫这片不老圣土的肌肤和骨血，深情地凝视、激越地咏叹，那昂首千年的雪峰、静卧万年的冰湖，是一种意境，让你感受到浩瀚宇宙中生命的底蕴……

边关，精神高地和创作富矿（冯鹭　供图）

我已从红其拉甫山口"出国"并与巴基斯坦哨兵"亲切会晤"（冯鹭　供图）

2007年7月，《圣土不老》出版后，海关总署政治部鲁培军主任带着我和此书另一作者一起去红其拉甫海关开展赠书活动。同年8月，海关总署在北京召开《圣土不老》新书发布会暨作品研讨会，鲁培军主任主持并致辞，牟新生署长出席并做重要讲话，他讲了文学对他一生的影响，赞誉《圣土不老》紧扣"民族魂、国门心、边关情"这一创作主脉，以帕米尔高原的地理环境和人文历史为背景，生动地展现海关人真实而崇高的内心世界和崇高精神。这本书是当代海关文化的优秀成果。他说"男儿有泪不轻弹"，可他读这本书时止不住多次流泪，因为深受感动和震撼……

下半场作品研讨会由海关出版社左铁社长主持，在京著名作家和评论家张抗抗、梁晓声、何西来、何镇邦、雷达、白烨、李炳银、汪兆骞、孙郁、王干、王山等，就作品所承载的时代意义、思想情感和艺术风格等进行了广泛的研讨。

著名作家、编剧梁晓声说：我读这本书，感觉是宽银幕，内容就用一个字"稠"。生活中有些事情不是我们所有人都能够做到的，我们没有必要因为自己做不到而感到惭愧。但有一点，心里能不能保持一种敬意？如果连敬意都没有，那真的是羞耻。现在我们全民族的文化有一个症结，那就是缺少敬意。从前我们作为一个民族是有敬意的，现在也有，但这个敬意恐怕是对权力、财富、成功等许多方面的敬意，所以这部报告文学本身也包含着对于我们这个民族总体素质和心理状态的一种启示录……

中国报告文学学会副会长、著名评论家李炳银说：这是一本情感的、历史的、文化的很丰富的一本书。作者是被感动了以后的一种自然流露，笔头常在情上，没有刻意设计、安排，而是把那一片土地、那样一群边关人写得非常自然，非常动人……

《中华文学选刊》主编、著名评论家王干说：这本书的书名起得特别好，"圣土不老"其实就是精神不老，今天我们的时代最缺少的就是精神，什么精神？崇高的精神。作者以充沛的感情，写了这么一部作品，我概括为"山高人为峰、人高文为峰、文高诗为峰"……

中国作协创作研究部原主任、著名评论家雷达说：此作品开始看像游记一样，循序渐进，来去自由。这种写法当然不是冯鹭的发明，但这种写法本身有一定的创新因素，把游记、散文因素放进报告文学创作当中，诗性表达，几次写到"我和高原有一个约会"，作品景观很协调，中间不断穿插"瞬间与永恒""人到底怎么活下去"，这是一种介入式、开放式的写法。我是第一次接触海关作品，感觉非常好、非常有意思……

鲁迅文学院教授、著名评论家何镇邦，他是福建云霄人，也算是我半个老乡，他很激动，说这本书有很强的思想冲击力和情感冲击力，他读的时候也控制不住，几次落泪。这本书的写作风格很开放，尤其冯鹭，写过诗，抒情表达，到处可以感受到她的性格、见解、所爱所恨、所思所悟，很多精彩的地方、很多细节可以分析……说到动情处，年过七旬的老评论家居然站了起来，向红其拉甫海关关长刘苏静鞠躬后说：我这是在向书中的主人公，向红其拉甫海关人，向中国脊梁和民族精神深鞠一躬……

2007 年 8 月海关总署在京召开《圣土不老——走读红其拉甫》新书发布暨作品研讨会现场（右起为冯鹭、鲁培军、牟新生、左铁、刘苏静）（雷虹　拍摄）

《圣土不老》一书一版、二版，共发行 5.5 万册，被中国社会科学院文学研究所专家评为"2007 年最值得阅读的十部书"之一（冯鹭 供图）

著名评论家何镇邦撰写书评《一座永不磨灭的精神丰碑》，著名作家张抗抗撰写书评《圣洁之地的歌吟》，人民文学出版社编审、原《当代》副主编汪兆骞撰写书评《精神世界的诗意呈现》等，分别刊登在《人民日报》《文艺报》《光明日报》上；《文艺报》特辟专版，《中国作家》杂志用封二、封三，还有八个页码的篇幅，图文并茂，详细报道了《圣土不老》作品研讨会盛况，刊登作家、评论家的发言节选。《圣土不老》还被中国社会科学院文学研究所专家评介为"2007 年最值得阅读的十部书"之一。

鉴于我对海关文化的特殊贡献以及此书所产生的社会影响力，2007 年底，海关总署授予我个人二等功，授予此书第二作者徐蕴冬个人三等功，这在海关文化史上应该也算是最高的褒奖。

陈秀芹：厦门海关文联是海关系统第一个文联单位吧，你当海关文联主席这几年干得风生水起，如今退休了还在发挥余热吗？还有，接下来有什么创作计划？

冯　鹭：《圣土不老》出版后，海关文化工作室（金钥匙影视中心）正式机构也批复成立了，一套人马、两块牌子，其主要职责是组织开展海关文艺创作，同时根据市场经济规律组织开展海关题材音像作品的创作及相关工作。当时牟署长、鲁主任分别找我谈话，希望我能调过去，可能海关文化建设以及选题创作等需要像我这样的文化人、热心者，但由于各种考虑，加上2009年我父亲突然查出肝癌，还有总署交流政策的改变等，这样2010年10月我结束手头工作，就回到厦门海关。

对文化的认同，是最根本的认同。厦门海关文联是2017年2月成立的，当时动静不小，海关总署政工办领导、厦门市委宣传部部长，还有我们的柏关长三人在台上举行揭牌仪式，我们还组织了一台文艺会演、一场书画摄影展览。厦门市文联党组书记林起、市文艺家各个协会主要负责人，以及厦门一些书画家也都来了。原先他们都认为海关是个很严肃的单位，通过文联成立，看到我们推出一系列文化活动，感到好像打开了一扇天窗，暖风徐徐吹来，加深了对海关的认识、理解，这或许就是文化的软实力吧。

厦门海关文联2017年、2018年、2019年连续三年组织策划，并参与总署牵头组织的"乌兰牧骑"式文艺小分队分赴西藏、新疆、内蒙古、黑龙江等边关慰问演出，边关情未了，而每次去我都会创作一篇新的诗文朗诵作品，《海关版朗读者：天下有家国、山水有知音》《边关，永远的家国情怀》《今天，我又回来了》等，分享几个参加慰问演出的小故事吧——

额尔古纳，蒙古语"奉献"的意思。额尔古纳河是黑龙江的源流，原属于我国内陆河，康熙年间中俄签署《尼布楚条约》，以此河为界，划走大片国土，何止《尼布楚条约》，还有《北京条约》《瑷晖条约》，沙俄一共划走原本属于中国的156万平方公里的领土。所以额尔古纳河现已成中俄之间的界河，冰雪覆盖着额尔古纳河，界河桥上，画一条红线杆杆，以标示着这是中俄的界河线。年轻的哨兵伫立在零下29摄氏度的界河桥上红线的这一端站岗，皑皑白雪，橄榄绿，配上红肩章，稚嫩的脸庞，套上黑色的防寒面纱，我与哨兵合影，除了感动，还是感动。

我们在额尔古纳黑山头口岸慰问演出。这里隔着额尔古纳界河，相距1.5公里的对面就是俄罗斯的旧粗鲁海图口岸，神秘的国境疆界，神奇的

在零下 29 摄氏度的额尔古纳中俄界河桥上与
边防哨兵合影（冯鹭 供图）

边关口岸，供暖供不上来，天气何其之冷，音响设备不好，麦克风不够，
我们的文艺骨干就在旅检大厅"中国海关"四个红字的映照下表演节目、
说相声，接着是二女三男，深情朗诵我的原创诗文《边关，永远的家国情怀》，
关员、武警、边防、口岸联检单位就坐在下面观看。我看到一位十七八岁
模样的边防战士，脸上长满了青春痘，很专注地听朗诵，眼里噙着泪。而
带队的王关长、满洲里海关政治部李主任等领导则站在后排，身后是白茫
茫的一片雪野，反光，雕塑般的剪影，与右侧荧光屏"热烈欢迎海关总署
第二慰问小组莅临黑山头口岸慰问演出"的红色字眼形成一种强烈的对比。
那一刻，我也忍不住喉咙发哽，眼眶潮湿……

在漠河海关，照相机穿上防寒服，手机贴暖宝宝也不管用，苹果手机
拍照，不抗冻，瞬间死机，华为还比较坚挺，经受考验。感触最深的是在
漠河海关举行升旗仪式，零下 32 摄氏度，播放国歌的音乐器一下子就被
冻僵，无法开机运转，罢工，没商量。国歌放不出来，大家只好张嘴唱。
当时我感觉鼻子有霜，侧目一看，发现每个人嘴里哈出的气，就像是一朵
又一朵的冰凌花，在眼前升腾。我感觉眼睛酸胀、潮热，但没有流泪，突
然想起马克思的那句经典名言：人类对于自己的祖国，永远都有着一种无
法解释的、不可抗拒的神圣情感。这种情感，在边关体会得特别强烈。

漠河海关演出，诗文朗诵完毕，主持人要我上台讲几句话，我即兴感言、情真意浓：感谢自然、感谢机缘，让我来到漠河海关，这个中国雄鸡版图上的鸡冠部位，全国纬度最高，一个北得不能再北、冷得不能再冷的边关。无论当年到红其拉甫高原边关采访，还是此次到漠河高寒边关慰问演出，我一直在思考，边关是什么？是一部厚重的史书，是一首澎湃的歌，是幅员辽阔的版图，以及版图上共同认定的那条边，共同把守的那些关，散落在2.28万公里的漫长边境线上的上百个大大小小的海关，还有与国门界碑同在的一代又一代的边关人。海拔高度是一种境界，风雪弥漫是一种意志，边关人用他们灵魂的强悍和生命力的浩荡，将自己铸成一块块活着的界碑，移动的界碑，一座座无字的丰碑。

永远的边关，永远的家国天下情怀！永恒的精神信仰！

2018年春节前参加海关总署文艺小分队赴边关慰问演出并上台感言，分享对边关精神的理解与感悟（左三为冯鹭）（肖扬　拍摄）

2020年3月我60岁了，办妥退休手续，厦门海关返聘我为海关学会副会长，关文联还没有换届，这样"主席"一职也还挂着。疫情乍起，我脱下穿了有41年的海关制服，没想到穿上一套"特殊的制服"，白色的防护服，到机场海关现场采访，积累素材。这年9月，受关领导信任与嘱托，我参与策划了厦门海关与厦门广电集团合作推出的《忠诚到永远——中国梦　奋斗志：爱国主义大课堂》第二季厦门海关专场特别节目，电视台1000平方米演播大厅，现场直播，一个半小时，节目内容很丰富，VCR电视短片＋讲述＋现场访谈＋节目表演。我是第二板块的讲述人，讲述题目是"有一种情怀叫'家国'"。值得一提的是，这档节目的主题词"忠诚到永远"是我关政治部主任林高给起的，忠诚，乃中国海关的永恒主题！

2020年9月参加《忠诚到永远——中国梦　奋斗志：爱国主义大课堂》第二季厦门海关专场特别节目》并上台讲述分享（肖扬　拍摄）

　　我现在也挺忙的，准备写家族史，寻找爷爷早期当"马共"以及在厦门从事地下组织工作的印迹，告慰九泉下的爷爷。还有，研究海关史，写"关史故事"系列文章，以及课件《海关历史文献与鼓浪屿文化遗产》的完善，讲课、分享等。因为当时海关洋员是一个特殊的群体，除了负责关务、港务、税务、邮政、灯塔等，闲暇时他们还是收藏家、翻译者、摄影家、医学博士、文化传播者，他们留下大量的史料、老照片、通志、论文、贸易报告、书籍等，为鼓浪屿近现代乃至中国近现代史，提供了一个独特的视角，值得好好挖掘、开采。

　　总之，无论生活还是创作，情怀很重要。而对我来说，鼓浪屿是家乡，海关是职业，两种印痕，两份情怀，此生总相连……

母校情深　师恩难忘

——陈建南等口述实录

口述人：陈建南、周坚、任艇、傅成国、黄惠珍

采访人：朱志凌

采访时间：2021 年 5 月 22 日下午、6 月 8 日晚上

采访地点：湖滨北路泛太平洋酒店咖啡厅、白鹭洲箔筥咖啡馆

【口述人简介】

口述人均为厦门二中 1978 年初中毕业学生。

采访中

鼓浪之子

陈建南：我们都是在鼓浪屿长大的孩子。在我们的中小学时代，鼓浪屿也是一个有田园有工厂的地方。那时候鼓浪屿有一大片农田，有好多人是务农的，也有好几个工厂，像玻璃厂、灯泡厂、造船厂等。这些都是鼓浪屿真实生活的重要组成部分，而不是只有高档别墅。

其实鼓浪屿的那些华侨别墅，也是早年很贫困的人们出洋谋生以后赚了钱，回来盖的，他们还带回来了西方和南洋的文化和理念。所以各种阶层的人们同时在鼓浪屿生存，也造就了鼓浪屿的多元文化。

虽然我是生长在鼓浪屿，但我们家不是地道的鼓浪屿人。我母亲这边，我外婆原来是南安的，很早就到鼓浪屿生活。我父亲是德化人，1951 年参军以后随部队到了厦门才留在这里。但是我对鼓浪屿的历史文化一直很有兴趣，像鼓浪屿的华侨历史、鼓浪屿与西方文化影响等。我们家当时在工艺美术学校旁边，那里多住着底层的老百姓。

中学时代

陈建南：我是 1963 年出生的，小学在康泰小学读，1976 年 7 月小学毕业，9 月进入厦门二中。读两年初中，1978 年 7 月初中毕业。1978 年 9 月进入二中高中部，1980 年 7 月毕业。在二中读了四年。我们那一届同学大部分是1963 年、1964 年左右出生的，到了我们读大学的时候，跟其他地方来的同学比，年纪就比较小。

1976 年正是"文化大革命"刚结束的时候。我们刚进中学，1976 年 9 月 9 日，就经历了毛主席去世这个重大的事件。老师把我们带到操场上收听公告，我们才十几岁，也不太懂得世事，只知道这是一个很大的事情。

在中学阶段我们还遇到另一件大事，就是粉碎"四人帮"。我记得当时到处敲锣打鼓，大家很开心，其实我们也并不懂真正的含义是什么。

　　我们这届是厦门二中历史上学生人数最多的一届。当时鼓浪屿有5所小学，所有小学的毕业生毕业后都送进二中，可能正赶上生育高峰，所以我们这届的人数最多，一共有15个班，平常二中差不多是10个班。

　　一下子增加了五个班的学生，二中不仅校舍不够用了，老师也不够用了。于是，就到小学去借教室，也从小学借调一些高年级的老师来教初中。当时把我们这个年段分成上、中、下段三个段，五个班一个段，也是当时的一个特色。其中上段五个班到笔山小学去上课，读了一年多才移回到二中的初中部。当时笔山小学叫红卫小学。

　　我们那届之后，就没有那么多学生了，后来的一届也只有13个班。1977年高考恢复了，1978年中考也恢复了，所以我们算是"文革"后第一届参加中考的学生。

　　1976年我们读初中的时候，完全随机性编班，没什么特别的安排。但是到了高中，因为经过了中考，所以学校就按学生中考成绩编了两个快班，一班和二班。我当时在一班，除了一、二班是理科快班，另外还有一个是文科班，文科成绩比较好的分到文科班，其他就是普通班。

厦门二中1980届高二（1）班全体师生毕业留影（陈建南　供图）

　　注：图中文字前面的"1KM"本来是班主任吴诸立老师让照相馆画一个一千米的里程碑，表示高中毕业是人生的第一个里程碑。遗憾当时照相馆技术不过关，无法搞出里程碑标志，只好以"1KM"代替。

师恩难忘

陈建南：我的班主任肖良贵老师就是从人民小学抽调过来的，当时算是借调，他家在鼓浪屿也算是世家了。肖老师教语文，从小学借来的老师语文科会多一点。我印象中他教学非常严谨，对学生要求比较严格。当时也比较强调学生要劳动，打扫卫生等等，他作为老师身体力行地带学生，培养学生的劳动观念。

还有一位英语老师，叫李娟娟。她是一个非常负责任的老师，当时教英语还是有难度的，很多学生并不喜欢学，读音也不准。但是她教得非常认真，也苦口婆心地指导一些比较调皮的孩子。同时，她还是副年段长，年段里很多工作都是她在负责的，我们大家对她评价很高，都很喜欢她。可惜的是，我们读高中的时候，她得了白血病去世了。我们都很悲痛，去大生里送她，那是我第一次到大生里殡仪馆参加追悼会，眼泪不由自主地掉下来。

还有一位数学老师也很好，男老师，个子不高，也是很固执的一个人，但是教学很认真。

后来我联系比较多的初中老师就是殷承典老师，他是教音乐的，当年也教过我们几次。殷老师上课的时候，总是一边弹琴一边唱，亲力亲为地指导我们，跟我们也结下深厚的友谊。

周　坚：初中班主任是黄杜光老师，教我们生物。吴玉液老师教我们语文，他是从小学借调的，曾参与编写初中语文教材，我们初一、初二都是他教的。

初中后期，高兆熙老师接任我们班的班主任，也教物理。到高中的时候，高老师跟着我们上去，教高一，后来才换成吴诸立老师，吴老师教数学兼任班主任一直到我们毕业。

我记得上高二前，吴诸立老师派我们去参加数学夏令营，我和任艇、兴立共三个人。我们二中的名额跟一中、八中（现在的双十）是一样的，我们也不会比它们逊色。但之后二中就因为地缘限制，制约了它的发展。

从二中走出过厦门市的副市长，走出过厦门教委的主任，也走出过音乐家，培养了不少人才。

我们这一代人算是很幸运的，国家当时处在改革开放的初期，厦门又被列为经济特区。我记得1982年，全社会招干，我们班总共是50多个人，有10个还是12个在1980年考上大学，还有一部分在1981年考上大学，其他大多数人是通过招干，走向机关、事业单位的工作岗位（包括到各个银行工作）。当时公、检、法、司和银行都是待遇很高的，大量招应届高中毕业生。还有部分去专业技工学校，以后也走上了专业技术岗位。

我小时候跟任艇是街坊，我家在坡底，他家在坡顶。我经常去他家，喜欢去他家是因为他妈妈太好了，每次去他家都有面包吃，还可以蘸牛油，配花生酱，那个时候他们家过的是"上等人的生活"（玩笑话）。我们都叫任艇妈"阿堆姨"。

1979年寒假春节期间，二中1980届高一（1）班部分同学组织到厦门大学游玩，在厦门大学上弦场合影（陈建南 供图）

1979 年到厦门大学游玩，陈建南与时任班主任高兆熙老师在上弦场合影。5 年后的 1984 年 7 月，陈建南大学毕业分配到厦门大学图书馆工作，图中背景即当时的厦门大学图书馆（陈建南 供图）

任　艇：我们读初中的时候，上段的班级是最好的，师资配备也最好，上段的生源可能是人民小学和红卫小学占多一点。我是在下段，在十四班，我们这边好像是康泰小学的学生多点。到了初二的时候就只剩下十三个班，因为当时有的人家庭经济条件差一点，还有其他各方面的原因，学生流失，所以减少了两个班。

初一的时候，我们还举行了英语单词竞赛，我考了第二名，我的班主任也是我的英语老师高韵真老师，她很吃惊，说平时觉得我也不是很喜欢英语，怎么英语单词会这么多。我就告诉她是我妈妈在家里让我背念的。因为岛上原来有这种西方文化氛围，所以相当一部分家庭还是比较注重外语。

刚才周坚讲了他常去我家的事，让我想起了他爸爸周老师。当时周老师还在同安教书，后来几经周折才调回二中，在我印象中周老师是位很棒的数学老师，几乎所有数学难题拿去问他，他都能给予解答；并且他不会认为我与他儿子周坚是竞争对手而藏私，都是有问必答，而且问完问题，我还常常能混吃一碗牛肉面。

我们那一届高考，我们高二年段八九个班吧，我印象最深最佩服的，是周建荣，他是在"留级班"，不是真正意义上的"留级生"，而是他那一班有不少体育生，他本人就曾经是省游泳队的，但因为学习成绩普遍比较差，有的同学私下里就把那个班称为"留级班"。他是当时鼓浪屿区委书记的小孩，读到高中了连ABC都不会，结果那年高考，他考上了厦门大学的外贸系，那是非常厉害的。好些年后他才跟我说，离高考只剩下半年时间，他突然间想读书想高考，于是他妈妈给他请了四个补习老师，他没日没夜地读，读到困了，直接到楼下从井里打桶水，当头一浇，再上楼去读书。我才知道他是这么苦读出来的。

还有一位同学赵立平，他原来是足球运动员，厦门市要参加全国中学生足球联赛，把他借调走了，一去好几个月，去集训、比赛。回来就快高考了，他当时成绩算中等，他那一次参加的足球比赛获华东六省地区的第一名，高考可以加30分。他高考也发挥不错，考上了厦门大学化学系。但他说如果不是吴诸立老师一直鼓励他，他原先是没信心的，有点想放弃的。在吴老师的鼓励下，他信心倍增，努力复习补短板，最终如愿以偿考上厦大。正因为吴老师的鼓励，以及二中的培养，所以他一直对二中，特别是吴诸立老师怀有感恩之情。他希望二中能恢复昔日辉煌，便一直在赞助厦门二中——他的母校。每次高考结束了，他一定请二中所有的高三老师吃饭，鼓励他们，到现在已经十几年了，未停止过。即使在2000年、2001年，他企业最低潮、最困难的时候，他也还是尽其所能，出钱去捐助学校。他当时基本上连房子都抵押出去了。他经常借用陈嘉庚先生致集美学校校长陈村牧信中的话，"非常事业要达成功，亦应受非常之辛苦，若乏相当之毅力，稍不如意，便生厌心，安能成事哉"来激励自己。

傅成国： 鼓浪屿在历史上对外交往比较多，受西方文化影响比较大，比如鼓浪屿号称"琴岛"，钢琴密度在全国名列前茅。因此，岛上二中的英语、足球、音乐比较有基础，是二中的特色。我们那一届除了同学们讲的那几个特点，学生人数多，部分老师是从小学借调来的，"文革"后第一届参加中考的，还有一点是我们要当民兵。当时快班的学生都要当民兵，晚上要轮流到海边站岗放哨，白天照样上课。

我们那一届高考录取率是比较低的，我记得考上本科加大专的一共只有27个。

厦门二中1980届高二（1）班考到上海读大学的六位同学在华东师范大学合影（右二、右三、左二分别为陈建南、任艇、黄惠珍）（陈建南　供图）

厦门二中1980届高二（1）班考到上海读大学的六位同学在宿舍里以厦门博饼的方式共同欢度中秋佳节（陈建南　供图）

周　坚: 我父亲也是在二中当过老师的,他回到二中以后就当数学教研组组长,所以我父亲经常讲一些二中教学管理、教学改革的话题。父亲本身也是专业人才,他是厦门仅有的几位数学奥林匹克的教练员,一级教练员。

黄惠珍: 厦门二中给我感触最深的,就是老师太负责任了,老师就像是家长。有的同学家长本身就是老师,可能回家还会教孩子一点,可是我们的家长工作忙,文化水平也不高,教不了孩子,其实是把孩子全部交给学校了。

印象中我们去周坚家,他爸爸也不教他,是我跑去问问题,他爸才放下手头的工作来指导我们。

荷枪实弹

陈建南: 在学生时代,我印象最深最有趣的事情无非就是当民兵了。

鼓浪屿是个岛,海的对岸就是金门,那时候气氛紧张,听说经常有特务游泳过来,也有人想下海投敌。于是鼓浪屿几乎是"全民皆兵",从机关干部到工厂工人,从街道居民到中小学生,几乎人人都当民兵,个个能站岗放哨。

1976年以前,也就是我在康泰小学的时候,当时就有小民兵训练,我从小就开始参加了。二三年级的时候我是拿个红缨枪的,到四年级的时候就有小马枪了,小学生也参加实弹射击。

我们从小学扛红缨枪,到中学的基干民兵真枪实弹,民兵的站岗值勤成了我们生活的一个重要组成部分。我们是1976年进入中学的,到1980年中学毕业,四年的中学生活中有三年当了学生民兵。1979年《告台湾同胞书》发表,两岸关系缓和,1980年以后便逐步取消了民兵站岗放哨的任务。

当学生民兵也是要经过严格挑选的,要根正苗红的人才可以。初二年开始是在全年段挑选一些学生参加,组成一个排,后来高中时直接指定我们一班、二班两个成绩比较好的班级人员组成两个排。当时中考高考已经恢复,所以有的家长不太同意孩子参加民兵训练,怕影响学业,但是我们还是热情地参与了。其实那时候我们才十三四岁,有的同学个子都没有枪高,就要扛枪参加民兵训练了。我们白天上课，晚上巡逻，当然不是每天，是轮流，差不多两个星期就有一个晚上要去执勤。

站岗的地方也是有规定范围的。现在的大德记海滩到郑成功塑像那片沙滩，是我们巡逻的地方，原来自来水公司下面的一个小石头房子作为我们的哨所，也是晚上睡觉的宿舍。

我们分两个哨位。一个就是在我们住的哨所门口的岗位，叫作自卫哨，是固定岗哨，一个人拿着一杆枪，站在那边站岗，这个岗位就是一个人，两个小时换岗。在这个岗哨上站岗，晚上，海风吹着，没有人影，一个十三四岁的小孩一个人站在那里，确实有点害怕，风吹一下，树叶哗啦一下，都会令人毛骨悚然。

还有一个是海防哨。这是流动哨，执勤的人要来回走动，一般是两个人到三个人，背着枪，那步枪对十三四岁的孩子来说还是有点重量的，还要不停地走动，其实我们也是会累的。这个流动哨所的路线就是从我们的哨所往两边延伸。

我们这个排，我是排长，负责安排大家值勤的时间，还有一位连长，是学校里的民兵连长（专职负责民兵工作的老师），负责总协调。我当时负责排班，一般都是把最苦的时间段留给自己，也就是人最困乏的时间段。我们是从晚上6点到早上6点排班，那半夜2点到4点这段就是人最犯困的时候。因为我们当时也都是孩子，小孩一般晚上是不想那么早睡的，而且难得同学们在一起，于是在宿舍里面大家玩啊闹啊，1点之前是睡不着的，等到一两点钟以后大家都累了睡觉了，我就要去巡逻值勤了。值勤之前没法睡，值勤完到了5点多也不可能再睡觉了，几乎就是一个晚上没睡。

对孩子来讲，这样其实也是蛮辛苦的，一个晚上没睡觉，第二天还要上课，精神肯定会受影响。但是，应该说有民兵的经历还是比较锻炼人的，也是给我们一个提前过集体生活的经历。印象中好像有给我们一点补贴，就是夜宵补贴。一个人是两毛钱左右的标准。我们就去买点三层肉，在那边煮面条给大家吃。晚上值班的哨所其实就是一间，双层床，大家轮流睡，有的也睡在地板上。就是因为值勤，才过集体生活，平常还是住在家里的。这个也算是人生的一个记忆，也是蛮有趣的事。

傅成国：因为当时这里还是祖国的最前沿，所以属于我们值勤的片区，我们要严防死守。

傍晚，我们就开始巡逻了，包括印斗石附近，如果潮水退了的话要先过去看一遍，以防止有人藏在里面，要把人都清掉。主要是防止特务上来，防止下海投敌的情况，其实这三年当中我们都没有碰到过。因为那正好是在 1979 年的前后，相对来说是比较缓和的过渡时期。

当时是真枪实弹地去站岗，交接班要对口令。有次换班时，值班的同学看到那边有黑影，就准备开枪，扣动扳机，枪走火了，还好没有伤到人。但在我们这届之前，在一次训练中，有人不小心枪走火了，子弹飞起来，射到钢筋上，反弹到身上，他的股动脉破裂，大出血，幸亏当时鼓浪屿第二医院医术不错，才把他抢救过来了。

母校情深

周　坚：厦门二中的历史也是很悠久的，历史的积累很深厚。因为它有原来英华、毓德等名校的基础，还有鼓浪屿早期的几个相当于中学教育的学堂，包括马约翰等人在鼓浪屿办的那些私塾，培养出了很多人才。鼓浪屿虽然是比较局限的一个小岛，但是因为有很多的外国领事馆驻扎在这里，还有厦门最早的教会学校和医院，有着多元的文化。岛上的原居民很多都有亲戚在国外，跟华侨的交往比较频繁，所以鼓浪屿岛民的对外交流是比较多元化的。当年的通信虽然不是很发达，但是通过各种交流方式，岛民所获得的资讯还是很丰富的。那种社会环境下，鼓浪屿算是对外开放程度高的一个区域了，普通的市民，比如学生，接触到的各种文化层面也多一些。

在这种环境下的厦门二中，自然条件就不差。二中是鼓浪屿唯一的一所中学，鼓浪屿五所小学的学生毕业后都集中到二中，这里面还有厦门大学一批教职员工的子女。生源多，学生质量也相当高，一些老师也是非常优秀的，有好几位高级教师，也有奥数的教练员，还有高考的改卷老师。名师出高徒，优秀的老师带出了一批优秀的学生，厦门二中走出了好几位音乐家、医务工作者，也走出了好几位厦门市一级的领导干部，近期的两位教育局局长也都是二中毕业的。一位很有名的医生傅成国，号称"傅一刀"，就是1980届的。

厦门二中的英语和音乐是强项，后来都成为专业班，分出去了，这一分就分掉二中很多优秀的师资和生源。如今在厦门市响当当的外国语学校和音乐学校，前身就是厦门二中的英语班和音乐班。

回报社会

陈建南：我毕业后先在厦门大学工作，后调到机关工作，有一段时间我在思明区工作。当时思明区成立了城市义工协会，利用业余时间为市民和游客服务。作为机关工作人员，我马上就报名参加了，利用周末上街为市民和游客提供一点引导性的服务。这是一个纯公益的群众组织，大家自愿参加，没有报酬，也没有硬性的规定。

这种组织是以民间的力量为主，不是政府硬性规定的，要把它形成一种公益事业，把它发展起来，坚持下来，真的也是不容易。

我在思明区工作的时候，主要的服务网点就是在中山路上。中山路游客比较多，经常会有问路、找人等事情，我们志愿服务队就是要及时帮助游客解决这些问题。一开始，区里也有不少同事去当了志愿者，但后来，有的同事因为时间关系、工作调动、家庭事务等，慢慢参加的就少了，最后，机关的同事就剩下我一个人还在坚持。虽然志愿者的工作不是太复杂，但是需要付出热情和责任心，更要付出自己的时间。如今，我成了中山路服务点坚持时间最长的志愿者，成为这个组织的骨干。

最早我们的网点在中山路的西段，新华书店门口那个大榕树底下。2021年3月以后，中山路西段在改造，就在东段设了一个点，在厦门银行门口附近。

我们一般是周六周日下午大概有两个小时的时间在这个网点里做一些文明的宣导，看上去像是一个小摊位，但这里就是精神文明的据点。我们在这里当义工，不仅宣传文明旅游，也让市民自己报名来参加文明的宣导，劝导游客不要抽烟、不要乱扔垃圾等。

我们不仅坚持每周都有固定时间志愿服务，还搞了亲子义工，就是让家长带着小孩子来做义工，让他们从小培养为社会服务的观念，这是一个非常好的活动。

后来我工作调动，转到了市纪委监委驻厦门海事法院纪检监察组，综合监督司法局，工作性质变化了，接触面也变化了。在司法局接触到不少律师，就有律师提到他们也很想服务社会，可是找不到方式。于是我就邀请他们到中山路志愿服务站来，开始尝试着设立一个法律咨询服务点。

现在人们的法律意识增强了，遇事懂得求助律师，用法律来解决问题。但是职业律师服务是要收费的，而且正式的咨询是按小时计算费用的，因此人们虽然有了法律意识，但是有的会因为律师服务费望而却步。

2021年3月6日，中山路公益法律服务驿站开张了。开始我们也没有太大张旗鼓地宣传，老百姓也不知道，律师们更不知道，只有几位律师固定时间来到驿站，接受市民和游客的咨询。后来，知道的人多了，我们在各种渠道也进行了宣传，于是报名来法律驿站志愿服务的律师越来越多了，我们便建了微信群，把自愿参加的律师们都邀请在里面，一方面，方便邀请有自愿意愿的律师们进群；另一方面，大家也可以互相交流志愿服务中遇到的问题和体会。一时间，这个法律驿站鲜活起来。

如今，我们这个法律服务群已经有上百位法律工作者，每次都能有两位法律工作者在服务驿站值勤，解答市民和游客的一些法律问题，节假日也不休息，大家轮流到岗。由于时间地点固定，市民游客很容易就能找到，这个服务驿站的设立很好地解决了大家遇到的一些比较小的棘手问题。律师们虽然付出时间做公益服务，但是他们也了解了老百姓的实际问题，对他们来讲，也是有所收获的。

　　我们的法律服务驿站做了半年多，也有了一些社会影响，引起了媒体的注意，慢慢地，媒体开始为我们做一些宣传了。有些单位也开始与我们合作办一些活动，像一些国家法定节日时有特定宣传主题的活动，我们也都积极组织律师们参与，起到了很好的宣传效果。

　　我们的长期坚持，形成了一套比较完善的机制，每周固定有人值班在岗，全部义务。我自己不爱出头露面，在背后指导安排工作，每次一到律师服务时间点，我都会安排好义工做好服务准备，比如，水啊，所需要的桌椅等用品啊，等等，我们用优质的后勤保障让法律服务顺利进行。

　　慢慢地影响力大了，也有些单位想请我去讲讲志愿者服务的事迹。这也是很好的宣传机会，但是我提了两个要求：一是要经过领导机关批准同意，二是坚决不拿课酬。我讲课基本围绕两个主题：一个是党风廉政建设，一个就是志愿服务的。

　　学校给我们种下了知识的种子，学成后的我们用工作和服务来回馈社会。这是我们引以为傲的。

青山如黛铸丰碑　牵来白云作嫁衣

——庄学臻口述实录

口述人：庄学臻

采访人：李敦义

采访时间：2021 年 7 月 16 日

采访地点：厦门联发集团产业总公司庄学臻办公室

【口述人简介】

　　庄学臻，厦门二中 1995 年高中毕业，初中、高中连续六年都在二中就读，父亲是惠安人，母亲是鼓浪屿人，高中毕业后高考发挥失常，被厦门鹭江大学录取，后在工作和学习之余在厦门大学完整修完经济专业课程，获得大学本科文凭。她曾任厦门联发集团工程管理有限公司总经理，全面参与了会展中心一、二、三、四期的工程建设；作为工程总负责人，负责建设了厦门经济特区很多政府投资的标杆建筑工程，成为厦门经济特区名副其实的工程建设领域的女性"奔跑者"。

庄学臻

我曲折的求学和事业之路

李敦义：你看起来很年轻，从你高中毕业到现在，与现在的高中或大学毕业的学生可能也没有太大差别，应该是比较顺利的吧？

庄学臻：其实并不是这样。我的求学和事业的路，还是有些曲折的。1995年在二中毕业后，高考没考好，分数只够上厦门鹭江大学。厦门鹭江大学是厦门自己办的，开办宗旨就是为厦门经济特区培养大量的建设人才，那时候报考鹭大还挺严的，必须要填写"服从调剂"，结果把我录取到了工民建专业，说实话我不喜欢，向学校提出要改专业，但是不行。就这样，我被半强制地学完了工民建专业三年的课程。很奇怪，也许是所学专业改变了我的想法，刚毕业我就一心想做大工程，那会厦门会展中心正在建设，所以就去会展中心建设公司给总工程师做了一个总工助理。在这里工作的三年时间，我几乎没有休息，以我对大工程的热衷和锻炼出来的一丝不苟的"工匠精神"来对待工程建设难得的起步期。现在回想起来，这个艰苦甚至近乎执着的起步期，为我后来顺利推进重大工程的建设打下了扎实的基础。

2001年，这家会展中心建设有限公司整体划转到了厦门建发集团公司，建发可是厦门赫赫有名的大公司啊，我这时候也算是建发的人了。当时建发正在进行房地产行业的整合，我也因着这个机缘入职了联发集团，而我到联发集团的第一个岗位却是"卖房子"。虽然心里不太乐意，但我还是硬着头皮去做了。这一段房产销售的经历，让我搞懂了工程建设到销售的完整链条，也完成了从产品端到客户端的体验。现在回想起来，这又是我事业生涯中不能或缺的重要经历。

2003年，不知是我对工程建设表现出了浓厚的兴趣，还是领导发现了我想做大工程的"野心"，公司领导就主动问我，公司要代建武夷山悦华酒店，是异地工程，去了就要做出牺牲，问我愿不愿去。我一直想独当一面地建一个大工程，就毫不犹豫地答应了。在武夷山，我把我的热情和知识完全倾注到了这个工程，两年之后，一座豪华气派、风格独特的五星级酒店顺利落成。这一年，我刚好 25 岁。

武夷山悦华酒店

李敦义：在这之后，你还以项目总负责人身份完成了哪些重要工程？

庄学臻：2005 年，我完成了武夷山悦华酒店工程不久，由于厦门国际地位和对台工作地位越来越重要，厦门要在很短的时间内，快速建设一座高规格的国宾馆，用来接待一次高规格会议，会议在 13 个月之后召开。这是一次重要的国家接待任务，我再一次紧急受命，担任这一工程的项目总负责人。我带领项目团队，在很短的时间内，在集团的领导下，与省市有关部门、国家有关部门紧急协调，几乎是项目设计、施工组织、有关方协调同时推进，在规定时间 13 个月内完成了海悦山庄接待区的建设任务。这一年，我 28 岁。

海悦山庄

　　2007年我生了第一个孩子，当时下达了紧急任务，要在6个月的时间内建成会展中心二期工程，我只休了不到3个月产假，便赶到单位接受任务。会展中心二期工程要采用跨度很大的张弦梁结构的新技术，这是一项福建省最大跨度的张弦梁结构工程，我们日夜奋战，圆满按期完成了工程任务。

　　从那以后，我又负责建设了金砖国家领导人会晤新闻中心、工商峰会主会场的建设任务。

金砖国家领导人厦门会晤新闻中心

金砖国家领导人厦门会晤工商峰会场馆

后来又连续承担了厦门教育行业名校扩张、新校建设的诸多工程；一些重要的写字楼、地铁保障房等重要工程建设；厦门市夜景照明集中控制平台、白鹭洲女神灯光秀。到2019年，我再一次担起项目总负责人的重担，用了312天完成了金鸡奖颁奖场馆——厦门海峡大剧院的建设任务。

地铁社区保障房

厦门夜景控制平台

白鹭洲女神灯光秀

厦门海峡大剧院夜视效果

　　全部场馆面积 7 万多平方米，最大体量的单面台剧院，国内剧场大多为 1000 ~ 2000 人的规模，这个剧场要建设容纳近 7000 人。这个项目没有可借鉴的范本，工期还从 2 年压缩到 11 个月，我和建设者们要承担的压力可想而知，我们经历过的艰难不是用几句话可以说清楚的，最后我们在规定的期限完成了，破了全国建设速度的纪录。这个工程再一次成为厦门经济特区的标志性建筑。

向电影协会主席陈道明介绍金鸡奖颁奖场馆建设情况

与 20 位厦门各界代表在电影节开幕前合影

一个建筑领域的"女工匠"对人生事业的理解

李敦义：我注意到，你参与的重大建设工程，很多都是限时限标准的"命题作文"，这对一个项目工程总负责人来说是有很高要求的，以你如此年轻的年龄，又是两个孩子的母亲的身份，要完成这些任务，我认为是非常难的。你这巨大的能量从何而来？

庄学臻：这来源于我对所在城市的热爱和专业上的不懈追求，而这一路上的每一分努力都让我不断重新认识自己并有特别丰盈的获得感。从鹭大毕业之后，我真正地喜欢上了建筑行业，这一点与我刚入学时大不一样了，在专业上我希望能精益求精，留下足以令人慰藉的项目，我必须不断提升自己。我在鹭江大学还没有毕业的时候，就报名参加了厦门大学经济专业的学习，经过 4 年的不懈努力，2000 年我获得了厦门大学经济专业的本科毕业证书。从我中学毕业到现在的近 30 年时间里，我完成了第二学历的学习，一步一步成为高级工程师、高级经济师，成为企业高级管理人员。现在回过头去看，我都有点不太相信这一切了（笑）。

李敦义：你做出了如此大的贡献，应该获得了很多荣誉吧？

庄学臻：这就太多了，连我自己都不太记得清楚。不过我对三个荣誉还是很看重的：一个是"厦门市五一劳动奖章"获得者，这是对我劳动成果的肯定；一个是被厦门国资委评为"优秀共产党员"，这是对我政治上的肯定；再一个就是中共厦门市委组织部曾出了一本书，写的是厦门经济特区建设的"奔跑者"，写我的文章也在其中，我很喜欢"奔跑者"这个称呼，想想我这些年确实是在"奔跑"。

李敦义：采访你之前，我有三个没想到。一是没想到你这么年轻；二是你是纯正的闽南人，没想到你的普通话说得这么好，不知你籍贯的人还以为你是北方人；三是没想到你的口才和思辨能力这么强。至于后两点，你能告诉我原因吗？

庄学臻：这可能就是得益于厦门二中的教育了，我很感激我的母校。初二

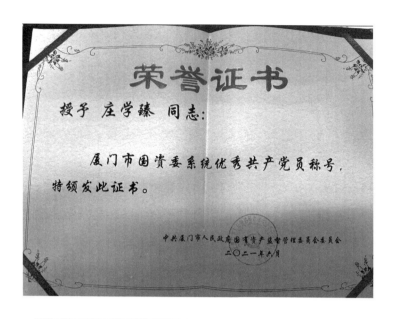

《当好新时代厦门经济特区的"奔跑者"》书影

时，我就参加竞选二中的学生会主席，由于我的口才、社交能力、综合抗压能力比较强，我竞选成功了；然而，这些能力不是天生的，而是在母校的培养下形成的。记得二中的办学方式非常开放，我们在学校除了上课之外，还经常与小伙伴辩论一些问题，不知不觉，我的口才就变得好起来，在学校举办的很多大小演讲比赛、朗诵比赛中我常常拿头奖。我在学校兴趣很广泛，爱好小提琴，曾经是学校管弦乐队的提琴手。我对体育也很感兴趣，一直是学校田径队的队员，在学校各项体育赛事中也是常常拿名次的。鼓浪屿的艺术氛围非常浓厚，鼓浪屿又是万国建筑博物馆，我觉得我现在对从事专业的理解，与自己的成长环境和经历密不可分。因为建筑与艺术是相通的，在我眼里，一座成功的建筑，它就是绘画，它就是雕塑，它就是凝固的音符，它应该是一部作品，让人永远地铭记和欣赏。它也是一个城市的过去和未来。

我现在做的，其实就是城市更新的工作，我做这项工作，就是要理解城市，理解城市里的人，我们要留住城市的基因和情怀。也正因为如此，我正在从事的拆迁工作进行得比较顺利，我总在想，我们做的事一定要比别人的期望多一些。我也希望能在职业生涯中，为城市的建设、发展和运营做一份自己的努力。

后　记

在一个男人为绝对主力的建筑行业，庄学臻打出了一个属于女人的新天地，这本身就很难；在一个行业里快速掌握全部的环节和程序，成为一个项目的领头人，并且做出如此成绩，这对于一个年仅45岁的女子来说，更是非常不容易。这里面，除了庄学臻本身具备的奋斗向上的禀赋之外，也与一所学校对她的影响和培养是有必然联系的。我不禁浪漫地联想，在她为厦门经济特区铸造的一座座丰碑之上，在"厦门蓝"的天空中，她牵着朵朵白云，为自己织造了一件美丽的嫁衣。

前程峰回路转　我自一心向前

——许征学口述实录

口述人：许征学

采访人：李敦义

采访时间：2021 年 7 月 18 日

采访地点：莲坂外图书店附近一咖啡馆内

【口述人简介】

许征学，厦门二中 1985 届英语班毕业，初高中均在该校就读；大学毕业于上海同济大学环境工程给排水专业。1989 年大学毕业后在厦门工业设计院工作，三年后到中农信福建集团公司工作，2000 年后到厦门路桥集团。2006 年筹建厦门路桥五缘湾运营有限公司，后任总经理。现任厦门国有企业外部董事，目前受厦门国资委任命，担任厦门火炬集团和厦门夏商集团公司两家企业的外部董事。

厦门二中是我一生的感念之地

李敦义：作为初高中都在鼓浪屿的厦门二中就读的毕业生，你在毕业 36 年后，对母校有什么感受和记忆？

许征学：也就是这个机会，能使我再一次深切地回忆我的中学母校。我发现，鼓浪屿的二中在我的记忆深处还是那么深刻，那么令我怀念，虽然很多细节可能回忆不起来了，但是正如一首歌中唱的："从来不需要想起，永远也不会忘记。"我最难以忘记的是，我升入二中的时候，正好赶上老校长陈碧玉倡导开设英语实验班。那个英语班可是很厉害，除了英语课，生物、地理课的老师都是用英语授课，在那个年代，全国中学用全英语授课的极少，后来市教育局就以二中英语班为基础成立了厦门外国语学校。那一个时期是二中教育质量的巅峰时刻，据我的不完全记忆，我们班清华大学就考上三个，还有考入人大、中科大、同济、复旦、厦大等重点大学的，我这个不怎么突出的学生也考上了上海同济大学，全班本科升学率达到92%。如果仅以我们英语班的成绩来看，当时的二中完全可以比肩厦门一中和双十中学。

取得如此好的成绩，与二中拥有一批高水平的教师是分不开的，至今我仍然记得老师们深厚的知识底蕴和师德修养，例如林志冠老师全课用英语给我们授课；语文老师吕纯瑜在课堂上用闽南话念唐诗，让我们这些闽南孩子多了一扇理解中国古诗词的语言窗口；吴玉液老师还带领我们自写自编刊物，要求我们每天记日记。

身处改革时代，事业之路的"三次自我打破"

李敦义：在一开始你给我介绍了你的工作简历，总感到你在事业之路上遇到了不少曲折和坎坷，看来可能是一个真正的励志故事，能给我们说说吗？

许征学：1989年我大学毕业，当时在上海上大学的毕业生很容易就可以留在上海工作，好多单位要我们，但我是一个独子，父母要求我一定要回来。如果我当年留在上海不回来，那我的人生轨迹可能又是另一番样子了。

李敦义：父母要求你回来，你也回来了，是不是受当时厦门人传统观念的一些影响，认为天底下就是厦门最好，上学再远，毕业后总要回厦门？

许征学：当然有这种因素。我原想到当时厦门比较大的建筑设计院工作，但由于某种原因，我后来去了厦门工业设计院。那时厦门还没有什么大工业企业，设计院主要是搞一些小型民用和工业水处理设计，都是一些管道设计，所以在设计院工作了三年后我就跳槽去了中农信福建公司。当时流行做房地产，我也不例外随了大流。这是一家全国性的大企业，按现在的说法就叫央企，在中农信我工作了七年，1995 年我做到了中农信集团旗下一家实业公司的副总经理，但 1997 年国家整顿关闭中农信公司了，我们整体被厦门国资委接收。

在这个大变革的时代，本来以为是铁饭碗的全国性企业居然倒闭了，这让我陷入了深深的思考，深感一个人仅凭一个专业、一纸好大学的文凭，是不能应对社会快速发展和变化的形势。可以说，那个时候应该是我最艰难的时候：企业关闭，我被下岗，孩子刚刚出生，事业和经济状况都陷入谷底。但我在那个时期也更深刻地意识到，面对危机，唯有依靠自己，依靠自身能力，而不是依靠什么单位和所谓铁饭碗，所以我必须再学习，再提升，再改变，再出发。于是，1999 年我报考了厦门大学工商管理硕士（MBA）班，虽然经济很困难，但在家人的鼓励和支持下，借钱缴了当时算很贵的两万元学费，利用两年的业余时间，拿到了 MBA 文凭，这是我对铁饭碗概念的第一次"自我打破"。

2000 年，我调到厦门路桥集团公司工作，又从一个普通的工程技术人员身份开始做起，从事城市建设和工程管理工作。慢慢地，由于基础知识的扎实、管理能力的提升，我得到了周边同事和公司领导的认可。2004 年，公司派我去筹建五缘湾运营公司，任命我为总经理，负责五缘湾片区的开发管理和项目经营。在路桥集团，我一干就是二十年。

2002 年，我参加国际项目经理资质认证（International Project Manager Professional,IPMP），这是一个国际的从事项目工作的职业资格，我最终顺利地拿到了这个资格。这个时候，我人生遇到了一次机遇，2003年厦门大学要筹办项目管理工程硕士专业，我有幸参与了筹备工作，而后，我读研时期的老师邀请我给学生上课，我结合工作实践，把理论与实践相结合的体会带到了课堂，受到了学生们的欢迎。这一讲就是 12 年，从此开启了我的斜杠人生——在大学的讲台授课。MBA 的学习经历和国际资格认证的经历，极大地拓展了我的职业生涯，也拓展了我的国际视野，使我成为一个横跨职业经理人和老师两种角色的跨界人，这是提升自己、拓宽视野的第二次"自我打破"。

2020 年，我通过了厦门国资委组织的国有企业外部董事的选拔，成为厦门国资委派驻厦门火炬集团、厦门夏商集团两家国有企业的外部董事，由此我也离开了工作 20 年的单位，在 55 岁的职业生涯后期，面对新挑战，开启新征程，这是我重塑自我的第三次"自我打破"。

我的感悟：感恩父母，感恩母校，感恩时代

李敦义：在我看来，你的经历很特别也很丰富，在经历了这一切之后，你能告诉我们你的感悟吗？

许征学：我要先申明一点，我不是现在流行意义上的成功人士，但我确实想说说几点感想。

首先我感恩我的父母和妻子，在我过去的几十年，无论在我事业遂顺，还是遇到挫折时，我的父母、妻子都坚定地站在我身后支持我，给了我无尽的奋斗力量，尤其是我的母亲。就拿这次我整理资料来说，我都不知道初、高中毕业证书、奖状到哪去了，后来翻看我母亲的遗物，才发现她老人家都认真地为我保存了下来，甚至我中考、高考的准考证都完好地收藏着。我坚定地认为，在一个人的奋斗过程中，家人的理解、支持是最无可替代的依靠。

同时，我也感恩母校和培养我的老师们，是母校和老师教给了我科学知识，也教会了我人生价值观，这是我奋斗进取的源泉。

我还要感恩这个伟大的变革时代，它让我们从懵懂走向成熟，从挫折走向坚强，从贫穷走向富强，这是只有像我们经历了这一切以后的人的真实感悟。

后　记

　　许征学，56 岁，实际看起来更显得年轻，一个正宗的闽南人，但口音里略带着明显的上海味道，穿着和谈吐温文尔雅。一开始，他就急切地要和我谈谈他的母校，鼓浪屿厦门二中，他说正是由于厦门二中的就学经历，才让他有了未来的人生，可见他对母校的深情；在诉说自己的经历时，对遇到的挫折随意带过，在反复追问下才缓缓道来，我确认他不是不好意思说出他的失败，而是一个有经历的成熟男人真正的波澜不惊，作为一个口述的记录者，我很欣赏面前的这个许征学。

厦门第二中学简史

厦门社科丛书编辑部

福建省厦门第二中学，是鼓浪屿上唯一一所全日制中学。追溯历史，其是由原在鼓浪屿上的英华书院、毓德女中、怀仁女中、厦大校友中学、鼓浪屿侨办中学等几所中学合并而成。

这些学校中，最早的是1870年创办的毓德女学，其次是1877年创办的怀仁女校。因学校规模较大、培养人才众多而知名的英华书院，则创办于1898年，在1924改称英华中学。

厦大校友中学由卢嘉锡、林鹤龄等人在1949年创办，厦门解放后的1951年，厦大校友中学率先转为公办，并改称厦门第二中学。因此，"厦门二中"的最早称谓应上溯至厦大校友中学。

1951年，毓德和怀仁合并，1952年转为公办，改称厦门女子中学。同一年，厦门第二中学和英华中学合并，校名仍为厦门第二中学，校址在原英华中学内（即现在的厦门二中初中部）。

1958年，厦门女子中学高中部改为厦门纺织学校。1959年，厦门纺织学校合并到厦门轻工业学校，厦门女子中学初中部和厦门二中合并。

厦门二中的大家庭里还有一所学校，即原鼓浪屿侨联在1959年创办的鼓浪屿侨办中学。1969年，侨办中学归并到厦门二中。

本文按组成厦门二中的早期几所学校创立的时间顺序，简述其简略历史如下。

一、毓德女中

在组成日后厦门二中的几个学校中，毓德女中的创办历史最为久远，至今已有150余年。

鸦片战争后的 1842 年，中英《南京条约》签署，厦门成为通商口岸，外国势力进入厦门。毓德女子中学便是基督教美国归正教会于 1870 年在厦门竹树脚礼拜堂创办的，其前身最初为读经班形式的女学。1880 年后，因竹树脚礼拜堂失火，迁至鼓浪屿田尾，称"田尾女学"或"花旗女学"，后名为"毓德女学"。开始时只是一个两级制近似小学的妇女学校，后在此基础上附设两个师范班，具备了中等学校的雏形，乃改名"毓德女学"。

1892 年厦门鼓浪屿上女学生合影（白桦　供图）

1900 年 7 月 28 日，英文刊物上发表的绘画——《厦门教会学校的女学生正在每日散步》（陈亚元　供图）

　　毓德女学创办后以招收漳泉乡村女学生为主，她们在校寄宿。初期以传教、教读《圣经》为主，其他课程尚有汉文、算术。汉文的教材是"四书"，也读汉文《圣经》。算术教材则由教师自编。

　　学校首任主理为打马字·马利亚。其父亲为美国归正会牧师打马字，因创造以拉丁字母连缀切音的厦门音白话字而知名。 1920 年 9 月，女学原有两个师范班改习中学课程。1921 年理清莲继任主理，林安国任校长，该校始拓展为四年制中学，定名"毓德女子中学"。

1924 年，毓德女中丙级毕业生合影（潘维廉　供图）

　　1925 年，毓德女中迁至原寻源中学校址（现为厦门音乐学校）。两年后该校改为"三三制"的两级中学，学生已达 200 多人。1928 年，理清莲回美国，福懿慕接任主理。从 1928 年至 1930 年，毓德女中又改名"毓德女书院"。1930 年秋，该校成立了立案筹备委员会和校董会的组织。校董会共由 11 人组成，并公推丁锡荣为董事会主席，卓全成为司库，周清泽为书记。

1927 年的毓德女中（白桦　供图）

　　1931 年，该校正式得到省教育厅批准注册立案，此时为邵庆元任校长期间，制定教育总纲，学校规模渐有发展。1933 年朱鸿谟一度代理校长，校董会决议派校董麦邦镇、校友蔡心慈赴菲律宾募捐，增筑校舍。至 1934 年秋，师生与校董会合作，分组募捐，于是毓德女中校舍的增建全面完成。

　　毓德女中之经费来源，初办期间大部分来自学费，不敷之数及设备建筑费则由社会热心教育人士捐助及美国公会津贴来补充。至邵、朱两位校长主持校政期间，是毓德女中历史上最兴盛的时期，学校经费较为充裕，不再依靠外国教会。

　　1938 年厦门沦陷，邵庆元辞职南渡，由福懿慕继任该校校长。太平洋战争爆发后，毓德女中被日伪接管，改名"厦门第二女子中学"，陈竞明任校长。

　　抗战胜利后，该校又为美国归正教会接办，恢复毓德女中和毓德附小的设置，福懿慕再任主理，陈竞明任校长。

　　1951 年，厦门市人民政府接管毓德女中，并同怀仁女中合并，改为"鼓浪屿女子中学"，1952 年 4 月又改为"厦门女子中学"，由陈碧玉任校长。1959 年 4 月，厦门女子中学与厦门第二中学合并，仍名厦门二中，原来英华校舍作为初中部，毓德校舍作为高中部。

二、怀仁女中

1877 年，英国长老公会在鼓浪屿乌埭角创办了一个半私塾式的女子学校，名叫"乌埭女学"，也被称为"红毛女学"，由英国女传教士倪为林和吴罗宾募捐开设。开初仅有学生 20 多人，学生在校之学杂费、膳宿费等概由学校负责，校务亦由英人主持。1885 年改由仁力西女士接办。

1892 年，仁力西（三排左一）和乌埭女学的学生们（美国南加州大学数字图书馆　供图）

1895 年鼓浪屿上的乌埭女学（美国南加州大学数字图书馆　供图）

　　1900 年，主理仁力西把乌埭女学改名为"怀仁女学"，并由她募捐建校舍。内设师范班，并进行分班教学。后因初步具备中学的雏形，遂改名"怀仁女中"。1906 年仁力西逝世，改由华人主持校务，并开始收缴学杂费。

　　1914 年该校增办旧制师范班（初中程度），由吴着盎任校长。1930 年夏，增设初级中学普通科。1931 年夏，旧制师范科停办。

　　1931 年 6 月，怀仁女中正式向当时省政府教育厅办理注册立案手续，校长为王淑禧，校址在现鼓浪屿人民小学。1933 年起，该校增设高中程度之家事职业学校，由继友文、刘莅华诸校长负责，校务蒸蒸日上。

1931 年，怀仁女中的学生在表演节目（美国南加州大学数字图书馆　供图）

　　怀仁女中曾制定办学方针，规定"本校遵照教育宗旨及实施方针，继续小学之基础，以发展青年身心培养健全国民，并为研究高深学问及从事各种职业之预备"，体现了中等学校的办学方向。该校办学经费来源主要有：自创办后，英国公会每年均有定额津贴，占总支出之 30%，而学生所缴交的学杂费则占总支出之 70%。

　　1941 年，鼓浪屿沦陷，该校即行停办，校舍、图书器物被毁弃殆尽。

　　1945 年抗战胜利后，怀仁女中及附小得以复办，仍由吴着盎任校长。不久，吴着盎校长辞职，由黄嘉穰继任。至 1948 年秋，该校又增设高中班，成为完全中学。

在黄嘉穰任校长期间，教务主任是陈瑜瑛，厦门大学历史系教授庄为玑、化学系教授周绍民、物理系教授吴伯禧等都曾在该校任过教员。

1951 年 8 月，怀仁女中和毓德女中合并为鼓浪屿女子中学，越年又改名厦门女子中学，陈碧玉任校长。1959 年 4 月，厦门女中又并入厦门第二中学。

鼓浪屿怀仁女学校五十禧年纪念特刊（白桦　供图）

三、英华中学

1898 年 2 月，英国伦敦会宣教士山雅各与英国长老会在鼓浪屿创办英华书院（又称中西学堂）。1900 年，英国长老会宣教士金禧甫负责学校教务，他邀请郑柏年来校，一同管理学校的各项工作。

学校校址原在荔枝宅附近的民房，后转租在福民小学附近的红砖楼，最后租在怀仁女中后的一座白楼。后长老会买下荔枝宅的华严楼作为校舍，并于1902年正式迁入，一直延续至今。1913年，英华书院扩建新楼，作为礼堂等，与原有校舍联成"同"字壳外观。同时购得校舍前旷地，以后逐渐扩展为运动场。1917年，长老会宣教士洪显理任英华书院主理。

1910年代末鼓浪屿英华书院（紫日　供图）

初期的英华书院是一所教会学校，完全采用英式教育。设有基础、商业和科学3门课程，除"四书""五经"等中文教材外均使用英文版课本，并用英语授课。专收男生，1901年已有学生106名。当时的学生英语水平较高，部分学生得以免试直接升入英国等的大学。

20世纪20年代，英华师生在当时国内日益高涨的反帝反封建浪潮的影响下，纷纷觉醒。他们愤慨于外国列强对我国教育主权的侵夺，曾以种种斗争形式摆脱外国教会的束缚。1924年，把持英华校务的外国人迫于形势，只得向中国政府登记注册，并改名英华中学，在学校实施我国统一的"三三"学制。第二年，在当时中国共产党厦门地下组织的推动下，英华中学学生会成立。是年秋，全校爱国学生举行罢课，坚决反对帝国主义控制校政，迫使第二任主理洪显理去职。1926年，郑柏年就任该校第一位华人校长。

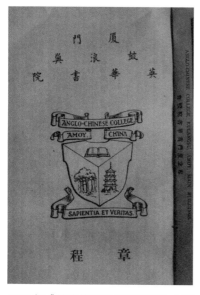

1927年《鼓浪屿英华书院章程》（陈亚元　供图）

1929年英华书院童子军（白桦　供图）

郑柏年任华人校长后，英国长老会和中华基督教闽南大会不再以资金支持学校，英华的经费靠学费维持。由于此时重视中文教育，一时英汉并重，因此得到热心教育事业的华侨人士大力支持，英华校舍得以增建。在此期间，学校蓬勃发展，学生人数增至数百人，英华中学成为福建省乃至东南亚一带颇有影响的中学，英华足球队也成为一支闻名遐迩的绿茵劲旅。

1930年，沈省愚接任校长，校园建设日臻完善。在增建一批校舍的同时，还新辟了篮球场、排球场以及由百名校友捐建的"百友楼"图书馆。至此，英华校园的建筑面积已达3930平方米，藏书数量在厦门诸中学图书馆中名列前茅。

1938年5月，厦门沦陷，为了避免日寇骚扰，英华中学交由英国长老会办理，英国人李乐白担任校长，并悬挂米字旗。不少教师向广大学生宣传抗日救亡运动，增强其爱国意识。

1941年12月8日，太平洋战争爆发，日寇侵占鼓浪屿，英华中学被日伪接管，改称"厦门市第二中学"。

1945年9月，抗战胜利，英华中学复办，许扬三为复办后首任校长。

1930年，英华足球队获全厦足球公开比赛锦标纪念照（白桦　供图）

解放战争期间，英华中学的学生纷纷投入"反饥饿、反内战、反迫害"的斗争行列，用各种形式迎接中华人民共和国的诞生。英华师生自发组织"英华中学剧团"，演出进步话剧。进步学生还创办英华民众夜校，招收失学的劳动人民子弟入学。英华中学还是当时中共厦门地下组织的重要活动据点之一，曾经成立过拥有十多位中共党员的党支部，直接领导学生运动。

中华人民共和国成立后，厦门市人民政府于1951年接收英华中学，张本造任代理校长。1952年8月，英华中学改为公立，并以原有校舍、设备及师资为基础，与先已改名"厦门第二中学"的厦大校友中学合并，正式定名为厦门二中学。黄卫世任校长，上官世文任副校长。

四、厦大校友中学

华人民共和国成立后，厦大校友中学是厦门全部私立中学中第一所转为校。

交友中学创建于1949年秋。早在抗战期间厦大内迁长汀时，为培植才，厦大校友总会理事会决定利用厦门大学的师资和设备办好一所中学，旨在为大学培养后备英才。于是推举卢嘉锡、方虞田、张松踪、庄为玑、潘懋元、林鹤龄等教授为筹备委员，卢嘉锡、林鹤龄为正、副主任委员。在当时厦大校长汪德耀和社会热心教育人士以及海内外校友的协助下，1949年8月，利用原慈勤女子中学的旧校舍，厦门校友中学正式开办。校长为林鹤龄，董事长卢嘉锡，董事有陈村牧、林采之、卓全成等。教职人员十有八九为厦大讲师、助教兼任，如现中科院院士张乾二当年即在该校兼课。

1951年3月，该校率先转为公立，并且最早使用"厦门第二中学"的校名。第二年8月，与英华中学合并为厦门第二中学后，遂以英华校园作为新校址。

1952年以后，鼓浪屿上并列着两所中等学校：一所是由英华中学与厦门第二中学（厦大校友中学）合并而成的厦门第二中学，另一所是由毓德女中与怀仁女中合并而成的厦门女子中学。1959年4月，为集中力量在鼓浪屿办一所完善的中学，厦门市人民政府再次决定将厦门二中和厦门女中合并，仍名"厦门第二中学"。原有二中校舍作为初中部，女中校舍作为高中部。叶飞省长任命陈碧玉为校长兼书记，上官世文为副校长。1965年，由苏震川任书记。

1959年，鼓浪屿区创办一所"侨办中学"，由当地归侨、侨眷募捐提供办学经费，鼓区侨联主席郑潭任校长兼董事长。前期校址在内厝澳洪氏祠堂内，以后迁至今汉伟英语幼儿园所在地。1969年以后，该校校舍和大部分教职员工也并入厦门二中。

五、新时期的厦门二中

百余年来，厦门二中及前身各校共培育毕业生3万余人。在学校老师精心培育下，学校英才辈出，校友遍布海内外。校友中不少人成为各领域的专家和骨干，如著名生物化学家、中科院生化研究所原所长、中国科学院学部委员王应睐，著名船舶与海洋工程专家、中国工程院院士顾懋祥，中国科学院院士卓仁禧，中国工程院院士洪伯潜，华侨将军、炮兵少将、全国政协原副主席黄登保，中国第一位海洋学女博士、厦门大学教授、福建省人大常委会副主任洪华生，世界著名钢琴演奏家殷承宗，中国音乐史上第一位乐队指挥艺术博士、现任中央交响乐团指挥陈佐湟等。还有不少校友曾任中央、省、市党政领导。

新时期以来，政府加大了对学校的投入，广大海内外校友也为学校的发展慷慨解囊，捐资助学，使学校现代化教学设施日臻完善。现在的厦门第二中学，拥有高标准的实验室，设备先进的电子教室和多媒体专用教室，校园语音广播系统、校园计算机网络，200米塑胶跑道的田径场、设施完备的室内体育场馆以及有11万册藏书的图书馆等教学设施，为实施素质教育提供了条件保证。

厦门二中鼓浪屿校区：占地面积约35195平方米，总建筑面积14972平方米，其中教学楼、实验楼（含华晋楼）6幢，图书楼1幢，办公楼2幢，读书亭2座，食堂及学生宿舍、公共浴室，校友楼（校史室及音乐教室），健怀堂、传达室2座，体育馆1座，二次供水池2座。

学校拥有一支团结协作、勇于拼搏、敢于创新的教师队伍。目前学校教职工共231人，专任教师213人，其中大部分是具有中高级职称的年富力强的中青年教师，有扎实的专业知识和专业技能，师德修养高尚。教师队伍中，正高级教师2人，高级教师54人，一级教师85人，包括特级教师1人，省级学科带头人3人，市专家型教师1人，市级学科带头人及培养对象18人，市级骨干教师74人。雄厚的师资力量是学校教学质量的可靠保证。

学校素以严谨的管理、优质的教学深获各方好评。学校每年均有大批优秀学生进入国内一流大学深造。在各重点中学争相扩招，学校招生空间备受挤压的背景下，学校教育教学质量仍稳步提升，学校用热情的关爱、精准的对策、持续的动力助推高三学生突破自己的高一入学成绩，曾经被厦门市教育局推荐作为全市高考教育教学经验交流会上的代表。这显示了百年老校浑厚的文化底蕴和强劲的办学实力。

学校以"勤、诚、智、洁"（即勤以奋进，诚以待人，智以处事，洁以自善）为校训，坚持"立足素质教育，促进学生全面发展"的办学宗旨。重视学生的个性发展和整体素质的提高；学校以课改实验为契机，促进素质教育的有效开展；注重创设开放性的学习情景，开展研究性学习，推动校本课程的开发与建设；加强对学生兴趣和爱好的引导，发展特色长项学科，进一步巩固和发展足球、英语、音乐、航海等方面的办学特色。足球运动是厦门二中的长项学科，久负盛名。1984年学校足球队曾获华东六省一市传统项目学校足球赛冠军，近年来，在福建省乃至全国重点体育传统学校足球赛中摘金夺银，并多次代表福建省参加全国中学生足球赛。成绩如下表：

近几年厦门二中足球队参赛成绩汇总

年份	赛事名称	名次
2009—2017年	厦门市青少年校园足球中学联赛	初中组9连冠
2011—2021年	厦门市青少年校园足球中学联赛	高中组11连冠
2013—2019年	福建省青少年校园足球联赛暨中学生足球锦标赛	初中组7连冠
2013—2014年	全国青少年校园足球"冠军杯"	初中组第三名
2016—2020年	福建省青少年校园足球联赛暨中学生足球锦标赛	高中组5连冠
2019—2021年	厦门市青少年校园足球中学联赛	初中组3连冠
2015年	全国中学生足球锦标赛（高中）	亚军
2016年	中国中学生足球协会杯比赛	初中组亚军
2016年	全国"未来之星"阳光体育大会五人制足球赛(初中)	亚军
2016年	中国初中男子校园足球联赛总决赛	冠军
2016年	厦门国际青少年校园足球邀请赛	亚军
2017年	中国中学生足球协会杯比赛	初中组季军 高中组亚军
2017年	中国中学生足球锦标赛	初中组亚军
2018年	中国中学生足球协会杯比赛	高中组亚军
2018年	全国中学生校园足球挑战赛（初中男子组）总决赛	冠军
2018年	厦门国际青少年校园足球邀请赛	冠军
2019年	中国中学生足球协会杯比赛（高中男子甲级）	第三名
2019年	第十四届全国学生运动会足球项目预赛	前四名（前四名 不决出名次）
2020年	厦门市青少年足球锦标赛	U15、U16冠军， U17季军
2021年	中国中学生足球协会杯比赛（高中男子甲级）	亚军
2021年	第十四届全国学生运动会足球项目	第六名

岁月轮回，百年沧桑，厦门二中迎来了新的发展机遇。2008年8月，高中部完成了整体搬迁至有"厦门新客厅"美誉的五缘湾新片区，学校加速度奋力前进。厦门二中五缘湾校区：占地面积约99433平方米，总建筑面积39670平方米，高中1—4号教学楼实验楼（4幢）面积18160平方米，图书行政楼（三、四、五、六层）面积4193平方米，学生公寓（2幢）9450平方米，教师公寓2482平方米，宿舍区食堂（含学生活动中心）4288平方米，乒乓球馆420平方米，小超市170平方米，体育保管室和看台（下是小仓库）507平方米，还有400米标准运动场（塑胶跑道、人工草足球场）和1个足球训练场，另外还建有生物园、地理园、文化园等，环境优美。办学规模为42个教学班。

学校转身变成了一所寄宿制公办完全中学。先后荣获全国和谐校园创建先进学校、国家级体育传统项目学校、福建省一级达标学校、福建省文明校园、福建省教育科研基地校、福建省首批普通高中课程改革基地学校、福建省首批示范性高中建设学校、福建省首批义务教育教改示范性建设学校、福建省中小学校园文化美育环境示范校、福建省国防教育特色学校、厦门市学校综治安全目标管理先进单位、5A级平安校园、厦门市首批中小学教师发展示范学校、厦门市首批依法治校示范校、厦门市首批现代学校制度示范学校创建校、厦门市绿色学校、2020年度厦门市教育工作先进集体、厦门市智慧校园达标校等众多荣誉。

2020年12月28日，学校集美校区项目开工典礼隆重举行。预计2023年秋季正式招生办学投入使用。厦门二中集美校区：位于厦门市集美区灌口中路与软三纵路交叉口东南侧，预计设立60个班，总建筑面积约73838平方米，其中，地上建筑面积约58413平方米，地下建筑面积约15425平方米（含地下室及半地下室），上部为1栋1层体育馆、1栋四层行政综合楼、4栋六层的教学楼、2栋十二层的宿舍楼。这是市委、市政府实施名校跨岛战略、推进岛外教育大发展的重点项目，是百年二中发展的新里程碑，标志着学校发展跨入一个新阶段。

百年名校厦门二中,继续朝着高水平、有特色、示范性的品牌学校目标前进。到2023年,厦门二中将拥有五缘湾、鼓浪屿、集美三个校区,办学空间大为拓展,为厦门二中这所百年老校的腾飞提供更加广阔的空间。

参考资料:

许十方、陈峰:《鼓浪屿教育》,厦门:厦门大学出版社,2012年。

何丙仲:《厦门第二中学校史(1898—1965)》,政协厦门市鼓浪屿区委员会编:《鼓浪屿文史资料》第三辑,1998年。

胡国藩:《英华中学编年大事记》,政协厦门市鼓浪屿区委员会编:《鼓浪屿文史资料》第三辑,1998年。

张承志、张尚训:《毓德女中校史》,政协厦门市鼓浪屿区委员会编:《鼓浪屿文史资料》第三辑,1998年。

张承志、张尚训:《怀仁女中校史》,政协厦门市鼓浪屿区委员会编:《鼓浪屿文史资料》第三辑,1998年。